हरिशंकर परसाई

22 अगस्त, 1924 को मध्य प्रदेश, होशंगाबाद के जमानी गाँव में जन्मे हरिशंकर परसाई का आरम्भिक जीवन कठिन संघर्ष का रहा। पारिवारिक ज़िम्मेदारियों के बीच उन्होंने नागपुर विश्वविद्यालय से हिन्दी में एम.ए. किया और फिर 'डिप्लोमा इन टीचिंग' का कोर्स भी।

उनकी प्रकाशित कृतियाँ हैं—'हँसते हैं रोते हैं', 'जैसे उनके दिन फिरे' (कहानी-संग्रह); 'रानी नागफनी की कहानी', 'तट की खोज' (उपन्यास); 'तब की बात और थी', 'भूत के पाँव पीछे', 'बेईमानी की परत', 'वैष्णव की फिसलन', 'पगडंडियों का ज़माना', 'शिकायत मुझे भी है', 'सदाचार का तावीज़', 'विकलांग श्रद्धा का दौर', 'तुलसीदास चन्दन घिसैं', 'हम इक उम्र से वाक़िफ़ हैं', 'जाने-पहचाने लोग', 'कहत कबीर', 'ठिठुरता हुआ गणतंत्र' (व्यंग्य निबन्ध-संग्रह); 'पूछो परसाई से' (साक्षात्कार)। 'परसाई रचनावली' शीर्षक से छह खंडों में उनकी सभी रचनाएँ संकलित हैं। लगभग सभी भारतीय भाषाओं और अंग्रेज़ी में उनकी रचनाओं के अनुवाद हुए हैं।

उन्हें 'साहित्य अकादेमी पुरस्कार', मध्य प्रदेश के 'शिखर सम्मान' समेत कई पुरस्कारों से सम्मानित किया गया।

10 अगस्त, 1995 को उनका निधन हुआ।

हरिशंकर परसाई

प्रतिनिधि व्यंग्य

राजकमल पेपरबैक्स

राजकमल पेपरबैक्स में
पहला संस्करण : 1983
सोलहवाँ संस्करण : 2025

राजकमल पेपरबैक्स : उत्कृष्ट साहित्य के जनसुलभ संस्करण

राजकमल प्रकाशन प्रा. लि.
1-बी, नेताजी सुभाष मार्ग, दरियागंज
नई दिल्ली-110 002
द्वारा प्रकाशित

शाखाएँ : अशोक राजपथ, साइंस कॉलेज के सामने, पटना-800 006
पहली मंजिल, दरबारी बिल्डिंग, महात्मा गांधी मार्ग, प्रयागराज-211 001
1, अनमोल सोराबजी सन्तुक लेन, धोबी तलाव, मरीन लाइंस, मुम्बई-44002

वेबसाइट : www.rajkamalprakashan.com
ई-मेल : info@rajkamalprakashan.com

विकास कंप्यूटर एंड प्रिंटर्स
ट्रॉनिका सिटी-201 102
द्वारा मुद्रित

मूल्य : ₹199

PRATINIDHI VYANGA
An anthology of representative satirical essays
by Hari Shankar Parsai

ISBN : 978-81-267-0234-3

भूमिका

इस संकलन में मेरी विभिन्न प्रकार की रचनाएँ शामिल हैं। कोशिश मैंने यह की है कि मैं जिसे अपना सबसे अच्छा समझता हूँ, वह इस संग्रह में हो। मगर यह एक असम्भव-सी बात है। बहुत सा जो मेरी और पाठकों की नज़र में सर्वोत्तम है छूट भी गया है। पेपरबैक के आकार की सीमा होती है।

एक सन्तोष की बात है। पाठक मुझसे शिकायत करते हैं कि आप 'जनता के लेखक' हैं फिर भी आपकी किताबें इतनी महँगी हैं कि उन्हें जनता ख़रीदकर पढ़ नहीं सकती। मैंने अपने को 'जनता का लेखक' कभी कहा नहीं। मैं नहीं जानता यह कैसा होता है और इसका कितना भारी दायित्व होता है। 'जनता का लेखक' का लेबिल जब मुझ पर चिपका दिया गया, तो बड़े गम्भीर, उदास, दार्शनिक कोई लेखक शाम के धुँधलके के अवसाद में शराब के घूँट और सिगरेट के कश के साथ मनुष्य की आगामी एक लाख सालों की नियति के बारे में चिन्तित होकर कहने लगे—यह जो लिखता है उसकी लोकप्रियता और उस पर लोक-विश्वास ख़तरनाक है। हमें इस देश को बचाने के लिए कुछ करना चाहिए। वे शब्दों की बाजीगरी और चालाकी से उत्पन्न ख़ूबसूरत 'शून्य' से मानव-जाति को बचाने में लग गए। वे बचा ले जाएँगे। सन्तोष मुझे यह है

कि कम दाम में मेरा इतना लेखन जिसमें न चालाकी है न शून्य, पाठकों को उपलब्ध होगा।

लिखा मैंने बहुत है, रोज़ ही लिखता हूँ। मेरे पास राजनीतिक व्यंग्य रचनाओं का भंडार है। यह बढ़ता जाता है। पर राजनीतिक व्यंग्य इस संग्रह में बहुत कम हैं।

बहरहाल, ये रचनाएँ पाठक के हाथ में हैं।

—हरिशंकर परसाई

क्रम

प्रतिनिधि व्यंग्य

घायल वसन्त

कल वसन्तोत्सव था। कवि वसन्त के आगमन की सूचना पा रहा था—'प्रिय, फिर आया मादक वसन्त।'

मैंने सोचा, जिसे वसन्त के आने का बोध भी अपनी तरफ़ से कराना पड़े, उस प्रिय से तो शत्रु अच्छा। ऐसे नासमझ को प्रकृति-विज्ञान पढ़ाएँगे या उससे प्यार करेंगे। मगर कवि को न जाने क्यों ऐसा बेवक़ूफ़ पसन्द आता है।

कवि मग्न होकर गा रहा था—

प्रिय, फिर आया मादक वसन्त!

पहली पंक्ति सुनते ही मैं समझ गया कि इस कविता का अन्त 'हा हन्त' से होगा, और हुआ। अन्त, सन्त, दिगन्त आदि के बाद सिवाय 'हा हन्त' के कौन पद पूरा करता? तुक की यही मजबूरी है। लीक के छोर पर यही गहरा गढ़ा होता है। तुक की ग़ुलामी करोगे तो आरम्भ चाहे 'वसन्त' से कर लो, अन्त ज़रूर 'हा हन्त' से होगा। सिर्फ़ कवि ऐसा नहीं करता। और लोग भी, सयाने लोग भी, इस चक्कर में होते हैं। व्यक्तिगत और सामाजिक जीवन में तुक पर तुक बिठाते चलते हैं और 'वसन्त' से शुरू करके 'हा-हन्त' पर पहुँचते हैं। तुकें बराबर फ़िट बैठती हैं पर जीवन का आवेग निकल भागता है। तुकें हमारा पीछा छोड़ ही नहीं रही हैं। हाल ही में हमारी समाजवादी सरकार के अर्थमंत्री ने

दबा सोना निकालने की जो अपील की, उसकी तुक शुद्ध सर्वोदय से मिलाई—'सोना दबानेवालो, देश के लिए स्वेच्छा से सोना दे दो।' तुक उत्तम प्रकार की थी; साँप तक का दिल नहीं दुखा। पर सोना चार हाथ और नीचे चला गया। आख़िर कब हम तुक को तिलाजंलि देंगे? कब बेतुका चलने की हिम्मत करेंगे?

कवि ने कविता समाप्त कर दी थी। उसका 'हा हन्त' आ गया था। मैंने कहा, 'धत्तेरे की!' 7 तुकों में ही टें बोल गया। राष्ट्रकवि इस पर कम-से-कम 51 तुकें बाँधते। 9 तुकें तो उन्होंने 'चक्र' पर बाँधी हैं। (देखो 'यशोधरा' पृष्ठ 13)। पर तू मुझे क्या बताएगा कि वसन्त आ गया। मुझे तो सुबह से ही मालूम है। सवेरे वसन्त ने मेरा दरवाज़ा भी खटखटाया था। मैं रजाई ओढ़े सो रहा था। मैंने पूछा, "कौन?" जवाब आया, "मैं वसन्त।" मैं घबड़ा उठा। जिस दुकान से सामान उधार लेता हूँ, उसके नौकर का नाम भी वसन्तलाल है। वह उधारी वसूल करने आया था। कैसा नाम है, और कैसा काम करना पड़ता है इसे! इसका नाम पतझड़दास या तुषारपात होना था। वसन्त अगर उधारी वसूल करता फिरता है, तो किसी दिन आनन्दकर थानेदार मुझे गिरफ़्तार करके ले जाएगा और अमृतलाल जल्लाद फाँसी पर टाँग देगा!

वसन्तलाल ने मेरा मुहूर्त बिगाड़ दिया। इधर से कहीं ॠतुराज वसन्त निकलता होगा, तो वह सोचेगा कि ऐसे के पास क्या जाना जिसके दरवाज़े पर सवेरे से उधारीवाले खड़े रहते हैं! इस वसन्तलाल ने मेरा मौसम ही ख़राब कर दिया।

मैंने उसे टाला और फिर ओढ़कर सो गया। आँखें झेंप गईं। मुझे लगा, दरवाज़े पर फिर दस्तक हुई। मैंने पूछा, "कौन?" जवाब आया, "मैं वसन्त!" मैं खीझ उठा, "कह तो दिया कि फिर आना।" उधर से जवाब आया, "मैं बार-बार कब तक आता रहूँगा? मैं किसी बनिये का नौकर नहीं हूँ; ॠतुराज वसन्त हूँ। आज तुम्हारे द्वार पर फिर आया हूँ और तुम फिर सोते मिले हो। अलाल, अभागे, उठकर बाहर तो देख। ठूँठों ने भी नव पल्लव पहिन रखे हैं। तुम्हारे सामने की प्रौढ़ा नीम तक नवोढ़ा-से हाव-भाव कर रही है—और बहुत भद्दी लग रही है।"

मैंने मुँह उघाड़कर कहा, "भई, माफ़ करना, मैंने तुम्हें पहचाना नहीं। अपनी यही विडम्बना है कि ऋतुराज वसन्त भी आए, तो लगता है, उधारी के तगादेवाला आया। उमंगें तो मेरे मन में भी हैं, पर यार, ठंड बहुत लगती है।" वह जाने के लिए मुड़ा। मैंने कहा, "जाते-जाते एक छोटा-सा काम मेरा करते जाना। सुना है तुम ऊबड़-खाबड़ चेहरों को चिकना कर देते हो; 'फ़ेसलिफ़्टिंग' के अच्छे कारीगर हो तुम। तो ज़रा यार, मेरी सीढ़ी ठीक करते जाना, उखड़ गई है।"

उसे बुरा लगा। बुरा लगने की बात है। जो सुन्दरियों के चेहरे सुधारने का कारीगर है, उससे मैंने सीढ़ी सुधारने के लिए कहा। वह चला गया।

मैं उठा और शाल लपेटकर बाहर बरामदे में आया। हज़ारों सालों से संचित संस्कार मेरे मन पर लदे हैं; टनों कवि-कल्पनाएँ जमी हैं। सोचा, वसन्त है तो कोयल होगी ही। पर न कहीं कोयल दिखी न उसकी कूक सुनाई दी। सामने की हवेली के कंगूरे पर बैठा कौआ 'काँव-काँव' कर उठा। काला, कुरूप, कर्कश कौआ—मेरी सौन्दर्य-भावना को ठेस लगी। मैंने उसे भगाने के लिए कंकड़ उठाया। तभी ख़याल आया कि एक परम्परा ने कौए को भी प्रतिष्ठा दे दी है। यह विरहिणी को प्रियतम के आगमन का सन्देशा देनेवाला माना जाता है। सोचा, कहीं यह आसपास की किसी विरहिणी को प्रिय के आने का सगुन न बता रहा हो। मैं विरहिणियों के रास्ते में कभी नहीं आता; पतिव्रताओं से तो बहुत डरता हूँ। मैंने कंकड़ डाल दिया। कौआ फिर बोला। नायिका ने सोने से उसकी चोंच मढ़ाने का वायदा कर दिया होगा। शाम की गाड़ी ने अगर नायक दौरे से वापस आ गया, तो कल नायिका बाज़ार से आनेवाले सामान की जो सूची उसके हाथ में देगी, उसमें दो तोले सोना भी लिखा होगा। नायक पूछेगा, "प्रिये, सोना तो अब काला बाज़ार में मिलता है। लेकिन अब तुम सोने का करोगी क्या?" नायिका लजाकर कहेगी, "उस कौए की चोंच मढ़ाना है, जो कल सवेरे तुम्हारे आने का सगुन बता गया था।" तब नायक कहेगा, "प्रिये, तुम बहुत भोली हो। मेरे दौरे का कार्यक्रम यह कौआ थोड़े ही बनाता है; वह कौआ बनाता है जिसे हम 'बड़ा साहब'

कहते हैं। इस कलूटे की चोंच सोने से क्यों मढ़ाती हो? हमारी दुर्दशा का यही तो कारण है कि तमाम कौए सोने से चोंच मढ़ाए हैं, और इधर हमारे पास हथियार ख़रीदने को सोना नहीं है। हमें तो कौओं की चोंच से सोना खरोंच लेना है। जो आनाकानी करेंगे, उनकी चोंच काटकर सोना निकाल लेंगे। प्रिये, वह बड़ी ग़लत परम्परा है, जिसमें हंस और मोर की चोंच तो नंगी रहे, पर कौए की चोंच पर सुन्दरी ख़ुद सोना मढ़े!" नायिका चुप हो जाएगी। स्वर्ण-नियंत्रण क़ानून से सबसे ज़्यादा नुक़सान कौओं और विरहिणियों का हुआ है। अगर कौए ने 14 कैरेट के सोने से चोंच मढ़ाना स्वीकार नहीं किया, तो विरहिणी को प्रिय के आगमन की सूचना कौन देगा?

कौआ फिर बोला। मैं इससे युगों से घृणा करता हूँ; तब से, जब इसने सीता के पाँव में चोंच मारी थी। राम ने अपने हाथ से फूल चुनकर, उनके आभूषण बनाकर सीता को पहनाए। इसी समय इन्द्र का बिगड़ैल बेटा जयन्त आवारागर्दी करता वहाँ आया और कौआ बनकर सीता के पाँव में चोंच मारने लगा। ये बड़े आदमी के बिगड़ैल लड़के हमेशा दूसरों का प्रेम बिगाड़ते हैं। यह कौआ भी मुझसे नाराज़ है, क्योंकि मैंने अपने घर के झरोखों में गौरैयों को घोंसले बना लेने दिये हैं।

पर इस मौसम में कोयल कहाँ है? वह अमराई में होगी। कोयल से अमराई छूटती नहीं है, इसलिए इस वसन्त में कौए की बन आई है। वह तो मौक़ापरस्त है; घुसने के लिए पोल ढूँढ़ता है। कोयल ने उसे जगह दे दी है। वह अमराई की छाया में आराम से बैठी है। और इधर हर ऊँचाई पर कौआ 'काँव-काँव' कर रहा है। मुझे कोयल के पक्ष में उदास-पुरातन प्रेमियों की आह भी सुनाई देती है, 'हाय, अब वे अमराइयाँ यहाँ कहाँ हैं कि कोयलें बोलें। यहाँ तो ये शहर बस गए हैं और कारख़ाने बन गए हैं।' मैं कहता हूँ कि सर्वत्र अमराइयाँ नहीं हैं, तो ठीक ही नहीं है। आख़िर हम कब तक जंगली बने रहते? मगर अमराई और कुंज और बगीचे भी हमें प्यारे हैं। हम कारख़ाने को अमराई से घेर देंगे और हर मुहल्ले में बगीचा लगा देंगे। अभी थोड़ी देर है। पर कोयल को धीरज के साथ हमारा साथ तो देना था। कुछ दिन धूप तो हमारे साथ सहना था। जिसने धूप में साथ

नहीं दिया, वह छाया कैसे बँटाएगी? जब हम अमराई बना लेंगे, तब क्या वह उसमें रह सकेगी? नहीं, तब तक तो कौए अमराई पर क़ब्ज़ा कर लेंगे। कोयल को अभी आना चाहिए। अभी जब हम मिट्टी खोदें, पानी सींचें और खाद दें, तभी से उसे गाना चाहिए।

कौआ फिर बोला। विरहिणी की भावना का ख़याल करके मैं सह रहा हूँ।

मैं बाहर निकल पड़ता हूँ। चौराहे पर पहली वसन्ती साड़ी दिखी। मैं उसे जानता हूँ। यौवन की एड़ी दिख रही है—वह जा रहा है—वह जा रहा है। अभी कुछ महीने पहले ही शादी हुई है। मैं तो कहता आ रहा था कि चाहे कभी ले, 'रूखी री यह डाल वसन वासन्ती लेगी'—(निराला)। उसने वसन वासन्ती ले लिया। कुछ हज़ार में उसे यह बूढ़ा हो रहा पति मिल गया। वह भी उसके साथ है। वसन्त का अन्तिम चरण और पतझड़ साथ जा रहे हैं। उसने माँग में बहुत सा सिन्दूर चुपड़ रखा है। जिसकी जितनी मुश्किल से शादी होती है, वह बेचारी उतनी ही बड़ी माँग भरती है। उसने बड़े अभिमान से मेरी तरफ़ देखा। फिर पति को देखा। उसकी नज़र में ठसक और ताना है, जैसे अँगूठा दिखा रही है कि ले, मुझे तो यह मिल ही गया। मगर यह क्या? वह ठंड से काँप रही है और 'सी-सी' कर रही है। वसन्त में वासन्ती साड़ी को कँपकँपी छूट रही है।

यह कैसा वसन्त है जो शीत के डर से काँप रहा है? क्या कहा था विद्यापति ने, 'सरल वसन्त समय भल पाओलि दछिन पवन बहु धीरे!' नहीं मेरे कवि, दक्षिण में मलय पवन नहीं बह रहा। यह उत्तर से बर्फ़ीली हवा आ रही है। हिमालय के उस पार से आकर इस बर्फ़ीली हवा ने हमारे वसन्त का गला दबा दिया है।[1] हिमालय के पार बहुत-सा बर्फ़ बनाया जा रहा है जिसमें सारी मनुष्य-जाति को मछली की तरह जमाकर रखा जाएगा। यह बड़ी भारी साजिश है—बर्फ़ की साजिश! इसी बर्फ़ की हवा ने हमारे आते वसन्त को दबा रखा है।

---

1. चीन की युद्ध और शान्ति सम्बन्धी नीति और भारत की सीमा पर 1962 में चीन का हमला।

यों हमें विश्वास है कि वसन्त आएगा। शेली ने कहा है, "अगर शीत आ गई है, तो क्या वसन्त बहुत पीछे होगा?" वसन्त तो शीत के पीछे लगा हुआ ही आ रहा है। पर उसके पीछे गरमी भी तो लगी है। अभी उत्तर से शीतलहर आ रही है तो फिर पश्चिम से लू भी तो चल सकती है।[1] बर्फ़ और आग के बीच में हमारा वसन्त फँसा है। इधर शीत उसे दबा रही है और उधर से गरमी। और वसन्त सिकुड़ता जा रहा है।

मौसम की मेहरबानी पर भरोसा करेंगे, तो शीत से निपटते-निपटते लू तंग करने लगेगी। मौसम के इन्तज़ार से कुछ नहीं होगा। वसन्त अपने-आप नहीं आता; उसे लाया जाता है। सहज आनेवाला तो पतझड़ होता है, वसन्त नहीं। अपने-आप तो पत्ते झड़ते हैं। नये पत्ते तो वृक्ष का प्राण-रस पीकर पैदा होते हैं। वसन्त यों नहीं आता। शीत और गरमी के बीच से जो जितना वसन्त निकाल सके, निकाल ले। दो पाटों के बीच में फँसा है, देश का वसन्त। पाट और आगे खिसक रहे हैं। वसन्त को बचाना है तो ज़ोर लगाकर इन दोनों पाटों को पीछे ढकेलो—इधर शीत को, उधर गरमी को। तब बीच में से निकलेगा हमारा घायल वसन्त।

पहिला सफ़ेद बाल

आज पहिला सफ़ेद बाल दिखा। कान के पास काले बालों के बीच से झाँकते इस पतले रजत-तार ने सहसा मन को झकझोर दिया।

ऐसा लगा जैसे बसन्त में वनश्री देखता घूम रहा हूँ कि सहसा किसी झाड़ी से शेर निकल पड़े;

या पुराने ज़माने में किसी मज़बूत माने जानेवाले क़िले की दीवार

1. पाकिस्तान

पर रात को बेफ़िक्र घूमते गरबीले क़िलेदार को बाहर से चढ़ते हुए शत्रु के सिपाही की कलगी दिख जाए;

या किसी पार्क के कुंज में अपनी राधा को हृदय से लगाए प्रेमी को एकाएक राधा का बाप आता दिख जाए;

कालीन पर चलते हुए काँटा चुभने का दर्द बड़ा होता है। मैं अभी तक कालीन पर चल रहा था। रोज़ नरसीसस जैसी आत्म-रति से आईना देखता था, घुँघराले, काले केशों को देखकर, सहलाकर, सँवारकर, प्रसन्न होता था। उम्र को ठेलता जाता था, वार्द्धक्य को अँगूठा दिखाता था। पर आज कान में वह सफ़ेद बाल फुसफुसा उठा, "भाई मेरे, एक बात 'कानफ़िडेंस' में कहूँ—अपनी दुकान समेटना अब शुरू कर दो!"

तभी से दुखी हूँ। ज्ञानी समझाएँगे—जो अवश्यम्भावी है, उसके होने का क्या दुख? जी हाँ, मौत भी तो अवश्यम्भावी है। तो क्या ज़िन्दगी-भर मरघट में अपनी चिता रचते रहें? और ज्ञान से कहीं हर दुख जीता गया है? वे क्या कम ज्ञानी थे, जो मरणासन्न लक्ष्मण का सिर गोद में लेकर विलाप कर रहे थे—'मेरो सब पुरुषारथ थाको!' स्थितप्रज्ञ दर्शन अर्जुन को समझानेवाले की आँखें उद्धव से गोकुल की व्यथा-कथा सुनकर, डबडबा आई थीं। मरण को त्योहार माननेवाले ही मृत्यु से सबसे अधिक भयभीत होते हैं। वे त्योहार का हल्ला करके अपने हृदय के सत्य भय को दबाते हैं।

मैं वास्तव में दुखी हूँ। सिर पर सफ़ेद कफ़न बुना जा रहा है; आज पहिला तार डाला गया है। उम्र बुनती जाएगी इसे और यह यौवन की लाश को ढक लेगा। दुख नहीं होगा मुझे? दुख उन्हें नहीं होगा, जो बूढ़े ही जन्मे हैं।

मुझे ग़ुस्सा है, इस आईने पर। वैसे तो यह बड़ा दयालु है, विकृति को सुधारकर चेहरा सुडौल बनाकर बताता रहा है। आज एकाएक यह कैसे क्रूर हो गया! क्या इस एक बाल को छिपा नहीं सकता था? इसे दिखाए बिना क्या उसकी ईमानदारी पर बड़ा कलंक लग जाता? उर्दू-कवियों ने ऐसे संवेदनशील आईनों का ज़िक्र किया है, जो माशूक़ के चेहरे में अपनी ही तसवीर देखने लगते हैं; जो उस मुख के सामने आते ही गश खाकर गिर पड़ते हैं; जो उसे पूरी तरह प्रतिबिम्बित न कर सकने

के कारण चटक जाते हैं। सौन्दर्य का सामना करना कोई खेल नहीं है। मूसा बेहोश हो गया था! ऐसे भले आईने होते हैं, उर्दू-कवियों के। और यह एक हिन्दी लेखक का आईना है!

मगर आईने का क्या दोष? बाल तो अपना सफ़ेद हुआ है। सिर पर धारण किया, शरीर का रस पिलाकर पाला, हज़ारों शीशियाँ तेल की उड़ेल दीं—और ये धोखा दे गए। संन्यासी शब्द इसीलिए इनसे छुट्टी पा लेता है कि उस विरागी का साहस भी इनके सामने लड़खड़ा जाता है।

आज आत्मविश्वास उठा जाता है; साहस छूट रहा है। क़िले में आज पहली सुरंग लगी है। दुश्मन को आते अब क्या देर लगेगी!

क्या करूँ? इसे उखाड़ फेंकूँ? लेकिन सुना है, यदि एक सफ़ेद बाल को उखाड़ दो, तो वहाँ एक गुच्छा सफ़ेद हो जाता है। रावण जैसा वरदानी होता है, कम्बख़्त। मेरे चाचा ने एक नौकर सफ़ेद बाल उखाड़ने के लिए ही रखा था, पर थोड़े ही समय में उनके सिर पर काँस फूल उठा था। एक तेल बड़ा 'मनराखन' हो गया है। कहते हैं उससे बाल काले हो जाते हैं। (नाम नहीं लिखता, व्यर्थ प्रचार होगा), उस तेल को लगाऊँ? पर उससे भी शत्रु मरेगा नहीं, उसकी वर्दी बदल जाएगी। कुछ लोग ख़िज़ाब लगाते हैं। वे बड़े दयनीय होते हैं। बुढ़ापे से हार मानकर, यौवन का ढोंग रचते हैं। मेरे एक परिचित ख़िज़ाब लगाते थे। शनिवार को वे बूढ़े लगते और सोमवार को जवान—इतवार उनका रँगने का दिन था। न जाने वे ढलती उम्र में काले बाल किसे दिखाते थे! शायद तीसरे विवाह की पत्नी को। पर वह उन्हें बाल रँगते देखती तो होगी ही। और क्या स्त्री को केवल काले बाल दिखाने से यौवन का भ्रम उत्पन्न किया जा सकता है? नहीं, यह सब नहीं होगा। शत्रु को सिर पर बिठाए रखना पड़ेगा। जानता हूँ, यह धीरे-धीरे सब वफ़ादार बालों को अपनी ओर मिला लेगा।

याद आती है, मेरे समानधर्मा, कवि केशवदास की, जिसे 'चन्द्रवदन मृगलोचनी' ने बाबा कह दिया, तो वह बालों पर बरस पड़ा था। हे मेरे पूर्वज, दुखी, रसिक कवि! तेरे मन की ऐंठन मैं अब बख़ूबी समझ सकता हूँ। मैं चला आ रहा हूँ, तेरे पीछे। मुझे 'बाबा' तो नहीं, पर 'दादा' कहने लगी है—बस, थोड़ा ही फ़ासला है!

मन बहुत विचलित है। आत्म-रति के अतिरेक का फल नरसीसस ने भोगा था, मुझे भी भोगना पड़ेगा। मुझे एक अन्य कारण से डर है। मैंने देखा है, सफ़ेद बाल के आते ही आदमी हिसाब लगाने लगता है कि अब तक क्या पाया, आगे क्या करना है और भविष्य के लिए क्या संचय किया। हिसाब लगाना अच्छा नहीं होता। इससे ज़िन्दगी में वणिक-वृत्ति आती है और जिस दिशा से कुछ मिलता है, आदमी उसी दिशा में सिज़दा करता है। बड़े-बड़े 'हीरो' धराशायी होते हैं। बड़ी-बड़ी देव-प्रतिमाएँ खंडित होती हैं। राजनीति, साहित्य, जन-सेवा के क्षेत्र की कितनी महिमामंडित मूर्तियाँ इन आँखों ने टूटते देखी हैं; कितनी आस्थाएँ भंग होते देखी हैं। बड़ी ख़तरनाक उम्र है यह; बड़े समझौते होते हैं सफ़ेद बालों के मौसम में। यह सुलह का झंडा सिर पर लहराने लगा है। यह घोषणा कर रहा है, "अब तक के शत्रुओ! मैंने हथियार डाल दिये हैं। आओ, सन्धि कर लें।" तो क्या सन्धि होगी—उनसे, जिनसे संघर्ष होता रहा? समझौता होगा उससे, जिसे ग़लत मानता रहा?

पर आज एकदम ये निर्णायक प्रश्न मेरे सामने क्यों खड़े हो गए? बाल की जड़ बहुत गहरी नहीं होती। हृदय से तो उगता नहीं है यह! यह सतही है, बेमानी? यौवन सिर्फ़ काले बालों का नाम नहीं है। यौवन नवीन भाव, नवीन विचार ग्रहण करने की तत्परता का नाम है; यौवन साहस, उत्साह, निर्भयता और ख़तरे-भरी ज़िन्दगी का नाम है; यौवन लीक से बच निकलने की इच्छा का नाम है। और सबसे ऊपर, बेहिचक बेवक़ूफ़ी करने का नाम यौवन है। मैं बराबर बेवक़ूफ़ी करता जाता हूँ। यह सफ़ेद झंडा प्रवंचना है। हिसाब करने की कोई जल्दी नहीं है। सफ़ेद बाल से क्या होता है?

यह सब मैं किसी दूसरे से नहीं कह रहा हूँ, अपने-आपको ही समझा रहा हूँ। द्विमुखी संघर्ष है यह—दूसरों को भ्रमित करना और मन को समझाना। दूसरों से भय नहीं। सफ़ेद बालों से किसी और का क्या बिगड़ेगा? पर मन तो अपना है। इसे तो समझाना ही पड़ेगा कि भाई तू परेशान मत हो। अभी ऐसा क्या हो गया है! यह तो पहिला ही है। और फिर अगर तू नहीं ढीला होता, तो क्या बिगड़नेवाला है!

पहिले सफ़ेद बाल का दिखना एक पर्व है। दशरथ को कान के पास सफ़ेद बाल दिखे, तो उन्होंने राम को राजगद्दी देने का संकल्प किया। उनके चार पुत्र थे। उन्हें देने का सुभीता था। मैं किसे सौंपूँ? कोई कन्धा मेरे सामने नहीं है, जिस पर यह गौरवमय भार रख दूँ। किस पुत्र को सौंपूँ? मेरे एक मित्र के तीन पुत्र हैं। सवेरे यह मेरा दशरथ अपने कुमारों को चुल्लू-चुल्लू पानी मिला दूध बाँटता है। इनके कन्धे ही नहीं हैं—भार कहाँ रखेंगे? बड़े आदमियों के दो तरह के पुत्र होते हैं—वे जो वास्तव में हैं, पर कहलाते नहीं हैं और वे जो कहलाते हैं, पर हैं नहीं। जो कहलाते हैं, वे धन-सम्पत्ति के मालिक बनते हैं और जो वास्तव में हैं, वे कहीं पंखा खींचते हैं या बर्तन माँजते हैं। होने से कहलाना ज़्यादा लाभदायक है।

अपना कोई पुत्र नहीं। होता तो मुश्किल में पड़ जाते। क्या देते? राज-पाट के दिन गए, धन-दौलत के दिन हैं। पर पास ऐसा कुछ नहीं है, जो उठाकर दे दिया जाए। न उत्तराधिकारी है, न उसका प्राप्य। यह पर्व क्या बिना दिये चला जाएगा?

पर हम क्या दें? महायुद्ध की छाया में बढ़े हम लोग; हम ग़रीबी और अभाव में पले लोग; केवल जिजीविषा खाकर जिये हम लोग। हमारी पीढ़ी के बाल तो जन्म से ही सफ़ेद हैं। हमारे पास क्या है? हाँ, भविष्य है, लेकिन वह भी हमारा नहीं, आनेवालों का है। तो इतना रंक नहीं हूँ—विराट भविष्य तो है। और अब उत्तराधिकारी की समस्या भी हल हो गई। पुत्र तो पीढ़ियों के होते हैं। केवल जन्मदाता किसी का पिता नहीं होता। विराट भविष्य को एक पुत्र ले भी कैसे सकता है? इससे क्या कि कौन किसका पुत्र होगा, कौन किसका पिता कहलाएगा! मेरी पीढ़ी के समस्त पुत्रो! मैं तुम्हें वह भविष्य ही देता हूँ। यद्यपि वह अभी मूर्त नहीं हुआ है, पर हम जुटे हैं, उसे मूर्त करने। हम नींव से धँस रहे हैं कि तुम्हारे लिए एक भव्य भविष्य रचा जा सके। वह तुम्हारे लिए एक वर्तमान बनकर ही आएगा—हमारा तो कोई वर्तमान भी नहीं था। मैं तुम्हें भविष्य देता हूँ और इस देने का अर्थ यह है कि हम अपने-आपको दे रहे हैं, क्योंकि उसके निर्माण में अपने-आपको मिटा रहे हैं। लो, सफ़ेद बाल दिखने के इस पर्व पर यह तुम्हारा प्राप्य सँभालो। होने दो हमारे

बाल सफ़ेद। हम काम में तो लगे हैं—जानते हैं कि काम बन्द करने और मरने का क्षण एक ही होता है।

हमें तुमसे कुछ नहीं चाहिए। ययाति-जैसे स्वार्थी हम नहीं हैं जो पुत्र की जवानी लेकर युवा हो गया था। बाल के साथ, उसने मुँह भी काला कर लिया।

हमें तुमसे कुछ नहीं चाहिए। हम नींव में धँस रहे हैं; लो हम तुम्हें कलश देते हैं।

गुड़ की चाय

आजकल मैं गुड़ की चाय पीता हूँ, तो ऐसा लगता है, जैसे शहीद हो रहा हूँ। हम छोटी-छोटी चीज़ों से मरते-जीते हैं। मध्यवर्गीय आदमी शक्कर के अभाव में गुड़ की चाय पीता है, तो सोचता है, इसके आगे भगतसिंह का बलिदान कुछ नहीं है। अगर भारतवासी 1920 से 1930 तक गुड़ की चाय पीते, तो 1931 में ही देश आज़ाद हो जाता।

मुझे शिकायत नहीं है। देश का बकाया चुका रहा हूँ। स्वतंत्रता आन्दोलन में हम जेल नहीं गए थे। जो गए थे, वे शक्कर की चाय पीते हैं। हम नहीं गए, तो गुड़ की पीते हैं। ग़लती अपनी ही है। मगर तब हमें किसी ने बताया ही नहीं कि अभी जेल चले जाओगे, तो आगे शक्कर की चाय पियोगे और मज़े में 'कन्संट्रेशन कैम्प' चलाओगे। उसी देश के नाम पर कोई शक्कर की चाय पीता है और कोई गुड़ की। गुड़ की पीनेवाला अब पूछने लगा है—क्या यह मेरा देश है? शायद नहीं। देश दूसरों का है। मैं तो इसमें किराये से रहता हूँ। जब मुझसे देशभक्ति की माँग की जाएगी, तब सोचूँगा कि किराये की ज़मीन के लिए प्राण दूँ कि नहीं। या पहले ज़मीन अपने क़ब्ज़े में करके फिर उसके लिए लड़ूँ? इस

देश का आम आदमी अपनी ही ज़मीन से बेदख़ल कर दिया गया है। वह अपने ही मकान में किराये से रहता है।

ये किरायेदार आजकल गुड़ की चाय पीते हैं और रोते हैं। बहुत लोगों के चेहरे गुड़ के डले की तरह हो गए हैं। कल एक के घर चाय पी रहा था, तो लग रहा था, जैसे मृत्यु-भोज में शरीक हूँ। उस आदमी ने बड़ी पीड़ा से कहा, "क्या करें, शक्कर मिलती ही नहीं।" ऐसा भाव था जैसे इसकी माँ मर गई हो और यह कह रहा है, "भैया, हमारी माताजी शक्कर देवी की मृत्यु हो गई।" मैं कहता, "राम-राम, बड़ा बुरा हुआ। क्या बीमारी थी माताराम को?" वह जवाब देता, "बीमारी कुछ नहीं थी। चार-पाँच दिन पहले तक माताजी बाज़ार में चल-फिर रही थीं। फिर अफ़सरों और कालाबाज़ारियों ने उन्हें मार डाला।" मैं पूछता, "भैया, माताराम के क्रिया-कर्म तो अच्छी तरह कर दिये न?" वह माथा ठोककर कहता, "कहाँ कर पाए! उन लोगों ने लाश तक नहीं दी। चुपचाप कहीं गाड़ दी।" मैं उसे समझाऊँगा, "ख़ैर, माताजी तो गईं। उनकी इतनी ही उम्र थी। पर तुम्हारा बाप गुड़ अभी ज़िन्दा है। उसकी ख़ैर मनाओ।"

यों ख़ैर मनाने से कुछ नहीं होता। मारनेवाला पालनेवाले से बड़ा हो गया है। देखा तो नहीं, पर सुना है कि पहले दाने-दाने पर खानेवाले का नाम लिखा रहता था। कौन लिखता था, यह आस्तिक जानते होंगे। पर अब वही दाने-दाने पर काला बाज़ारवाले का नाम लिखने लगा है। दाने पर खानेवाले के बदले, उसके बिना मरनेवाले का नाम लिखकर काले गोदाम में डाल देता है!

किससे कहें? संयमी और नैतिकवादी अर्थमंत्री से शिकायत करने की हिम्मत नहीं होती। वे कह देंगे, "चाय पीते ही क्यों हो? चाय से वासना बढ़ती है। नीम की पत्ती पीसकर पिया करो।" उनसे अन्न के अभाव की शिकायत करो, तो वे कहेंगे, "ज़्यादा खाने से पाचन-क्रिया ख़राब होती है।" तब कोई पूछेगा, "ज़िन्दा रहें कि नहीं?" वे शान्ति से जवाब देंगे, "इस मल-मूत्र की खान पापमय देह का क्या मोह!"

यह सब कहते वक़्त भी बदनीयती मुझमें है। सोचता हूँ—झूठे बताकर कई लोग परमिट ला रहे हैं, तो मैं भी ले आऊँ। हर आदमी बेईमानी की

तलाश में है और हर आदमी चिल्लाता है, बड़ी बेईमानी है। परमिट का एक मान्य कारण माता या पिता का श्राद्ध है। कई लोग इस कारण से ले आते हैं। बेटा कहता होगा, "पिताजी, और किसी तरह शक्कर नहीं मिलती। आपके श्राद्ध के बहाने से ही मिल सकती है।" बूढ़ा यों ही चटोरा होता है। वह कहता होगा, "बेटा, शक्कर के लिए मैं दस बार मरने को तैयार हूँ। तू तो ले आ।" मगर मैं यह भी नहीं कर सकता। माता-पिता परमिट के झंझट से पहले ही चले गए थे। इतने साल बाद उनके श्राद्ध के लिए शक्कर माँगूँ तो यह धाँधली बहुत बड़ी हो जाएगी। यों माता-पिता बहुत उपयोगी चीज़ें हैं—उनकी मौत की झूठी घोषणा से शक्कर मिलती है। इस ज़माने में हर आदमी को ऐसे मौक़े पर काम आने के लिए माँ-बाप ज़रूर रखना चाहिए। हम नहीं रख पाए, तो पछताते हैं।

लेकिन छोटे आदमी का बाप सचमुच मर जाए, तो भी कोई निश्चित नहीं कि शक्कर मिल जाएगी। एक छोटा आदमी अपने पिता के श्राद्ध के लिए शक्कर की दरख़्वास्त लेकर पहुँचा। वह जानता था कि पिता को स्वर्ग में तभी जगह मिलेगी, जब यहाँ से ब्राह्मण धर्मराज को ख़बर भेज देंगे कि इसके बेटे ने हम लोगों को लड्डू खिला दिये हैं। वरना शक्कर की मारी आत्मा भटकती फिरेगी। पर खाद्य अफ़सर ने उससे कह दिया, "पन्द्रह दिन पहले दरख़्वास्त देना चाहिए।" श्राद्ध मौत के ग्यारह दिन बाद होता है। पन्द्रह दिन पहले दरख़्वास्त कैसे देता? इस घटना से छोटे आदमियों के बापों को सबक़ लेना चाहिए कि बेटे को मरने का प्रोग्राम एकाध महीना पहले बता देना चाहिए। छोटे आदमी को चाहे जब मर जाने की सुविधा भी नहीं है। उसे नोटिस देकर मरना चाहिए, वरना उसकी आत्मा की दुर्गति होगी। बड़े आदमी का बाप चाहे जब मर सकता है, और उसका तुरन्त श्राद्ध करके, उसे फ़ौरन स्वर्ग भेजा जा सकता है। छोटे आदमियों के बाप आजकल बड़े बदतमीज़ हो गए हैं—चाहे जब मर जाते हैं।

यही छोटे लोग त्योहारों पर शक्कर माँगते हैं। शक्कर अक्सर त्योहारों पर ग़ायब हो जाती है। मैं पिछले दो-तीन सालों से शक्कर के बरताव का अध्ययन कर रहा हूँ और दावे से कह सकता हूँ कि वह बिलकुल धर्मनिरपेक्ष है। वह मुहर्रम पर ग़ायब होती है, तो जन्माष्टमी पर भी। हमसे

ज़्यादा 'सेक्यूलर' है। इतना ही नहीं, मुहर्रम पर ब्लैक में चार रुपये किलो मिलकर वह मुसलमानों को कर्बला की ट्रेजेडी का एहसास कराती है, और जन्माष्टमी पर इसी भाव मिलकर देवकी और वसुदेव की मुसीबत का बोध कराती है। नन्द इसीलिए तो उफनती यमुना में से कृष्ण को निकालकर नन्दग्राम ले गए थे कि कंस के राज में बच्चे के दूध के लिए शक्कर नहीं मिलती।

बहुत लोग कहते हैं कि कितना अच्छा होता, अगर खाने-पीने की चीज़ें एम.एल.ए. की तरह सहज उपलब्ध होतीं। गेहूँ, चावल, शक्कर सब 'ब्लैक' में दब गए हैं, मगर हर राज्य में एम.एल.ए. खुले बाज़ार में हैं। हर पार्टी, हर राजा और हर रानी सौदा पटा रहे हैं। एक पार्टी का राजा दूसरी पार्टी के राजा की लड़की से अपने कुमार की शादी लगा रहा है और दहेज में धन-दौलत नहीं, सिर्फ़ पन्द्रह एम.एल.ए. माँग रहा है। मुझे सुनकर लगा, जैसे पन्द्रह बोरे शक्कर माँग रहा है। हर एम.एल.ए. मुझे शक्कर का बोरा मालूम होता है।

खाद्य विभाग के अधिकारियों को देखकर भी मुँह में पानी आता है। वे भी शक्कर के बोरे मालूम होते हैं। कहीं के खाद्य अधिकारी की लोग शिकायत करते थे कि ये उपभोक्ता भंडारों को मंजूर हुई शक्कर रोक देते हैं और तब चौगुने दाम पर व्यापारियों को शक्कर बेचने का सुभीता देते हैं। मैंने एक अख़बार के ज़रिये लोगों से कहा था कि शक्कर के मामले में लगातार गोलमाल करते-करते साहब ख़ुद मीठे हो गए होंगे। वे 'सेकरीन' की एक बड़ी टिकिया हो गए होंगे। अब उन्हें अगर पानी में डालकर थोड़ा हिलाओ, तो पानी मीठा हो जाएगा। उस पानी की चाय बनाकर पी सकते हैं। लोग अपने कुओं का पानी इस तरह मीठा करके मज़े में उसकी चाय पिएँ।

कितना अच्छा सुझाव था। मगर कुछ भद्र लोग मेरे माथे पर चढ़ बैठे, "यह कैसी बात करते हो? लोगों को हिंसा के लिए उभारते हो? क़ानून और व्यवस्था तोड़ना चाहते हो? चौथे आम चुनाव के बाद यों ही बहुत हलचल है। देश को इस वक़्त स्थिरता चाहिए—'स्टेबिलिटी' चाहिए।"

इन 'स्टेबिलिटी' वालों को मैं जानता हूँ। इनकी अच्छी बँधी आमदनी होती है। घर होता है, फ़र्नीचर होता है, फ्रिज होता है, बीमे की पॉलिसी होती है, 'वीक एंड' होता है, बच्चे कॉन्वेंट में होते हैं। ये इस बीमार आराम की निरन्तरता में ख़लल नहीं चाहते। यही 'स्टेबिलिटी' का नारा लगाते हैं।

अस्पताल के प्राइवेट वार्ड में पलंग पर एक आदमी पड़ा है। मुलायम गद्दा है, तकिया है, कूलर है। उसे फलों का रस पड़े-पड़े मिल जाता है। विटामिन मिल जाते हैं। बिस्तर पर ही 'एनीमा' लगा दिया जाता है। उससे कहो, "यार, ज़रा बाहर घूम-फिर आओ।" वह कहेगा, "नहीं, मुझे 'स्टेबिलिटी' चाहिए...।"

कर कमल हो गए

पिछले महीने से अपने हाथ भी कमल हो गए हैं। मेरे पास तीन कॉलेजों के समारोहों के निमंत्रण-पत्र रखे हैं, जिनमें श्रीमान या श्रीमती जी से कहा गया है कि उद्घाटन इस अकिंचन के कर-कमलों से होगा। यह मैं कर भी आया। चरण-कमलों से मंच पर चढ़ा, कमल-नयनों से लोगों को देखा, कर-कमलों से फीता काटा और मुख-कमल से भाषण दे डाला। उन लोगों ने सिर्फ़ हाथों को कमल कहा था, मैंने शरीर-भर को कमल बना लिया। ऐसा देवताओं का होता था। राम के तो नाख़ून तक कमल के थे। देवताओं का एक काम तो मैं भी करता हूँ। आकाशवाणी करता हूँ। रेडियो से बोलता हूँ और रेडियो का हिन्दी नाम आकाशवाणी है। यों मैं विनोबा भावे से ज़्यादा गांधीजी के रास्ते पर चलता हूँ। जिस रास्ते से रोज़ निकलता हूँ, उसका नाम ही महात्मा गांधी मार्ग है। नाम से आदमी तर जाता है, उलटे नाम तक से तर जाता है। कोई 'मरा-मरा' चिल्ला रहा था तो राम ने उसे सीधा स्वर्ग भेज दिया। बड़े आदमी छोटा

एहसान करके 'प्रोपेगैंडा स्टंट' साधते हैं, वैष्णव इस स्टंट को समझे ही नहीं और स्तुति गाने लगे।

मेरे एक दोस्त के कर भी कमल हो गए हैं। मुझसे कुछ बेहतर क्वालिटी के। क्योंकि वे पाँच उद्घाटन इस मौसम में कर चुके हैं। वे मेरे हाथ उलट-पुलटकर देखते हैं, और मैं उनके देखता हूँ। वे कहते हैं, "यार, दोनों के हाथ एकाएक कमल जैसे हो गए? यह क्या बात है?"

सचमुच यह बात क्या है? मैंने भरसक कोशिश की है कि हाथ कमल न हो जाएँ। हथेली पर मैंने काँटे बोए हैं। मगर न जाने क्या हुआ कि कर एकाएक कमल हो गए। अब मैं परेशान हूँ। जिनके हाथ मुझसे पहले कमल हो गए थे, उनकी दुर्दशा मैं देख रहा हूँ। वे कर-कमलों से उद्घाटन करने जाते हैं, और मुख-कमल खोलते हैं, तो माइक की तबीयत चाँटा जड़ देने की होती है। अभी वह ज़ब्त किये है, पर एक वक़्त ऐसा आएगा, जब माइक मुख-कमल में घुसकर टेटरी बन्द कर देगा। कर कमलवाले मुँह खोलते हैं कि लड़के चिल्लाते हैं, 'भाषण नहीं नौकरी दो!' वे सँभलकर कहते हैं, 'यह देश तुम युवकों का है।' लड़के चिल्लाते हैं, 'बकवास बन्द करो।' वे कहते हैं, 'इस देश का तुम्हें निर्माण करना है।' लड़के कहते हैं, 'चुप रह बे!' वे कहते हैं, 'हमें तुमसे बड़ी-बड़ी आशाएँ हैं।' लड़के चिल्लाते हैं, 'शटप!' फिर घेराव, नारे, जूता फेंक और कभी पिटाई भी।

ये कमल अब कॉलेजों में जाने में डरने लगे हैं। उद्घाटन करनेवालों का टोटा पड़ने लगा था। जूता मारने को कमल तो चाहिए ही। अब मुझ जैसे लोगों के कर-कमल बना दिये गए हैं। सार्वजनिक ज़िन्दगी में एक ऐसा वक़्त आता है जब आदमी कमल हो जाता है। फिर ऐसा वक़्त आता है जब कमल पर जूते पड़ते हैं!

अख़बार में यह जिनका चित्र है, उनके हाथ पिछले पन्द्रह सालों से कमल हैं।

सैकड़ों निमंत्रण-पत्र इसके प्रमाण हैं। कल ही एक विश्वविद्यालय में अच्छी-अच्छी बातें कहते हुए वे पिट गए। आजकल देख रहा हूँ कि

अच्छी बातें कहनेवाले ज़्यादा पिट रहे हैं। अब अच्छी बातें कहने का हक़ किसी को लोग देना नहीं चाहते। जिस देश में अच्छी बातें कहने से आदमी पिट जाए, उसमें अच्छी बातें कहनेवालों ने क्या ग़ज़ब न किया होगा?

कल मुख-कमल से अच्छी बातें कहते हुए जो पिट गए थे, वे इस चित्र में मुस्कराते हुए पालम हवाई अड्डे पर विदेशी अतिथि का स्वागत कर रहे हैं। विदेशी राज-अतिथि की मुस्कान इतनी अच्छी है कि लगता है, वे भी अपने देश में पिटकर हवाई जहाज़ में बैठे होंगे। बिना पिटे ऐसी अच्छी मुस्कान नहीं आ सकती, यह हमारा पिटकर मुस्करानेवाला बता रहा है। इस देश में यह बड़ी अजब बात है कि जो जितना पिटता है, वह उतना ही अच्छा मुस्कराता है।

विदेशी राज-अतिथि से अपना यह कमलवाला क्या कह रहा है! वह जो कहता है, अख़बारों में नहीं छपता। वह कहता है, "साहब, हमारी शर्म अब बीस-बाईस साल की जवान लड़की हो गई है। मगर वह नंगी रहती है। जब आप आते हैं, तो आपकी मुस्कान की रेशमी साड़ी अपनी नंगी शर्म को पहनाकर आपके सामने पेश करते हैं। आप इससे शादी कर लीजिए, यह पूर्ण शीलवती है। हमने हर चीज़ का शील भंग हो जाने दिया है, पर शर्म के शील की रक्षा की है।"

इसके बाद वह अपने कर-कमलों से दो दर्शनी हुंडियाँ निकालेगा—एक चीन की और एक पाकिस्तान की और फ़ौरन भुगतान करा लेगा। फिर वह किसी जादू से चीन और पाकिस्तान के बच्चों को डराने के 'बाबा' बना लेगा। बच्चे भूख के कारण रोएँगे, तो वह कहेगा, "चुप, सो जा। बाबा आ रहे हैं। चीन और पाकिस्तान पकड़कर ले जाएँगे।" बच्चे डर से भूख को मारकर सो जाएँगे।

विदेशी फिर कहेगा, "आपके देश की महान् संस्कृति है।" अपना कमल कहेगा, "संस्कृति की हड्डी को अब कुत्ते चबाते घूम रहे हैं। संस्कृति की हड्डी कुत्ते का जबड़ा फोड़कर उसका ख़ून उसी को स्वाद से चटवा रही है। हाँ, हम विश्वबन्धुत्व भी मानते हैं, यानी अपने भाई के सिवा बाक़ी दुनिया-भर को भाई मानते हैं।"

ये कमल अब पुलिस की सुरक्षा में खिलते हैं। यह नई क़िस्म का कमल इस देश में पैदा हुआ है, जो तभी खिलता है, जब आसपास पुलिस हो। वनस्पतिशास्त्रियों को इसका अध्ययन करना चाहिए। नृतत्त्वशास्त्रियों के काम का यह नहीं है, क्योंकि यह आदमी नहीं, कमल है। कमल सूर्य को देखकर खिलता है, सूर्यास्त पर बन्द हो जाता है। यह नया कमल पुलिस को देखकर खिलता है, पुलिस न दिखे तो मुरझा जाता है। बड़ा सुन्दर दृश्य होता है—आगे पुलिस, पीछे पुलिस, बाएँ पुलिस, दाएँ पुलिस और बीच में यह कमल मुस्कराता चला जाता है। एक सूखा सरोवर है, जिसमें ख़ाकी लहरें उठ रही हैं। ख़ाकी लहरों के बीच यह कमल खिलता है।

जब लोग करों को कमल बनाने पर तुले ही हैं तो अपने बारे में चिन्ता हो गई है। कैसे यह रोल निभेगा? एक तो मैं हरगिज़ अच्छी बातें नहीं कहूँगा। इस देश का आदमी लगातार अच्छी बातों से मारा गया है। बहुत लोगों का ख़याल है कि जवाहरलाल शेरवानी में गुलाब का फूल न खोंसकर भटकटैया खोंसते तो ज़्यादा अच्छा होता। लगातार अच्छी बातों से मारा, सुन्दर फूल से मारा। मैं अगर अपने मुख-कमल से कोरी अच्छी बातें करूँ तो सामने बैठे लोग मुझे फ़ौरन जूता मार दें। मगर बहुतों के पैरों में जूते नहीं हैं, ये क्या मारेंगे? संविधान में जूते मारने का बुनियादी अधिकार तो होना ही चाहिए। आदमी के पेट में अन्न न हो, शरीर पर कपड़े न हों, पर पाँवों में जूता ज़रूर होना चाहिए, जिससे वह जब चाहे बुनियादी अधिकार का उपयोग कर सके।

मैं कोई अच्छी बात नहीं कहता। मैं तो 'उद्‌घाटन' को भी बुरा शब्द मानता हूँ। साहित्य में जो अपने को विद्रोही पीढ़ी कहती है उसके एक संकलन का उद्‌घाटन करने के लिए मुझे बुला लिया गया था। मैंने देखा, वैसा ही सुनहला निमंत्रण-पत्र—उसमें वही 'उपस्थिति से शोभा' बढ़ाने की बात, पुस्तक पर रंगीन काग़ज़ और उस पर बँधा वही रेशमी पीला फीता। इसमें विद्रोही पीढ़ीपन कहाँ है? मैंने माइक हाथ में लेते ही कहा, "विद्रोही पीढ़ी का उद्‌घाटन समारोह नहीं, 'विस्फोटन' समारोह होना चाहिए। निमंत्रण-पत्र पर होना चाहिए—हमारे काव्य-संकलनों

का विस्फोटन अमुक वक़्त पर होगा। तुम्हें आना हो तो आओ वरना ऐसी-तैसी कराओ।" यह बात तरुणों को अच्छी लगी। बात अच्छी नहीं, नहीं है न!

सफल कमल होने की मैं पूरी कोशिश करूँगा। सारे हथकंडे सीखूँगा। गुरुओं की कमी नहीं है। एक गुरु को मैंने पिछले साल पा लिया। वे मेरे शहर में एक समारोह का उद्घाटन कर रहे थे। बहुत भाव-विभोर होकर बोले, "अहा, जबलपुर! पुण्यभूमि है। यहाँ की मिट्टी में इतिहास बिखरा पड़ा है। यहाँ की धूल चन्दन है। मैं उसे मस्तक से लगाता हूँ।" उन्होंने जेब से धूल की पुड़िया निकाली और कपाल पर लगा ली। साहब, पूरा हॉल मुग्ध हो गया और उन्होंने घंटे-भर भाषण खींच दिया।

मैं उनके पीछे लग गया। सागर में एक समारोह का उद्घाटन करते हुए उन्होंने फिर कहा, "अहा, सागर! यह पुण्यभूमि है। यहाँ की मिट्टी में इतिहास बिखरा पड़ा है। यहाँ की धूल चन्दन है। मैं इसे मस्तक से लगाता हूँ।" उन्होंने फिर जेब से पुड़िया निकाली और कपाल पर धूल लगा ली। सागरवाले भी मुग्ध होकर उन्हें सुनते रहे।

फिर वे बरेली पहुँचे। वहाँ वे बोले, "अहा, बरेली! यह पुण्यभूमि है। यहाँ की मिट्टी में इतिहास बिखरा पड़ा है। यहाँ की धूल चन्दन है। मैं इसे मस्तक पर लगाता हूँ।" पुड़िया निकालकर फिर उन्होंने धूल लगा ली। वे घर से धूल की पुड़िया जेब में डालकर चलते हैं।

यह गुर अच्छा है। मगर यह गुरु के नगर में फेल हो जाता है। शिवकुमार बताता है कि मैं उन्हीं गुरु के शहर गया हुआ था। समारोह की अध्यक्षता वही कर रहे थे। मैंने भावुकता से कहा, "अहा, यह नगरी पुण्यभूमि है। इसकी मिट्टी में इतिहास बिखरा पड़ा है।" लोग हँसने लगे। मैं पुड़िया निकालकर कपाल पर धूल लगा ही नहीं सका।

तरकीबें कई हैं। एक तरकीब हर मौक़े पर काम नहीं करती। तरकीबें मुझे भी बहुत आती हैं। पर मेरे मित्र फिर कहते हैं, "अपने हाथ एकाएक कमल कैसे हो गए? आख़िर यह क्या हो गया?"

वे ही सोचकर जवाब देते हैं, "हम लोग बुद्धिजीवी हैं। बुद्धिजीवी का रुतबा बढ़ रहा है।"

हाँ, बढ़ तो रहा है। इस देश के बुद्धिजीवी सब शेर हैं। पर वे सियारों की बारात में बैंड बजाते हैं!

गेहूँ का सुख

मुझे याद नहीं इस घर में इतना गेहूँ इकट्‌ठा कभी आया हो—विवाह और गमी के मौक़ों को छोड़कर। पर विवाह पिछले दस सालों से कोई नहीं हुआ। गमी एकाध हुई, पर श्राद्ध और ब्राह्मण-भोजन मैंने होने नहीं दिये। हमारे यहाँ रोज़ ही ब्राह्मण-भोजन होता है क्योंकि हम रोज़ ही करते हैं—और हमारे पुरखे ब्राह्मण कहलाते थे। मुझे याद है कि प्राथमिकशाला में कॉपी पर मैं लिखता था—

नाम—हरिशंकर

जाति—ब्राह्मण

आगे चलकर मुझे यह मानना सम्भव नहीं हुआ कि शरीर से स्वतंत्र कोई आत्मा होती है, जो किसी लोक में बैठी-बैठी देखा करती है कि मेरे परिवारवालों ने किस-किस ब्राह्मण को भोजन कराया; डालडा का उपयोग किया कि शुद्ध घी का और मोतीचूर के लड्डू खिलाए कि नहीं। मेरी अल्पबुद्धि में यही आया कि अगर आत्मा कहीं स्वतंत्र रूप से रहती भी हो, तो वह, जो शुद्ध-बुद्ध रूप में स्थित है, यह देखकर बड़ी कुढ़ती होगी कि कितने नालायक़ हैं मेरे बेटे, जो इतने निठल्लों को अकारण ही माल खिला रहे हैं। यों सयानों ने मुझे डर दिखाया कि पुरखों की सद्‌गति नहीं होगी, पर मैंने सोचा कि अपात्रों-कुपात्रों को खिलाने और दान देने के पाप से पुरखों की सद्‌गति तो नहीं, दुर्गति ज़रूर हो जाएगी।

तो इतना गेहूँ कई सालों से नहीं आया। आज छोटा भाई जब एक साथ तीन बोरे ले आया, तो मेरी हालत उस मुफ़सिल प्रेमी जैसी हो गई,

जिसके घर एकाएक उसकी ऐश्वर्यशालिनी प्रेमिका आ जाए, जिस पर उसने यह रंग बाँध रखा है कि मैं भी रईसज़ादा हूँ। बड़ी झेंप लगी, इन बोरों के सामने। इनका सत्कार कैसे करें? कैसी अभ्यर्थना करें? गेहूँ की मात्रा की उस महत्ता के सामने हम सब अपने को बहुत हीन समझने लगे। मेरे मन में प्रार्थना उठी—पधारो देव! हम नहीं जानते, कैसे तुम्हारा स्वागत करें! हमने कल्पना नहीं की थी कि आप कभी इस मात्रा में हमारे द्वार आएँगे। ग़रीब की कुटी में तीन बोरे आकर आपने मुहल्ले में हमारी इज़्ज़त काफ़ी बढ़ाई है और हम आपको भीतर लाने में इसलिए देर कर रहे हैं कि लोग देख लें कि हमारे घर आप आए हैं। हम कैसे इस सौभाग्य को बटोरें? आपको कहाँ आसन दें? 'कभी हम आपको देखते हैं और कभी घर को देखते हैं।' हमारे पास एक मन से अधिक की कोठी है ही नहीं। किसे पता था कि कभी इस ठाठ से भी आप आएँगे।

हम सब अभिभूत थे। भाई ने ठेले पर से बोरे उतरवाकर बरामदे में रखवाए और एक हाथ कमर पर रख दूसरे से पसीना पोंछते हुए कुछ इस तरह मेरी और देखा मानो कह रहा हो, 'तुमने मुझे कभी किसी योग्य नहीं समझा। आज देखो, मेरी सामर्थ्य। तुम कभी इतना गेहूँ लाए?'—ठीक कहता है। मुझसे कभी यह नहीं बना। जो-जो मुझसे नहीं बना, वह सब भाई कर दिखा रहा है।

मैं अपने मन को इस नई परिस्थिति के अनुकूल नहीं कर पा रहा हूँ। प्रसन्न हूँ, पर एक भयानक शिथिलता भी मेरे मन में है। वर्षों में जब-तब थोड़ी-थोड़ी मात्रा में गेहूँ के प्रबन्ध के प्रयत्न और चिन्ता का अभ्यासी मन आगामी कुछ महीनों की निश्चिन्तता की कल्पना से सहम गया है। अपने प्रयत्नों को अब कौन राह मिलेगी? मैं सुखी भी हूँ और दुखी भी। नि:सन्तान के घर, उमर चढ़े, पुत्र हो पर प्रसव में स्त्री मर जाए, तो उसे कैसा लगेगा? अपनी सत्ता का एक भाग जो हमेशा गेहूँ में उलझा रहता था, एकदम बेकार हो गया और मुझे उस समय लगा कि जिस मात्रा में मैं जी रहा था, उससे कुछ कम मात्रा में जीना पड़ेगा। मन के कितने ही कोठे हैं जिनमें ज़रूरतें भरी हैं—एक गेहूँ का कोठा है, एक वस्त्रों का, एक मकान का। आज गेहूँ का कोठा ख़ाली हो गया। मन कुछ रीता हो गया।

मेरा एक दोस्त मुझसे कहा करता है, "पुराने ज़माने में किसी राजा के पास अगर एक महीने की रसद भी होती थी, तो वह दूसरे राज्य पर हमला कर देता था। तुम्हारे पास अगर एक हफ़्ते की रसद हो, तो तुम सारी दुनिया पर हमला बोल देते हो।" उसका ख़याल है कि मुझे बोरों की चाह नहीं है। लेकिन ग़लत है। चाह न होती, तो इन तीन बोरों को द्वार पर देखकर कबीर की तरह माथा न ठोक लेता—

बूड़ा बंस कबीर का, उपजे पूत कमाल!

संचय के बिना भी जो बेखटके जी सके, ऐसा बिरला होता है। सामान्य आदमी के लिए यह तभी सम्भव है, जब उसके भाग की प्राप्ति निश्चित हो। ऐसी व्यवस्था में जहाँ अपना प्राप्य बिलकुल अनिश्चित हो, कोई सन्तों की तरह कैसे जिये कि—

चाह गई चिन्ता घटी, मनुआ बेपरवाह।
जिनको कछु न चाहिए, ते शाहनपति शाह॥

जिसे घर भरे बिना सुरक्षितता की अनुभूति होती है और जो निर्भय, निर्द्वंद्व जीता है, उसका मन कितने कठोर अनुशासन में से गुज़रता होगा। कबीर था ऐसा, जो 'आठों पहर मस्तानमाता' रहता था क्योंकि 'काल को निचोरिकै अमृत' पीने की दम थी उसमें। उसके लिए गेहूँ का बोरा छोटी चीज़ थी।

हमारे लिए नहीं। हमारे उस आदि पुरुष आदम ने गेहूँ के लिए स्वर्ग को लात मार दी थी। उसने गेहूँ खा लिया था तो उसे जन्नत से ही निकाल दिया गया। गेहूँ खाना इतना बड़ा अपराध कैसे हो गया? धर्म की नज़र अक्सर ऐसी विसंगत हो जाती है। जो पानी छानकर पीते हैं, वे आदमी का ख़ून बिना छना पी जाते हैं। तब, जब गेहूँ के निर्यात पर प्रतिबन्ध था, एक जून का आटा अँगोछे में बाँधकर चलनेवाले किसान को सज़ा हो जाती थी और उधर हज़ारों बोरे गेहूँ रातों-रात सीमा पार हो जाता था, काले बाज़ार में बिकने के लिए। न्याय को अन्धा कहा गया है—मैं समझता हूँ, न्याय अन्धा नहीं, काना है, एक ही तरफ़ देख पाता

है। आदम इस न्याय-धर्म का शिकार हुआ। स्वर्ग के निवासियों को गेहूँ खानेवाले से इतनी नफ़रत क्यों हुई? मुझे लगता है—स्वर्ग के वासियों ने सोचा होगा कि आदमी को गेहूँ का चसका लग गया है; अब यह गेहूँ पैदा करेगा, खेत जोतेगा, अनाज बोएगा, फ़सल काटेगा—यानी परिश्रम करेगा। वे स्वयं तो बिना ख़ुद पैदा किया खाद्य खाते थे। जिन्हें पसीना सिर्फ़ गरमी और भय से आता है, वे श्रम के पसीने से बहुत डरते हैं। स्वर्ग के आलसी, निठल्ले, परोपजीवी निवासी, कर्मी मनुष्य से डरे होंगे और घबड़ाहट में उसे बाहर निकाल दिया होगा।

गेहूँ व्यर्थ बदनाम हुआ। उसका कोई अपराध नहीं। यहाँ तो उसने हमारी मन:स्थिति ही बदल डाली। मैंने बोरे में हाथ डालकर मुट्ठी-भर गेहूँ निकाला और देखकर कहा, "अच्छा है!" कुछ ऐसी अदा से राय ज़ाहिर की, गोया ज़िन्दगी-भर गेहूँ की दलाली करता रहा हूँ। मेरे एक प्रौढ़ मित्र, जो गेहूँ से लेकर राजनीति तक की दलाली करते हैं, मुझे निहायत बेवक़ूफ़ आदमी समझते हैं, क्योंकि मैं दलाली नहीं करता और जो करता हूँ, वह बहुत बेमतलब है। वे दलाली को जीवन का चरम लक्ष्य मानते हैं। पर मैं इस मौक़े पर बिलकुल दलाल का अभिनय कर उठा। बहुत से गेहूँ में हाथ डालने को मिले, इस लोभ में कोई भी दलाल हो सकता है।

इस गेहूँ में सबसे अच्छा गुण यह है कि यह इसी भूमि का है। आगे तो विदेशी गेहूँ खाना पड़ेगा। गेहूँ के साथ न जाने किन-किन बीमारियों के कीटाणु चले आते हैं। बाहर से आनेवाले गेहूँ में एक ख़ास जीवन-पद्धति के कीटाणु बड़ी संख्या में आ रहे हैं और इन कीटाणुओं को मारने की ताक़त सिर्फ़ प्रतिफलित संस्कृति में होती है—उस संस्कृति में जो आचरण में प्रतिफलित हो गई है। (किताब में लिखी हुई में नहीं)। जिनकी रोग-निवारण शक्ति कम है, वे बीमार भी पड़ रहे हैं। यों लोग विश्वास दिलाना चाहते हैं कि इस गेहूँ में कोई कीटाणु नहीं; यह शुद्ध है। पर हमें विश्वास नहीं, हम देख चुके हैं कि मैनचेस्टर से आनेवाले कपड़े में कहीं 'यूनियन ज़ैक' छिपा था, जो मौक़ा पाते ही फहराने लगा। बड़ा डर लगता है, बाहर के गेहूँ से।

यह अपना गेहूँ बड़ा सुखदायी है। इसने जादू कर दिया है। कल भाई-बहन में किसी बात पर खटपट हो गई थी। आज दोनों ने बोरे का एक-एक सिरा पकड़कर जब घसीटा, तो मन मिल गए। बोरा सेतु बन गया। बच्चे अधिक आज्ञाकारी और शिष्ट हो गए हैं। हम अधिक उदार भी हो गए हैं। टूटी सन्दूक कहारिन कई दिनों से माँग रही है और हम उसे टाल रहे हैं। आज उसे बिना माँगे ही दे दी।

गेहूँ के तीन बोरों ने ऐसा परिवर्तन कर दिया। मनुष्य-जीवन पर कितने ही मनीषियों ने, दार्शनिकों ने सोचा है और लिखा है, पर गेहूँ की बात अक्सर भूल गए हैं। कुछ लोग गेहूँ की बात को 'भौतिक' कहकर मुँह चिढ़ाते हैं। अगर भौतिक बुरा है, तो सबसे बड़ी भौतिक क्रिया तो जन्म धारण करना ही है। तो भाई, भौतिकता से पिंड छुड़ाने के लिए मरते क्यों नहीं? उपनिषद का वह ब्रह्मचारी मूर्ख नहीं था, जिसने छूटते ही कहा था कि अन्न ब्रह्म है। लेकिन अब कुछ लोग गेहूँ से गुलाब की ओर इस तरह ले जाते हैं, जैसे गेहूँ ज़रूरत से ज़्यादा हो गया, इसलिए गुलाब की खेती करना चाहिए। जहाँ उजड़े हुए गेहूँ के खेत हों, वहाँ गुलाब की फ़सल किस काम आएगी? ज़िन्दगी के बारे में जो सोचेगा वह भला गेहूँ को छोड़ देगा? सबसे पहले सोचेगा।

अन्न की मौत

बाज़ार में जब गेहूँ का दाना न मिलता हो, तब कोई मित्र अगर 25-30 किलो गेहूँ दे दे, तो देश का भविष्य एकदम उज्ज्वल दिखने लगता है। कल एक मित्र ने 25-30 किलो आटा एक बोरे में भेज दिया था और दुनिया के प्रति मेरी दृष्टि बदल गई थी। दुनिया मुझे उस वक़्त बुरी नहीं लग रही थी। जिन मनीषियों ने संसार को दुखमय कहा है, उन्होंने यह तब

कहा होगा, जब उनके घर में आटा नहीं रहा होगा। आटा मिलने के बाद भी उन्होंने अपने मत को नहीं बदला। अगर मनीषी भी हम छोटे लेखकों की तरह अपनी रचना को एक बार फिर देख लें, तो दुनिया बहुत से ग़लत मन्तव्यों से बच जाए। आटा देखते ही मुझे भविष्य बहुत आशावान लगा। मुझे लगा, वियतनाम में शान्ति होने ही वाली है, नि:शस्त्रीकरण होने में अब बहुत देर नहीं है, चीन और पाकिस्तान ख़ुद समझौता करने के लिए भागे आनेवाले हैं। मुझे ऐसी आशा भी हुई कि मेरे घर में आटा आ गया है, तो राष्ट्रसंघ का अर्थ-संकट भी आज हल हो जाएगा।

हम सब ख़ुश और आशावान हो गए। बहन ने सोचा कि कुछ दिन चैन मिलेगा। भानजों ने सोचा कि कुछ दिन गेहूँ की तलाश करने से बचे। हम आटे के बोरे को घेरकर बैठ गए और जैसे जन्म-दिन की 'केक' लोग काटते हैं, वैसे बोरे को खोलने लगे। बोरा खुला तो बदबू का झोंका आया। आटे को पलटा, तो उसमें मरकर सड़ा हुआ चूहा निकला। हम सब सन्न—जैसे जन्म-दिन की 'केक' काटते हुए कोई मर गया हो। सारा आटा रोग बन गया था। हम मुँह लटकाए बैठे थे। कोई किसी से न बोल रहा था, न किसी की तरफ़ देख रहा था। मुझे लगा, अब वियतनाम-समस्या ख़तरनाक मोड़ लेगी, राष्ट्रसंघ क़र्ज़ में डूब जाएगा, निरस्त्रीकरण नहीं हो सकता और एटमी युद्ध की अब पूरी सम्भावना है।

याद आया, दो साल पहले जब चाचा मरे थे, तब उनकी लाश भी इसी कमरे में यहीं रखी थी और हम इसी तरह सिर लटकाए मौन, आसपास बैठे थे। तब कोई पूछता था, तो बताते कि चाचा निमोनिया से मर गए। आज कोई पूछे तो बताएँगे कि हमारा गेहूँ चूहे से मर गया। चाचा जब उस लोक पहुँचे होंगे तो वहाँ वालों ने पूछा होगा, "कहिए, पंडित श्यामलाल परसाई, कितने किलो पर चले आए?" चाचा ने कहा होगा, "भैया, हम तो रुपये के ढाई किलो पर ही चले आए। पता नहीं आगे क्या हो! जीनेवाले भुगतें।" पिता ने, जो रुपये के 20 सेर पर ही चले गए थे, जब सुना होगा, तो परेशान हुए होंगे कि बच्चे बड़ी मुसीबत में हैं।

मैं चूहे को देख रहा था और आटे को। चूहों ने सड़कर हर जीवनदायिनी चीज़ को प्राणघातक बना दिया है। चूहों ने मेरे ही नहीं, सारे देश के गेहूँ को मार डाला है। ये चूहे खाद्य-व्यवस्था के बोरे में घुसकर वहीं मोटे होकर मर गए और सड़कर सारी व्यवस्था को नष्ट कर दिया। अन्न सब दफ़ना दिया गया। हमें सिर्फ़ सड़ाँध का अनुभव हो रहा है। मुझे लगता है, सभ्यता के बोरे में ये चूहे घुसकर सड़ गए हैं। मैं कहता हूँ कि तुम अगर उसे आसपास से कुतरो, तो एक हद तक बर्दाश्त किया जा सकता है। मगर कम्बख़्तो, उसमें घुसकर सड़ते क्यों हो? ख़ुद तो मरते ही हो, हमारे लिए बदबू और रोग फैलाते हो। हम हर बोरे को खोलकर देखते हैं कि तुम मरकर सड़ रहे हो। क्या तुम हमें इस निष्कर्ष तक पहुँचाना चाहते हो कि हम इस समूची व्यवस्था को दफ़न कर दें?

सरकार कहती है कि हमने चूहे पकड़ने के लिए चूहेदानियाँ रखी हैं। एकाध चूहेदानी की हमने भी जाँच की है। उसमें घुसने के छेद से बड़ा छेद पीछे से निकलने के लिए है। चूहा इधर से फँसता है और उधर से निकल जाता है। पिंजड़े बनानेवाले और चूहे पकड़नेवाले चूहों से मिले हैं। वे इधर हमें पिंजड़ा दिखाते हैं और चूहे को छेद दिखा देते हैं। हमारे माथे पर सिर्फ़ चूहेदानी का ख़र्च बढ़ रहा है।

इस व्यापक षड्यंत्र से घबड़ाकर सोचा था कि इस साल घर का गेहूँ खाएँगे। जो अमरीका और कनाडा को अपना घर मानते हैं, वे अपने घर का खाएँ। कोई अनाथालय को अपना घर माने तो मैं क्या करूँ? मेरे भाई की थोड़ी-सी ज़मीन है। उसने मुझसे कहा था कि अपना दो बोरा गेहूँ इटारसी में रखा है। उसे रेलगाड़ी से जबलपुर भेज देंगे। पर वह आया नहीं। मालूम हुआ कि जिलेबन्दी हो गई है। परमिट लेना होगा। साधारण तरीक़े से परमिट लेना खेती करने से ज़्यादा मेहनत लेता है। असाधारण तरीक़ों से जल्दी मिलता है—इन्हें सब जानते हैं। सोचा, जितनी मेहनत परमिट लेने में लगाएँगे, उतनी मेहनत से तो घर के सामने के मैदान में फ़सल खड़ी कर लेंगे। हज़ारों मील दूर अमरीका से पराया गेहूँ तो आ सकता है, पर 150 मील दूर से अपना गेहूँ नहीं आ सकता। अपनी हर चीज़ की रफ़्तार कम हो गई है। विदेशी पैसा कैसे दौड़कर आता है,

अपना पैसा रेंगता है। मुझे एक ज्ञानी ने बताया कि अगर तुम यह कह देते कि गेहूँ खाने के लिए नहीं, कालाबाज़ार में बेचने के लिए ले जा रहे हैं तो आ जाने दिया जाता।

हमसे यह नहीं हुआ। गेहूँ और पेट में 150 मील का अन्तर बना हुआ है। भावना से हम उन बोरों से चिपके हुए हैं। कहते हैं, देवताओं का पेट सिर्फ़ भावनाओं से भर जाता है। देवता होने का फ़ायदा अब समझ आ रहा है। लेकिन शुरू से आदमी बनने की कोशिश में उधर ध्यान नहीं दिया और अब हो गई बहुत देर। यह पेट आदमी का रह गया, जो भोजन डालने से ही भरता है। पर डेढ़ सौ मील दूर का गेहूँ कैसे खाया जा सकता है? दो तरकीबें हैं। एक तो यह कि हम सब इटारसी जाएँ और जब तक दो बोरे पूरें, उन्हें खाकर वापस लौट आएँ या फिर हर हफ़्ते इटारसी जाएँ और हफ़्ते-भर के लिए गेहूँ खाकर लौट आएँ। इसमें एक डर है। हम गेहूँ खाकर गाड़ी पर चढ़ने स्टेशन आए, तभी कोई अधिकारी हमारा पेट टटोलकर कहे, "तुम नहीं जा सकते। भरे पेट पर जिलाबन्दी हो गई है।" तब तो हमें पेट ख़ाली होने तक वहीं रुकना पड़ेगा। नहीं, दोनों तरीक़े अपने काम के नहीं हैं।

अपनी चिन्ता से बचने के लिए मैं अख़बार उठाकर देखता हूँ कि दूसरी जगह क्या हाल है। सब कहीं यही हाल है। मुझे सहसा राष्ट्र की एकता का बोध होता है। हे भारत भाग्यविधाता, पंजाब, सिन्ध, गुजरात, मराठा, द्राविड़ उत्कल बंग—सब जगह अन्न को मारकर दफ़ना दिया गया। कोटि-कोटि नर-नारी अन्न-संकट के सूत्र में बँधकर एक हो गए हैं। भुखमरी और भ्रष्टाचारी हमारी राष्ट्रीय एकता के सबसे ताक़तवर तत्त्व बन गए हैं। धर्म, संस्कृति और दर्शन कमज़ोर पड़ गए हैं। कैसी अद्‌भुत एकता है। पंजाब का गेहूँ गुजरात के कालाबाज़ार में बिकता है और मध्य प्रदेश का चावल कलकत्ता के मुनाफ़ाख़ोर के गोदाम में भरा है। देश एक है। कानपुर का ठग मदुराई में ठगी करता है, हिन्दीभाषी जेबकतरा तमिलभाषी की जेब काटता है और रामेश्वरम् का भक्त बद्रीनाथ का सोना चुराने चल पड़ा है। सब सीमाएँ टूट गईं। अब ज़रूरी नहीं है कि हैदराबाद

का रेड्डी वहीं भूखा मरे। वह पटना में भी मर सकता है, क्योंकि देश एक है। मुनाफ़ाख़ोरी, कालाबाज़ारियों, भ्रष्टाचारियों ने मिलकर राष्ट्र को एक कर दिया है। सुन्दर सपनेवाले रवीन्द्रनाथ की उल्लासमयी जिज्ञासा थी कि ये हिन्दू, मुसलमान, पारसी और ईसाई सब किसके आह्वान पर भारत-महामानव सागर में एकत्र हो गए हैं? मैं पूछता हूँ, कवि, वे तो ठीक आए, मगर ये सब जातियों के लुच्चे किसके आह्वान से इधर आए?

एक मंत्री ने अभी कहा है कि यदि ग़रीबी और भुखमरी है, तो इतने लोग सिनेमा क्यों देखते हैं? उन्हें नहीं मालूम कि भोजन से सिनेमा सस्ता पड़ता है। एक बार के साधारण भोजन में जितना लगता है, उससे आधे दाम में सिनेमा देखा जा सकता है। मन ख़ुश होता है और तीन घंटे भूख भाग जाती है। आदमी एक खाना छोड़कर सिनेमा क्यों न देखे?

तर्क तो मैंने दे दिया, पर यह कैफ़ियत मुझे ही बड़ी डरावनी लग रही है। जो कौम भूखी मारी जाने पर सिनेमा में जाकर बैठ जाए, वह अपने दिन कैसे बदलेगी! अद्भुत सहनशीलता है इस देश के आदमी में! और बड़ी भयावह तटस्थता! कोई उसे पीटकर उसके पैसे छीन ले, तो वह दान का मंत्र पढ़ने लगता है।

राम का दुख और मेरा

बादल गरज रहे हैं और मुझे गोस्वामी जी की यह अर्द्धाली याद आ रही है—

घन घमंड नभ गरजत घोरा।
प्रियाहीन डरपत मन मोरा॥

यों रामचरितमानस में पूरा वर्षा-प्रसंग नीति-शिक्षण का एक बहाना है। राम लक्ष्मण को बाढ़ पर आई क्षुद्र नदी दिखाते हैं और कहते हैं

कि इसी प्रकार खल थोड़े धन से ही बौरा जाता है। राम लक्ष्मण को नीति और धर्म में बहलाए रहते हैं, अपने मन में तनिक भी झाँकने नहीं देते। केवल यहीं उनकी सावधानी ढीली हुई है, जब वे कह उठते हैं कि चारों और मेघ घमंड से गरज रहे हैं और मैं प्रियाहीन हूँ तो मेरा मन डरता है।

इस अर्द्धाली का क्या अर्थ है? वैसे पेशेवर रामायणी इसके दस अर्थ निकालेंगे पर उनमें वह हरगिज़ नहीं होगा, जो तुलसीदास का अभिप्रेय है। एक-एक चौपाई के जब ये कई अर्थ निकालते हैं, तो मेरे मन में आता है कि इनसे कहूँ कि भाई, जिसकी बात के एक से अधिक अर्थ निकलें वह सन्त नहीं होता, लुच्चा आदमी होता है। सन्त की बात सीधी और स्पष्ट होती है और उसका एक ही अर्थ निकलता है। तुम सन्त की बात के कई अर्थ निकालकर क्यों अनर्थ करते हो? इनके द्वारा किया गया एक अर्थ यह है—'प्रियाहीन' का अन्वय यों होगा—प्रिया-अहि-न, यानी राम कहते हैं कि हे लक्ष्मण, बादल गरजते हैं और मेरा मन डरता है। डर लगता है कहीं प्रिया को इस बरसात में सर्प न काट ले। इस अर्थ से चाहे कथावाचक की आरती की थाली पैसों से भर जाए, पर मेरा समाधान कैसे होगा? सीता दूर है, तो राम का मन डरता क्यों है? क्या इसलिए कि न जाने सीता इस बरसात में कहाँ है? या इसलिए कि प्रिया के विछोह से मन कमज़ोर हो गया? प्रिया पास होने से क्या पुरुष अधिक निडर होता है? लेकिन मेरा पड़ोसी बाबू तो उलटी बात कहता है—भैया, अपन तो बाल-बच्चेवाले आदमी हैं, डरकर चलते हैं, सबकी सुन लेते हैं।

राम की बात राम जानें। बादलों की गर्जन से डरता मैं भी हूँ, पर इस डर का कारण जानता हूँ और बता भी सकता हूँ। नहीं, रामवाला कारण नहीं है। मेरे डर का कारण कोई हरण की गई प्रिया नहीं है, यह मकान है, जिसकी छाया-तले बैठा हूँ। राम इस भय को नहीं जानते थे। वे किसी किराये के मकान में चतुर्मास काटते तो भाई को ऐसी बातें थोड़े ही सिखाते कि हे लक्ष्मण, पर्वत बूँदों के आघात को ऐसे सह रहे हैं, जैसे सन्तजन दुष्टों के वचन सहते हैं। वे कहते हैं कि हे लक्ष्मण! मेरे ठीक

सिरहाने एक बड़ा टपका है; मुझे रात को नींद नहीं आई। आज ठीक कराना। और लक्ष्मण 'जो आज्ञा' कहकर मकानवाले से शिकायत करने चल देते। पर्वत चाहे बूँदों का आघात कितना ही सहे, लक्ष्मण बर्दाश्त नहीं करते। वे बाण मारकर बादलों को भगा देते या मकान मालिक का ही शिरच्छेद कर देते।

हमसे न बादल डरता है, न मकान मालिक। और हम एक कोने में दुबके बैठे छत से प्रगट होनेवाली जलधाराओं को देखते रहते हैं। ग़ालिब का मकान भी मेरे ही जैसा रहा होगा। तभी एक चिट्ठी में लिखा है, 'आसमाँ एक घंटा बरसे तो घर दिन-भर।' कवि रहीम इस कष्ट को कष्ट ही नहीं मानते, बल्कि बड़ा वरदान मानते हैं—

टूट खाट घर टपकत, टटिऔ टूट।
पिय की बाँह उसिसवा, रूख कै लूट॥

रहीम की बात मैं समझता हूँ। सारी महत्ता उस ख़ास क़िस्म के तकिये की है। उसके सामने टूटी खाट, टपकते घर और टूटी टटिया की नहीं चल पाती। पर रुई के तकिये से यह चमत्कार कैसे पैदा होगा? इस बात को आगे बढ़ाना अच्छा नहीं।

आसमान के और मेरे हृदय में एक साथ धड़कन हो रही है। कविता लिखने के लिए व्यर्थ भय की अनुभूति नहीं बुलाता। यह वास्तविक भय है जिसके सामने कविता नहीं लिखी जाती, जान बचाई जाती है। घर में इतना पानी भर जाता है कि कभी सोचता हूँ कि अगर फ़र्श पत्थर का न होता, तो इन कमरों में धान बो देता।

मकान-मालिक का अपराध नहीं है। उसने मकान ऐसा बनवाया है कि पानी क्या, हवा तक न घुस सके। एक भी खिड़की नहीं है। अलमारी या ताक भी नहीं है, क्योंकि इनसे दीवार कमज़ोर होती है। बस दीवारें हैं और ऊपर पत्थर सीमेंट की छत है। दो हज़ार वर्ष बाद यह पुरातत्त्ववेत्ताओं को ऐसा-का-ऐसा ही ज़मीन में गड़ा मिल जाएगा। बरामदे में छत को थामे चार विशाल चौकोर स्तम्भ खड़े हैं। बड़े मज़बूत! ग्रीक पुराणों के एटलस को पता लग जाए तो इन स्तम्भों पर आसमान को रखकर तनिक

सुस्ता ले। यदि किसी अच्छे पुरातत्त्ववेत्ता को यह मकान दिख जाए तो वह फ़ौरन निष्कर्ष निकाल ले कि वास्तुकला में मोहनजोदड़ो के खँडहरों से मिलता है और खोदकर यहाँ जमा दिया गया है। ऐसा शानदार मकान है। पर यह टपकता है।

वर्षा के पहले दौर में जब पानी टपका तो सोचा कि इतना सह लेंगे। मकान-मालिक से मरम्मत के लिए नहीं कहा। (ग़रीब आदमी का व्यर्थ पैसा क्यों ख़र्च हो?) पर ज्यों-ज्यों वर्ष बढ़ी, त्यों-त्यों टपके भी बढ़ते गए। तब हमने मकान-मालिक को कष्ट दिया। उसने अपने सामने दो बार सीमेंट का प्लास्टर पुतवाया। हमें बाद में समझ में आया कि यदि वह इतनी दिलचस्पी न लेता और सामने प्लास्टर न कराता, तो पानी तभी बन्द हो जाता (तब ज़रा मोटा प्लास्टर हो सकता था) ख़ैर, उस वक़्त तो हम प्रभावित हुए थे। पर जब फिर भी पानी आना बन्द न हुआ तो हम सब परेशान हुए कि आख़िर पानी आता कहाँ से है। किसी अख़बार को मालूम हो जाता तो वह छाप देता कि भगवान का चमत्कार देखो, पत्थर में से जलधारा प्रकट हो रही है। श्रद्धालुओं की भीड़ के डर से हमने यह चमत्कार प्रकट नहीं होने दिया। हमें याद था कि कुछ ही साल पहले एक भेड़ चरानेवाले लड़के का चमत्कारी बालक के रूप में प्रचार करके पत्रकारों ने लाखों की भीड़ जमा कर दी। वहाँ हैजा हो गया और कई श्रद्धालु वहीं अन्धविश्वास की वेदी पर बलि हो गए।

एक दिन हमने इंजीनियरिंग कॉलेज से इसी वर्ष डिग्री पानेवाले एक तरुण इंजीनियर को यह चमत्कार दिखाया। उसने ध्यान से जाँचकर कहा, "ठीक है, समझ गया। ऊपर से प्लास्टर हो ही चुका है। इसमें भीतर से सेंधों में सीमेंट और रेत भरवा दीजिए। भीतर से प्लास्टर हो जाने पर एक बूँद नहीं आएगी।" मैं इस युक्ति से प्रभावित हो गया। पर मेरे भाई में व्यवहार-बुद्धि अधिक है। उसने कहा, "ऐसा करने से दीवारों में पानी घुसता जाएगा और किसी दिन ऊपर दीवार खसक पड़ेगी।" इंजीनियर ने उत्तर नहीं दिया। उसे एक ज़रूरी काम याद आ गया। मैं समझ गया कि ज्यों-ज्यों देश में इंजीनियरिंग कॉलेज खुलते

जा रहे हैं, त्यों-त्यों कच्चे पुल और तिड़कनेवाली इमारतें क्यों अधिक बनते जा रहे हैं। और जब हर ज़िले में इंजीनियरिंग कॉलेज हो जाएगा, तब हम लोग कहाँ रहेंगे?

किसी ज्ञानी ने हमें एक दिन सान्त्वना दी कि इतने परेशान मत हुआ करो। ये किराये के मकान 'कमर्शियल बेसिस' (व्यावसायिक आधार) पर बनवाए जाते हैं। व्यावसायिक आधार का सूत्र है—कम लागत, घटिया माल, अधिक दाम। मकान भी दो तरह के होते हैं, रहने के और किराये पर देने के। एक प्रकार के मकान से दूसरे प्रकार का काम नहीं लिया जाता—रहने का मकान किराये पर नहीं दिया जाता, और किराये के मकान में रहा नहीं जा सकता। व्यावसायिक आधार पर तो हम रोज़ पिट रहे हैं। व्यावसायिक आधारवालों का बस चले तो वे हमारी नसों का गर्म रक्त निकालकर उनमें पानी भर दें।

एक दिन एक परिचित पधारे। इनके भी दो मकान किराये पर चल रहे थे और इस तरह वे हमारे मकान-मालिक की 'मौसी के लड़के' होते थे। सगे नहीं, पर सगे से अधिक यानी व्यावसायिक आधार पर। उन्होंने छत को ऊपर से देखा और बोले, "इसमें प्लास्टर कराना चाहिए।" हमने कहा, "दो बार तो हो चुका।" वे हँसकर बोले, "प्लास्टर नहीं हुआ, सीमेंट पोती गई है। मकानवाले से कहो कि मोटा प्लास्टर करवाए।" हमने कहा, "कितना तो कहा। यहाँ तक कह दिया कि किसी दिन यह छत गिरेगी, तो हमारी जान चली जाएगी।" यह सुनकर वह दार्शनिक की तरह बोले, "अपनी जान जाने की बात कहने से काम नहीं चलेगा। यह कहो कि तुम्हारी दीवार गिर जाएगी और तुम्हारा नुक़सान हो जाएगा। समझे? तुम देखोगे कि फ़ौरन चार इंच मोटा प्लास्टर हो जाएगा। मकान की मरम्मत कोई तुम्हारी जान बचाने के लिए थोड़े ही की जाएगी, दीवार बचाने के लिए की जाएगी।"

व्यावसायिक आधार पर दीवार और मनुष्य के तुलनात्मक मूल्य के सूत्र की हमने गाँठ बाँध ली। हमने कल जब दीवार गिरने की आशंका मकान-मालिक के सामने प्रकट की, तो उसने फ़ौरन नौकर को हुक्म दिया कि पानी खुलते ही अच्छा मोटा प्लास्टर कराना।

हम अब पानी खुलने की राह देख रहे हैं। बादल गरज-गरजकर मन कँपा जाते हैं। राम प्रियाहीन थे, इसलिए डरते थे। हम गृहहीन हैं, इसलिए डरते हैं। किसका अभाव बड़ा है?

'लिटरेचर ने मारा तुम्हें!'

दीवाली पर मैं लक्ष्मी-पूजन नहीं करता। न मेरे घर की दीवारों पर भद्दे अक्षरों में 'श्री लक्ष्मीजी सदा प्रसन्न रहें' लिखा है और न स्वस्तिक का चिह्न बना है। पूजा अपनी प्रकृति से मेल ही नहीं खाती। किसी की पूजा करेंगे, तो या तो उसका नुक़सान होगा या अपना। मेरा एक दोस्त है जिसकी प्रकृति भी ऐसी है। उसने एक प्रकाशक के लिए पाठ्य-पुस्तकें लिखीं और उनके छपने तक प्रकाशक के बाप की मृत्यु हो गई। कई महीने बाद प्रकाशक का मैनेजर मुझे मिला, तो कहने लगा कि उनमें से एक भी पुस्तक बोर्ड में मंजूर नहीं हुई। मैंने कहा—यह बहुत शुभ हुआ। अगर उसकी एक भी पुस्तक मंजूर हो जाती है, तो प्रकाशक का पूरा ख़ानदान मर जाता। उस आदमी के सम्पर्क से हमेशा अशुभ हुआ है (बदनामी के डर से उसका नाम नहीं बताऊँगा)।

मैंने भी दस से सत्रह साल की उम्र तक लक्ष्मी की पूजा की। पिताजी मुझसे पूजा कराते थे—शायद यह सोचकर कि लक्ष्मी का बच्चे के प्रति वात्सल्य उमड़ेगा और वह आ जाएगी। पर वह आई नहीं। साल-दर-साल मैं उसकी पूजा करता गया और उधर पिताजी का धन्धा चौपट होता गया। हर साल दीपकों की संख्या और तेल की मात्रा घटने लगी। पटाखों में भी उम्र बढ़ते मेरी दिलचस्पी कम होती गई। पटाखे बचपन में ही अच्छे लगते हैं। बचपन में मैं वैसे ही शौक़ के साथ पटाखे फोड़ता जैसे चीन ने अभी अणु बम फोड़ा है। चीन का अभी बचपन है। प्रौढ़

होने पर पटाखे अच्छे नहीं लगते। रूस अब अणु बमों से पिंड छुड़ाना चाहता है। कुछ राष्ट्रों और व्यक्तियों का बचपन कभी नहीं जाता। बूढ़े आदमियों को भी मैंने कुत्ते की पूँछ में पटाखे की लड़ी बाँधकर आग लगाते देखा है। अमेरिका भी टोकिन की खाड़ी में अणु-पटाखे लेकर चक्कर लगा रहा है।

विषयान्तर हो रहा है न? अच्छा, लक्ष्मी की ही बात करता हूँ। सात साल लगातार लक्ष्मी-पूजन का नतीजा यह निकला कि पिताजी का धन्धा बिलकुल चौपट हो गया और लक्ष्मी का यह 'भक्त' मैट्रिक पास करके नौकरी ढूँढ़ने निकल पड़ा। नौकरी भी की तो स्कूल-मास्टरी। न इनकम-टैक्स की न एक्साइज़ की। फिर नौकरी छोड़कर स्वतंत्र व्यवसाय के क्षेत्र में आया, तो कहाँ आया? न सीमेंट में, न गल्ले में, न हार्डवेअर में। साहित्य में! मतिभ्रष्ट आदमी और क्या करेगा? लक्ष्मी अब इस मुहल्ले में आती भी हैं, तो दूर से मेरा 'नेमप्लेट' पढ़कर सड़क के उस बाजू हो जाती हैं। मुहल्ले के दो-चार घरों में बैठकर चली जाती हैं। किसी से पूछ भी लेती हैं—सुना है, इस मुहल्ले में कोई एक बड़ा बेवक़ूफ़ रहता है। कुछ साहित्य-वाहित्य का वाहियात काम करता है। कोई बता देता है कि हाँ, वह उधर रहता है। वह मुँह फेरकर चली जाती हैं।

मेरा एक दोस्त कहता है—तुम्हें लिटरेचर (साहित्य) ने मारा परसाई।

मारा, बिलकुल मारा। पुस्तक लिखनेवाले से पुस्तक बेचनेवाला बड़ा होता है। कथा लिखनेवाले से कथावाचक बड़ा होता है। सृष्टि-निर्माता से सृष्टि को लूटनेवाला बड़ा होता है।

मैं कथा लिखता हूँ और वह चौराहे पर कथावाचक कथा बाँचता है। वह कथा तुलसीदास ने लिखी थी। कथावाचक की आरती की थाली भर जाती है; ऊपर से भेंट मिलती है, सो अलग। मैं, एक कथा लेखक, सड़क पर खड़ा टुकुर-टुकुर देखा करता हूँ।

उस दिन ज्ञानरंजन ने कहा, "यह कथावाचक हिन्दी में एम.ए. है।"

मैंने कहा, "उसे देखो और अपने को देखो। एक वह हिन्दी का एम.ए. है और एक हम हैं। एम.ए. करने से उसे अक्ल आ गई और अपनी अक्ल मारी गई। हम लिखने के चक्कर में फँस गए और उसने

सिर्फ़ बाँचने का अभ्यास किया। वह चल निकला और हम? पाठ्य-पुस्तक से कुंजी ज़्यादा बिकती है।"

लिटरेचर ने मारा तुम्हें—मेरा वह दोस्त कहता है।

यार, पर मैं करता भी क्या? एक तो लक्ष्मी नारी-रूपिणी, फिर उल्लू पर उसकी सवारी। जिसने भी उसकी कल्पना की है, कमाल किया है। ज़रूर कोई सोशलिस्ट रहा होगा। जो स्त्री हो और जिसका 'गाइड' उल्लू हो वह इधर आ नहीं सकती। उल्लू कह देगा, "देवी, अगर उधर जाना है, तो कोई टैक्सी कर लीजिए। मैं उसके घर नहीं जाऊँगा। वह मेरी पूरी जाति से घृणा करता है।" बेचारी लौट जाती है। मुझे मालूम है, उसने कभी-कभी कुतूहलवश आने का मन किया है। पर उल्लू ने नहीं आने दिया। उसने अपनी 'सिस्टर' और 'क्लासफ़ेलो' को भी इधर भेजा, पर उल्लुओं ने उन्हें भी लौटा दिया। मुझे लगता है, लक्ष्मी ऊबी हुई-सी उल्लू पर बैठ जाती है और ऊँघती हुई फूल सूँघने लगती है। उल्लू उड़ते-उड़ते रुक जाता है, किसी के पास। कहता है, "देवी, यह मेरा साला है। इसे कुछ दे दीजिए।" लक्ष्मी अपने बैंक का चेक काटकर उसे दे देती है। (यों लक्ष्मी बैंक लिमिटेड फेल हो गया है और डाइरेक्टर लोग जेल में बन्द हैं। पर उसमें विष्णु की पत्नी के शेयर नहीं थे।) उल्लू फिर किसी के पास रुककर कहता है, "देवी, यह मेरा साढ़ू भाई है। लक्ष्मी फिर उसे चेक काट देती है। इस तरह उल्लू, लक्ष्मी को चाचा, मामा, फूफा, भाई-भतीजों के पास ले जाता है और चेक दिलवा देता है।

लक्ष्मी पूछती है, "क्यों रे, हरिशंकर परसाई, तेरा कोई नहीं है?"

उल्लू कहता है, "वह मेरा दुश्मन है। उसका नाम मत लो, देवी!"

लक्ष्मी की उत्पत्ति की कथा ही ऐसी है कि उसे प्राप्त करना अपने वश के बाहर की बात लगती है। लक्ष्मी समुद्र-मन्थन के बाद समुद्र से निकली थी। समुद्र-मन्थन अकेले देवताओं ने नहीं किया। उन्होंने दानवों का सहयोग लिया। देवता अकेले समुद्र-मन्थन करके लक्ष्मी को निकाल लेते, तो मैं उनकी जय बोलता। मगर 'दानवों' के सहयोग के बिना वे लक्ष्मी प्राप्त ही नहीं कर सके। तो अपनी अर्थव्यवस्था का जो समुद्र है, उसके मन्थन के लिए मैं दानवों से समझौता करूँ, तब लक्ष्मी बाहर निकलेगी।

फिर भी क्या ठिकाना कि वह मुझे मिल ही जाएगी। मामूली देवता तो असंख्य थे, पर लक्ष्मी उन्हें कहाँ मिली? वह सीधे विष्णु के पास गई और गले लग गई। दूसरे देवताओं ने भी कोई 'प्रोटेस्ट' नहीं किया। करते भी कैसे? विष्णु बहुत बड़े थे—शक्ति में, धन में, रूप में और चातुर्य में। स्त्री बनकर जिसने अपने दोस्त शंकर को ठग लिया, उसकी चतुराई की कोई कमी नहीं थी। लक्ष्मी सीधी 'मोनोपली' में जाकर मिल गई। मैं अगर दानवों से समझौता करके अर्थव्यवस्था के समुद्र का मन्थन करूँ और कहीं लक्ष्मी फिर 'मोनोपली' के पास चली गई तो? साहित्य में भी तो 'मोनोपली' है। मोनोपली छोटे को पनपने नहीं देती। एक ग़रीब मुनि नारद को शादी करने के लिए सुन्दर चेहरे की ज़रूरत पड़ी थी, सो विष्णु ने उसे बन्दर का चेहरा दे दिया। फिर ख़ुद जाकर स्वयंवर में बैठ गए और जिस लड़की पर उस बेचारे का जी आ गया था, उससे अपने गले में वरमाला डलवा ली। कहते हैं—नारद, वह तुम्हारा मोह था। और हुज़ूर आपका?

मुझे भी सलाहें मिलती हैं—अहा, कलाकार तो त्यागी होता है। वह धन के लोभ में नहीं पड़ता।

मैं पूछता हूँ—और हुज़ूर आप? आप पड़ सकते हैं? धन का लोभ बुरा है, तो आप भी उसमें क्यों पड़ते हैं?

ये सब दूसरे को बन्दर का चेहरा लगाकर ख़ुद स्वयंवर में बैठनेवाले हैं।

मेरे एक परिचित व्यापारी कहने लगे, "पैसे को पैसा कमाता है। यहाँ बाज़ार में एक पैसा फेंकते हैं तो वह दस साथ लेकर आता है।"

मैंने यह नुस्खा आजमाया। बीच बाज़ार में खड़े होकर मैंने एक पैसा सड़क पर फेंका। सोचता रहा कि अब यह सारे बाज़ार के चक्कर लगाकर अपने साथ 10-12 पैसे लेकर लौटता ही है। फिर मैं दस का नोट फेंकूँगा और दो-चार दिन में सारा बाज़ार लूट लूँगा। पर वह पैसा वहाँ से हिला ही नहीं। मैंने उसे वापस जेब में रख लिया।

उस व्यापारी से कहा, "पैसा तो मैंने भी बाज़ार में फेंका था, पर वह तो कुछ नहीं लाया।"

उसने कहा, "ऐसे नहीं होता। हमारे पैसे में 'हुक' लगा रहता है। वह पैसों को मछली की तरह फँसा लेता है।"

अब मैं पैसों में 'हुक' कहाँ से लगवाऊँ?

मेरा वह दोस्त कहता है, "तुम्हें लिटरेचर ने मारा। सरस्वती की तरफ़ गए तो लक्ष्मी ने तुम्हारी पत्ती काट दी।"

आख़िर इधर क्यों गया? वैसे सच पूछा जाए तो सरस्वती ज़्यादा 'कल्चर्ड' (सुसंस्कृत) है। उसके हाथों में वीणा है, पुस्तक है। पक्षी पर ही सवारी करने का मौक़ा आया, तो उसने उल्लू नहीं, हंस चुना। लक्ष्मी का सारा काम फूहड़ है। सवारी से लेकर शृंगार तक। तसवीर में देखो—फूल पर खड़ी है। अरे, फूल जैसी ख़ूबसूरत कोमल चीज़ क्या खड़े होने के लिए है? सौन्दर्य-बोध बिलकुल नहीं है लक्ष्मी में। उस अगर सरस्वती की वीणा मिल जाए, तो उसके तार तोड़कर उनसे उल्लू को बाँधने लगे। सम्पन्न फूहड़ता की तरफ़ सुरुचि आख़िर कैसे आकर्षित हो।

मेरा दोस्त कहता है, "नहीं होती, तो भुगतो। मारा न तुम्हें लिटरेचर ने।"

कहने दो उसे। अभी बहुत से फ़ैसले बकाया हैं। अभी क्या कहा जा सकता है कि कौन मरा और कौन जी गया। नहीं, अब लक्ष्मी की पूजा नहीं होगी। वे और होते हैं जिनके देवता जल्दी-जल्दी बदलते हैं। वे राम को भी प्रणाम कर लेते हैं और रावण को भी। वे दिन को हंस की चोंच सहलाते हैं और रात को उल्लू से गपशप करते हैं।

देवता बदलना इतना आसान नहीं है। और फिर देवी बदलना तो और मुश्किल है।

बेईमानी की परत

कपड़ा पहिनते-पहिनते छोटा हो जाता है, यह मैं भूल चुका था। कई सालों से ऐसी घटना ही नहीं घटी थी। मैं उनमें से नहीं रहा, जो इस साल पैंट सिलवाते हैं और अगले ही साल उसे पत्नी की पुरानी साड़ी के किनारी

से बाँधने लगते हैं। उच्चवर्गी और मध्यवर्गी में यही अन्तर है। उच्चवर्गी का पैंट जब छोटा होता है, तो वह उसे आगे के लिए छोड़ देता है। पर मध्यवर्गी का कुछ 'आगे' के लिए नहीं होता; इसलिए वह स्त्री की फटी साड़ी की किनारी खोजने लगता है।

ठंड शुरू होने पर मैंने गरम शेरवानी निकालकर पहिनी तो देखा कि बटनें नहीं लगतीं। पिताजी जब मेरे कपड़े सिलाने देते थे, तो दर्ज़ी से कह देते थे, "ज़रा बढ़ते शरीर का बनाना।" जब से अपने कपड़े बनवाने का ज़िम्मा ख़ुद लिया है, हर बार दर्ज़ी से कहना चाहता हूँ, "ज़रा घटते शरीर का बनाना।" शरीर जब तक दूसरों पर लदा है, तब तक मुटाता है। जब अपने ही ऊपर चढ़ जाता है, तब दुबलाने लगता है। जिन्हें मोटे रहना है, वे दूसरों पर लदे रहने का सुभीता कर लेते हैं—नेता जनता पर लदता है, साधु भक्तों पर, आचार्य महत्त्वाकांक्षी छात्रों पर और बड़ा साहब जूनियरों पर।

मुझे ऐसा कोई आसन नहीं मिला। फिर भी कुछ मोटा हो जाने की इच्छा मरी नहीं। जब भी सफ़र करता, रेलवे प्लेटफ़ार्म पर वज़न तौलने की मशीन में दस पैसे डालकर वज़न का टिकिट निकालता। टिकिट के दूसरे तरफ़ भाग्य-फल लिखा रहता, जो अक्सर दस पैसे के बदले में की गई चापलूसी होता है। इस देश की मशीनें भी चापलूसी करना सीख गई हैं। सिर्फ़ दस पैसे में कुछ ऐसी बातें कहती हैं, 'आपके विचार बहुत ऊँचे हैं। आप उनके अनुसार कार्य करेंगे, तो सफल होंगे।' मैं कहता हूँ—सिस्टर, कभी तो सच बोला करो। यह कोई तुम्हारा 'स्टैंडर्ड' है कि सिर्फ़ दस पैसे में—! मशीनों की राय पर मैं ज़्यादा भरोसा नहीं करता, विशेषकर उन पर जो आदमी को तौलने के लिए जगह-जगह रखी हुई हैं। इनके मुँह में दस पैसे डाल दो तो तारीफ़ का एक वाक्य बोल देती हैं।

इसीलिए मैं किसी इनाम के लिए कभी किताब नहीं भेजता। और समीक्षकों के घरों में पुत्र-जन्म होते रहते हैं, पर मैं बधाई के कार्ड नहीं लिख पाता। नतीजा यह कि वज़न बढ़ता भी है, तो किसी मशीन की टिकिट पर रिकॉर्ड नहीं होता। ज़माने में वज़न से ज़्यादा उसके रिकॉर्ड

का महत्त्व है। इसीलिए चतुर लोग दूसरे की गोद में बैठकर अपने को तुलवा लेते हैं, और बढ़े वज़न का टिकिट जेब में रखे रहते हैं।

इस बार ज़रूर वज़न बढ़ा है। अब मशीन की धाँधली नहीं चलेगी। मुटाई के अहसास ने शरीर में ऐसी सनसनी पैदा की कि जी हुआ फैलकर शेरवानी को तार-तार कर दूँ और ठंड उघाड़े बदन गुज़ार दूँ।

फिर मैं झेंपा भी। वज़न बढ़ना तो लड़कपन की हरकत है। कोई प्रौढ़ आदमी भी इस ज़माने में क्यों मोटा होगा? लोग क्या सोचेंगे? अनाज की दुकानों के सामने थैला हाथ में लिये क़तार में खड़ा आदमी सूख रहा है। जब तक उसका नम्बर आता है, दाम बढ़ जाते हैं और घर से लाए पैसे कम पड़ जाते हैं। साधारण आदमी भी जहाज़ों के टाइम-टेबिल याद रखने लगा है। अमेरिका से जहाज़ आएगा तो उसमें हमारे लिए गेहूँ होगा; जापान से आएगा तो चावल होगा। अमेरिका में जहाज़ी कर्मचारियों की हड़ताल से भारतीय जन चिन्तित हो जाता है। भुखमरी से हममें ग़नीमत चेतना आ गई। अगर अकाल पड़ जाए, तो हर भारतीय अपने को विश्व-मानव समझने लगेगा।

यह वक़्त भी कहीं मोटे होने का है! मैं शर्म से कमरे में छिपा बैठा रहा, जैसे कुमारी गर्भ को छिपाती है। मेरे देशवासियो, मुझ बेशर्म को माफ़ करना। भारत माता, क्षमा करना, तेरा यह एक कपूत मोटा हो गया। मैं तीसरी पंचवर्षीय योजना का एक झूठा आँकड़ा हूँ, जो तुम्हें धोखा दे रहा है। सुब्रमण्यम, माफ़ करना यार, तुम्हारी खाद्य-व्यवस्था के बावजूद मैं मोटा हो गया। टी. टी. भाई, तुम भी मुझे माफ़ करो; मैंने तुम्हारी अर्थ-नीति का अपमान किया है। कन्हैयालाल मुंशी, अजितप्रसाद जैन, साधोबा पाटिल—मेरे पिछले खाद्य मंत्रियो, तुम्हारे सामने मैं शर्मिन्दा हूँ। चिन्तामन देशमुख और मोरारजी भाई, मेरे भूतपूर्व अर्थ मंत्रियो, मैं तुम्हें मुँह दिखाने के क़ाबिल नहीं रहा। मैं पिछले 15 वर्षों की उलझी अर्थ-नीति और खाद्य-नीति के प्रति अपराधी हूँ।

ग्लानि से दुबला होने में देर लगती है और पानीदार ही दुबला होता है। मुझे इस बढ़े शरीर की व्यवस्था करनी ही होगी। शेरवानी को खुलवाना ही पड़ेगा। मैंने छोटे भाई से कहा। वह बहुत ख़ुश हुआ और मुहल्ले में

जितने लोगों को सूचित कर सकता था, कर आया कि मेरा भाई मोटा हो गया है। मैं डरा कि अभी लोग आएँगे और कहेंगे—सुना है साहब, आप मोटे हो गए। बधाई है। ईश्वर सबको इसी तरह मोटा करे।

लेकिन शाम तक मैंने लज्जा-भाव को जीत लिया। इसमें क्या शर्म की बात है। मोटा हुआ है, तो मेरा ही शरीर हुआ है। मेरे कारण कोई दूसरा तो मोटा नहीं हुआ। मैं इशारे से इस उपलब्धि को बताने भी लगा। दोस्त ठंड की बात करते तो मैं बीच में कह देता—हाँ, ठंड सिर पर आ गई और हमारे गर्म कपड़े छोटे पड़ गए। बटनें नहीं लगतीं।

दो-तीन दिनों में यह बात फैल गई और मेरे एक बुज़ुर्ग रिश्तेदार यह कहते मेरे घर आए—लड़के ने बताया कि तुम मोटे हो गए। मैंने सोचा, चलो, देख आएँ।

दुर्बलता का मैं अभ्यस्त हो गया था। गर्वपूर्वक दुबला रह लेता था। कोई ऋषि मोटा नहीं हुआ। वे सब सूखे और क्रोधी होते थे। कोई उनके चरण न छुए तो उसे शाप देकर बन्दर बना देते थे। पर न मैं वैसा दुबला था, न वैसा क्रोधी। मैं 'आजानुभुज' और 'आकंठटाँग' वाला हूँ—यानी बैठने में टाँगें कंठ तक आ पहुँचती हैं। सोचता था, भुजाओं और टाँगों का जो अतिरिक्त भाग है, वह बाक़ी शरीर में चिपका दिया जाए, तो ठीक हो जाए। पुराने ज़माने में सुन्दरियों के लिए ऐसी सर्जरी होती होगी कि इस अंग का कुछ काटकर उस अंग में चिपका दिया। प्रमाण चाहिए तो बिहारी की यह पंक्ति काफ़ी है—'कटि को कंचन काटि कै, कुचन मध्य धरि दीन।' (इससे दोनों ठीक हो गए) एक और तरह की सर्जरी है, जिसमें बिना चाकू के पेट काटा जा सकता है। वर्तमान सभ्यता में इस रक्तहीन सर्जरी ने काफ़ी उन्नति की है। जो दस-पाँच के पेट काट सके उसका पेट बड़ा हो जाता है। वे सारे पेट उसके पेट में चिपक जाते हैं। इस विद्या के विद्यालयों में मुझे प्रवेश नहीं मिला, वरना मैं भी यह सर्जरी सीख लेता और पेट बढ़ा लेता।

यों हमारी पूरी दार्शनिक ट्रेनिंग देह के ख़िलाफ़ जाती है। देह की सेवा बड़ी हीन बात मानी गई है। दो-तीन साल पहले तक मठाधीश स्वामी जी ने हमें यह बात अच्छी तरह समझा दी थी। वे अच्छे पुष्ट और गौरवर्ण संन्यासी थे तख़्त पर बैठे थे और देह की तुच्छता पर ऐसा ज़ोरदार प्रवचन

कर रहे थे कि हमें अपने शरीर से घृणा होने लगी थी। अच्छे उपदेशक थे, जो अच्छी-से-अच्छी चीज़ के प्रति नफ़रत पैदा कर देते हैं। वे कह रहे थे, "यह मलमूत्र की खान, यह गन्दा शरीर मिथ्या है, नाशवान है, क्षणभंगुर है। मूरख इसे स्वादिष्ट पकवान खिलाते हैं, इसे सजाते हैं, इस पर इत्र चुपड़ते हैं। वे भूल जाते हैं कि एक दिन यह देह मिट्टी में मिलेगी और इसे कीड़े खाएँगे।" इतने में एक सेवक केसरिया रबड़ी का गिलास लाया और स्वामी जी ने उसे गटक लिया। मेरे पापी मन में शंका उपजी। पर पास में बैठे एक भक्त ने समझाया, "यह मत समझ लेना कि स्वामी जी स्वादिष्ट रबड़ी खाते हैं। अरे, वे तो कीड़ों-मकोड़ों के खाने के लिए देह को पुष्ट और स्वादिष्ट बना रहे हैं। इस मृत देह को कीड़े खाएँ, तो उन्हें भी मज़ा आ जाए—यही सोचकर स्वामी जी रबड़ी पीते हैं। श्रद्धाहीन सोचते हैं कि स्वामी जी माल खाते हैं; यह नहीं जानते कि वे तो कीड़ों के लिए 'डिनर' बनाने में लगे हैं।"

वह उपदेश आज काम आया। सन्तोष भी हुआ कि अगर स्वामी जी का 'मेनू' पहले दर्जे का है तो मेरा भी दूसरे का तो हो ही गया। मैं मिथ्या गर्व से बच गया। जो ख़ुशी थी, वह लोगों के सवालों ने छीन ली। लोग पूछने लगे—मोटे हो रहे हो। क्या बात है? मैं क्या जवाब देता। कह दिया—स्वास्थ्य का ख़याल रखता हूँ। वह जो स्वामी शिवानन्द की किताब है न, उसी के मुताबिक़ चल रहा हूँ। उसमें लिखा है—समय पर भोजन करना चाहिए, सूर्यास्त के बाद चाय नहीं पीनी चाहिए, अधिक रात तक नहीं जागना चाहिए, हल्का भोजन करना चाहिए, मदिरा आदि मादक द्रव्यों का सेवन नहीं करना चाहिए, मिर्च-मसाले नहीं खाना चाहिए, मन में बुरे विचारों को नहीं आने देना चाहिए।

किसी को सन्तोष नहीं हुआ। लोग कहते—मज़ाक़ छोड़ो। सच बताओ, मोटे क्यों हो रहे हो? पीठ पीछे जब कोई यह प्रश्न करते, तो वह कँटीला हो जाता। वे आपस में कहते—वह आजकल मुटा रहा है। क्या बात है? मैं इस सवाल से घबड़ा उठा। मैं जब दुबला था, तब किसी ने प्रधानमंत्री से नहीं पूछा कि यह शख़्स दुबला क्यों है। किसी ने संविधान नहीं देखा कि इसमें नागरिकों के कर्तव्यों में दुबला होना लिखा है या नहीं। हम

सबने दुबले होने को अपनी नियति मान लिया है। कोई मोटा हो जाता है, तो हज़ार अँगुलियाँ उठने लगती हैं। लोग यह समझ रहे थे कि या तो मैं गाँजा-शराब के 'स्मगलिंग' में लगा हूँ या किसी संस्था का मंत्री बनकर चन्दा खा रहा हूँ, या कहीं से काला पैसा ले रहा हूँ, या घूसखोरी के लिए किसी का एजेंट हो गया हूँ। रोटी खाने से कोई मोटा नहीं होता, चन्दा या घूस खाने से मोटा होता है। बेईमानी के पैसे में ही पौष्टिक तत्त्व बचे हैं।

पिछले सत्रह सालों से मोटे होनेवालों ने ऐसी परम्परा डाली है कि ईमानदार को मोटे होने में डर लगता है। स्वस्थ रहने की हिम्मत नहीं होती।

मेरे एक दोस्त ने मुझे बताया है कि जिनकी तोंदें इन सत्रह सालों में बढ़ी हैं, जिनके चेहरे सुर्ख़ हुए हैं, जिनके शरीर पर मांस आया है, जिनकी चर्बी बढ़ी है—उनके भोजन का एक प्रयोगशाला में विश्लेषण करने पर पता चला है कि वे अनाज नहीं खाते थे; चन्दा, घूस, काला पैसा, दूसरे की मेहनत का पैसा या पराया धन खाते थे। इसलिए जब कोई मोटा होता दिखता है, तो सवाल उठते हैं। कोई विश्वास नहीं करता कि आदमी अपनी मेहनत से ईमान का पैसा कमाकर भी मोटा हो सकता है।

बेईमानी की तरह यह थोड़ा-सा मांस मेरे ऊपर चिपक गया है। मेरे दुश्मनो, एक वैज्ञानिक तथ्य तुम्हारे सामने है। मैं मोटा होकर कमज़ोर हो गया हूँ। मेरी बदनामी उड़ाने का ऐसा सुनहला अवसर तुम्हें कभी नहीं मिलेगा। तुम जल्दी करो। मेरा क्या ठिकाना? मैं चार दिनों बाद फिर दुबला हो जाऊँगा। तब तुम हाथ मलते रह जाओगे।

दूसरे के ईमान के रखवाले

पहले जिन चीज़ों पर दुख होता था, अब उन पर क्रोध आने लगा। क्रोध पाप का मूल कहा जाता है—यानी अब अपनी पाप करने की 'स्टेज' आ

गई। मगर अक्रोध क्या पाप नहीं है? अक्रोध बैल को पिटवाता है और क्रोध साँड़ की पूजा करवाता है। अपने व्यक्तित्व को चाबुक के लिए निमंत्रण-पत्र बनाना क्या पुण्य होता होगा? और क्या सारे बैल स्वर्ग जाते होंगे? अक्रोध के ऐसे पुण्य से क्रोध का पाप अच्छा लगने लगा है। सुना है, बिहार के भूखों की आँखों में भी पीड़ा के साथ लाल डोरे दिखने लगे हैं। शायद पुण्य-पर्व शुरू हो गया। जिस गति से सामूहिक दुख क्रोध में बदलता जाएगा, उसी गति से दुख कम होता जाएगा। 'हाय' को 'क्यों बे' में और 'धिक' में 'धत्' में जल्दी बदल जाना चाहिए। फिर निकम्मे सदियों तक पाप-पुण्य का फ़ैसला करते रहें। वे तो अभी भी फ़्लैटों में बैठे 'अस्तित्व के प्रश्न' की आध्यात्मिक पीड़ा का मज़ा ले रहे हैं।

कैसी बात कही है! मसीही अन्दाज़ में! अब मैं चाहूँ तो हाथों की अँगुलियों को फँसाकर, घुटने पर रखकर, मूर्ख की तरह ख़ाली आँखों से आसमान देखते हुए बैठा रहूँ। लोग कहेंगे—ज्ञानी अभी-अभी एक तत्त्व की बात कहकर दूसरी की तलाश कर रहा है। मिलते ही फिर कहेगा। मैं चाहूँ तो कुछ न बोलूँ और लोग कहें—ज्ञानी के मौन में भी स्वर होते हैं। सुनो, तत्त्व-कथन हो रहा है।

मगर ज्ञानी न जाने क्यों मनहूस हो जाता है। फूल उसे दिखाओ तो वह उसकी जड़ का कीचड़ देखने लगता है और उदास हो जाता है—हाय, यह सौन्दर्य मिथ्या है। इसके मूल में कीचड़ है। अज्ञानी तब ज्ञानी से पूछता है—ज्ञानी जी, फूल ही मिथ्या क्यों हैं? कीचड़ मिथ्या क्यों नहीं है? ज्ञानी कहेगा—वत्स, ज्ञान का सार ही यह है कि जो सुन्दर है, वही मिथ्या है। कुरूपता सत्य है। जो अच्छा है, वही निस्सार है। जो बुरा है, वह सब ठोस है। वैसे तो जगत का वैभव ही मिथ्या माया है। तब अज्ञानी पूछता है—अगर सब मिथ्या माया है, तो मठ की गद्दी के लिए शंकराचार्य हाई कोर्ट में मुकदमा क्यों लड़ते हैं? हम अज्ञानियों को कीचड़ की सत्यता इसलिए तो नहीं बताई जाती कि ज्ञानी ख़ुद फूल झपट लें?

अज्ञानियों के ऐसे टेढ़े सवालों के डर से ही मेरी ज्ञानी बनने की हिम्मत नहीं होती। यों सम्भावनाएँ सब हैं। अभी तो अज्ञानी की तरह क्रोध कर रहा हूँ। पिछले दिनों काफ़ी अविस्मरणीय क्रोध कर डाले हैं

मैंने। पिछला महत्त्वपूर्ण क्रोध एक साहित्यिक समारोह के मौक़े पर आया था। कुछ साहित्यिक समारोह यज्ञ की तरह किये जाते हैं। करनेवाले इसे बड़ा पवित्र अनुष्ठान मानते हैं (यानी बताते हैं) और कुछ विश्वास पैदा करना चाहते हैं कि ज्यों ही मंत्र-स्वर और यज्ञ-धूम आकाश में व्याप्त होंगे, मेघ बरसेंगे, भूमि अन्न उगल देगी और हिन्दी के सारे लेखकों का कल्याण होगा। और कहीं यह साहित्यिक यज्ञ नहीं हुआ, तो सृष्टि के नाश का डर है। संयोजकों की भारी पलकों और कपाल की रेखाओं से, बस्ता दबाए ज़मीन देखती हुई चिन्तित चाल से यही लगता है कि दुनिया की ज़िम्मेदारी इन्होंने ले ली है। मगर चतुर लेखक ऐसे पवित्र समारोह से छड़कता है, जैसे चतुर अनाथ बालक अनाथालय से बचता है—वह जानता है वहाँ बाजा बजाकर चन्दा माँगना पड़ेगा। ऐसा समारोह क्योंकि यज्ञ होता है, उसके लिए आहुति भी खोजी जाती है। अगर अश्वमेध कोटि का यज्ञ है, तो घोड़े की प्रकृति का लेखक खोजा जाएगा। ऐसे समारोहवालों से पहले ही पूछ लेना चाहिए—आपका उद्देश्य पवित्र तो नहीं है? कहीं आप बिलकुल निःस्वार्थ भाव से तो यह समारोह नहीं कर रहे हैं? यदि उद्देश्य पवित्र हो और करनेवालों का कोई स्वार्थ ही न हो, तो बच जाना चाहिए। जो आदमी स्वार्थ का बिलकुल विसर्जन कर दे, वह बहुत ख़तरनाक हो जाता है। वह दूसरे के प्राण तक ले लेना अपना नैतिक अधिकार समझता है।

पर कभी-कभी चतुर आदमी भी गच्चा खा जाते हैं। नागार्जुन खा गए। सैकड़ों मील दूर पटना से बुलाकर उनके दम पर कवि-सम्मेलन जमाकर संयोजक ने उन्हें तीसरे दर्जे का किराया दिया और कुहनी तक हाथ जोड़कर सिर उन पर रखा और झुक गए। यह मुद्रा ही लाख रुपये की होती है। पता नहीं इसकी कहाँ ट्रेनिंग मिलती है। मैंने बहुत कोशिश की, बनती ही नहीं है। वृद्ध आचार्यों से तरुण शिष्य इसे सहज ही सीख लेते हैं।

मुझे ऐसी विनय पर ग़ुस्सा आता है। न जाने क्या बात होती है ऐसी विनय में जो चिमटी काटती है। तबीयत हुई कि उनके हाथ और सिर इसी तरह बाँधकर रस्सी नागार्जुन के हाथ में दे दूँ, कि ले बाबा, ले जा पटने। नागार्जुन साधु रह चुके हैं। क्रोध को जीतना (या प्रकट न होने देना)

साधु की ट्रेनिंग में आता है। अब 'कोर्स' बढ़ गया है—जुलूस निकालना, संसद को घेरना और पेट्रोल छिड़ककर माया में आग लगाना भी साधु को सीखना पड़ता है। तो नागार्जुन ने पूर्व-स्मृति के कारण कह दिया, "यह भी मत दीजिए। मुझे तो साधु बनने का मौक़ा आया नहीं था। मैंने अधम संसारी की तरह क्रोध कर डाला।"

संयोजक होशियार होते हैं। उन्होंने जवाब दिया, "यह तो साहित्य का ही काम था। सभी ने यथायोग्य योगदान किया। फिर नागार्जुन जी के प्रति हमारे मन में इतनी श्रद्धा है कि उसके सामने कितने भी रुपये तुच्छ हैं।"

जिसे देना है, वह लेनेवालों को रुपये की तुच्छता सदियों से सिखा रहा है। पर मूढ़ लेनेवाला सीखता ही नहीं है।

मैंने कहा, "तो अब आप लाउडस्पीकरवाले से भी कहेंगे—भई, यह तो साहित्य का काम था। फिर तुम्हारे प्रति हमारे मन में अगाध श्रद्धा है, इसिलए किराया मत लो।"

संयोजक समझे कि मैं हास्य रस पैदा कर रहा हूँ। हँसना बरी होना है। बरी उन्हें होने नहीं दिया। पूछा—बिजलीवाले और शामियानेवाले के प्रति भी आपके मन में श्रद्धा होगी?

जवाब मिला—इनके प्रति श्रद्धा क्यों होगी?

—इसलिए इन्हें पूरे पैसे देंगे। नागार्जुन के प्रति श्रद्धा है, इसलिए उन्हें पैसे नहीं देंगे।

अब वे समझे कि यह तो हास्य रस नहीं है। रौद्र से बीभत्स रस हुआ जा रहा है। वे शान्त रस पर आ गए। कहने लगे—रुपये ख़त्म हो गए हैं। एक हज़ार एक जगह से आनेवाले हैं। तब मनीऑर्डर से और भेज देंगे।

सुना है, भगवान ने एक बार स्वर्ग में कवि-सम्मेलन करवाया था और कवि से कहा था—तुम जाओ। पैसा बाद में भेज देंगे। तब कवि ने कहा था—प्रभु, बाद में कोई नहीं भेजता। मैं रुक जाता हूँ, आप पैसे का प्रबन्ध कर लीजिए। मैं तो लेकर ही जाऊँगा। इस मामले में भगवान का भी भरोसा नहीं।

इस बात को इतना क्यों खींच रहा हूँ? साधारण सी बात है। अक्सर होती है। बात यह है कि मैं तय नहीं कर पा रहा हूँ कि कौन ठीक है—मैं

या संयोजक? मैं मान बैठा कि वे लोग कर्तव्य से गिर रहे हैं। और वे कहते होंगे कि हम लोग इतना-सा साहित्य के प्रति कर्तव्य भी नहीं करना चाहते। नाप बदले-से लगते हैं। दूसरे से उसका कर्तव्य कराना अपना कर्तव्य करने से बड़ा कर्तव्य है। संयोजक हमसे अपना कर्तव्य कराने का कर्तव्य कर रहे होंगे। इस तरह वे ठीक हुए और हम ग़लत।

देखता हूँ हर आदमी दूसरे के ईमान के बारे में विशेष चिन्तित हो गया है। दूसरे के दरवाज़े पर लाठी लिये खड़ा है—क्या कर रहे हैं साहब? इसके ईमान की रखवाली कर रहा हूँ?—मगर अपना दरवाज़ा तो आप खुला छोड़ आए हैं!—तो क्या हुआ? हमारी ड्यूटी तो इधर है।

एक लेखक दिल्ली, बम्बई, प्रयागादि घूमकर आता है, तो बड़ी चिन्ता से मुझसे कहता है—सब ईमान बेच रहे हैं। जानता हूँ, उधर कहता होगा कि जबलपुरवालों का भी बिक रहा है। सस्ता बिक रहा है। दूसरों का ईमान बिकने की चिन्ता में बेचारा दुबला होता जा रहा है। मैं पूछता हूँ—कैसे बिक रहा है ईमान? थोक या फुटकर? अगर किसी के पास ज़्यादा ईमान हो जाए, तो जमा करना यों ही क़ानून में जुर्म है। उसे तो निकालना ही पड़ेगा। यह बेचारा किस-किसके ईमान की रखवाली करेगा? कहीं बाज़ार में पिट जाने का दुख तो इसे नहीं हो रहा है? सोचकर घुनता होगा—हाय, लोगों का रद्दी, सड़ा हुआ ईमान धड़ल्ले से बिक रहा है, मगर हमारे शुद्ध ताज़ा ईमान के दाम ही नहीं लग रहे हैं।

एक ख़ानदानी रईस मेरे बारे में चिन्तित है। उन्हें लगता है मैं नौकरी नहीं करता, तो कोई काम ही नहीं करता। कहते हैं—निठल्ला है। अरे, इनसान को काम करना चाहिए। वे इनसान हैं और रोज़ इतना काम करते हैं—सुबह से सोचते रहते हैं कि शाम को क्या खाएँगे। रात को यह सोचते-सोचते थककर सो जाते हैं कि सुबह नाश्ते में क्या खाएँगे।

मैं हैरत में हूँ कि दूसरों का कितना ध्यान आदमी रखने लगा है। अच्छी चीज़ें दूसरों के लिए छोड़ रखी हैं, बुरी ख़ुद ले ली हैं।

—हमारे लिए आपने क्या रखा है, भैया साहब?

—त्याग, बलिदान, निःस्वार्थ!

—और अपने लिए?

—क्षुद्र स्वार्थ! नीच लोभ!

—हमारे लिए आपने क्या छोड़ रखा है, राष्ट्ररत्न जी?

—सेवा, पद के प्रति निर्मोह!

—और ख़ुद क्या ले लिया है?

—घृणित पदलोलुपता!

अच्छी चीज़ें दूसरे के लिए छोड़ देनेवालों के प्रति मुझ जैसे का क्रोध नाजायज़ है। कृतज्ञ होना चाहिए कि उन्होंने सब अच्छी चीज़ें हमें दे दी हैं। ख़ुद बेचारे क्षुद्र चीज़ों को भुगत रहे हैं।

एक मध्यवर्गीय कुत्ता

मेरे मित्र की कार बँगले में घुसी तो उतरते हुए मैंने पूछा, "इनके यहाँ कुत्ता तो नहीं है?"

मित्र ने कहा, "तुम कुत्ते से बहुत डरते हो!"

मैंने कहा, "आदमी की शक्ल में कुत्ते से नहीं डरता। उनसे निपट लेता हूँ। पर सच्चे कुत्ते से बहुत डरता हूँ।"

कुत्तेवाले घर मुझे अच्छे नहीं लगते। वहाँ जाओ तो मेज़बान के पहले कुत्ता भौंककर स्वागत करता है। अपने स्नेही से 'नमस्ते' हुई ही नहीं कि कुत्ते ने गाली दे दी—'क्यों यहाँ आया बे? तेरे बाप का घर है? भाग यहाँ से!'

फिर कुत्ते के काटने का डर नहीं लगता—चार बार काट ले। डर लगता है उन चौदह बड़े-बड़े इंजेक्शनों का जो डॉक्टर पेट में घुसेड़ता है। यूँ कुछ आदमी कुत्ते से अधिक ज़हरीले होते हैं। एक परिचित को कुत्ते ने काट लिया था। मैंने कहा, "इन्हें कुछ नहीं होगा। हालचाल उस कुत्ते के देखो और इंजेक्शन उसे लगाओ।"

एक नये परिचित ने मुझे घर पर चाय के लिए बुलाया। मैं उनके बँगले पर पहुँचा तो फाटक पर तख़्ती टँगी दिखी—'कुत्ते से सावधान!' मैं फ़ौरन लौट गया। कुछ दिनों बाद वे मिले तो शिकायत की, "आप उस दिन चाय पीने नहीं आए।"

मैंने कहा, "माफ़ करें। मैं बँगले तक गया था। वहाँ तख़्ती लटकी थी—'कुत्ते से सावधान!' मेरा ख़याल था, उस बँगले में आदमी रहते हैं। पर नेमप्लेट कुत्ते की टँगी दिखी।"

यूँ कोई-कोई आदमी कुत्ते से बदतर होता है। मार्क ट्वेन ने लिखा है, "यदि आप भूखे मरते कुत्ते को रोटी खिला दें, तो वह आपको नहीं काटेगा। कुत्ते में और आदमी में यही मूल अन्तर है।"

बँगले में हमारे स्नेही थे। हमें वहाँ तीन दिन ठहरना था। मेरे मित्र ने घंटी बजाई तो जाली के अन्दर से वही 'भौं-भौं' की आवाज़ आई। मैं दो क़दम पीछे हट गया। हमारे मेज़बान आए। कुत्ते को डाँटा—'टाइगर! टाइगर!' उनका मतलब था—'शेर, ये लोग कोई चोर-डाकू नहीं हैं। तू इतना वफ़ादार मत बन।'

कुत्ता ज़ंजीर से बँधा था। उसने देख भी लिया था कि हमें उसके मालिक ख़ुद भीतर ला रहे हैं पर वह भौंके जा रहा था। मैं उससे काफ़ी दूर से लगभग दौड़ता हुआ भीतर गया।

मैं समझा, यह उच्चवर्गीय कुत्ता है। लगता ऐसा ही है। मैं उच्चवर्गीय का बड़ा अदब करता हूँ। चाहे वह कुत्ता ही क्यों न हो। उस बँगले में मेरी अजब स्थिति थी। मैं हीनभावना से ग्रस्त था—इसी अहाते में एक उच्चवर्गीय कुत्ता और इसी में मैं! वह मुझे हिकारत की नज़र से देखता।

शाम को हम लोग लॉन में बैठे थे। नौकर कुत्ते को अहाते में घुमा रहा था।

मैंने देखा, फाटक पर आकर दो 'सड़किया' आवारा कुत्ते खड़े हो गए। वे सर्वहारा कुत्ते थे। वे इस कुत्ते को बड़े ग़ौर से देखते। फिर यहाँ-वहाँ घूमकर लौट आते और इस कुत्ते को देखते रहते। पर यह बँगलेवाला उन पर भौंकता था। वे सहम जाते और यहाँ-वहाँ हो जाते। पर फिर आकर इस कुत्ते को देखने लगते।

मेज़बान ने कहा, "यह हमेशा का सिलसिला है। जब भी यह अपना कुत्ता बाहर आता है, वे दोनों कुत्ते इसे देखते रहते हैं।"

मैंने कहा, "पर इसे उन पर भौंकना नहीं चाहिए। यह पट्टे और ज़ंजीरवाला है। सुविधाभोगी है। वे कुत्ते भुखमरे और आवारा हैं। इसकी और उनकी बराबरी नहीं है। फिर यह क्यों चुनौती देता है?"

रात को हम बाहर ही सोए। ज़ंजीर से बँधा कुत्ता भी पास ही अपने तखत पर सो रहा था। अब हुआ यह कि आसपास जब भी वे कुत्ते भौंकते, यह कुत्ता भी भौंकता। आख़िर यह उनके साथ क्यों भौंकता है? यह तो उन पर भौंकता है। जब वे मुहल्ले में भौंकते हैं तो यह भी उनकी आवाज़ में आवाज़ मिलाने लगता है, जैसे उन्हें आश्वासन देता हो कि मैं यहाँ हूँ, तुम्हारे साथ हूँ।

मुझे इसके वर्ग पर शक होने लगा है। यह उच्चवर्गीय कुत्ता नहीं है। मेरे पड़ोस में ही एक साहब के पास थे दो कुत्ते। उनका रोब ही निराला! मैंने उन्हें कभी भौंकते नहीं सुना। आसपास कुत्ते भौंकते रहते, पर वे ध्यान नहीं देते थे। लोग निकलते, पर वे झपटते भी नहीं थे। कभी मैंने उनकी एक धीमी गुर्राहट ही सुनी होगी। वे बैठे रहते या घूमते रहते। फाटक खुला होता, तो भी बाहर नहीं निकलते थे। बड़े रोबीले, अहंकारी और आत्मतुष्ट।

यह कुत्ता उन सर्वहारा कुत्तों पर भौंकता भी है और उनकी आवाज़ में आवाज़ भी मिलाता है। कहता है, 'मैं तुममें शामिल हूँ।' उच्चवर्गीय झूठा रोब भी और संकट के आभास पर सर्वहारा के साथ भी—यह चरित्र है इस कुत्ते का। यह मध्यवर्गीय चरित्र है। यह मध्यवर्गीय कुत्ता है। उच्चवर्गीय होने का ढोंग भी करता है और सर्वहारा के साथ मिलकर भौंकता भी है।

तीसरे दिन रात को हम लौटे तो देखा, कुत्ता त्रस्त पड़ा है। हमारी आहट पर वह भौंका नहीं, थोड़ा-सा मरी आवाज़ में गुर्राया। आसपास वे आवारा कुत्ते भौंक रहे थे, पर यह उनके साथ भौंका नहीं। थोड़ा गुर्राया और फिर निढाल पड़ गया।

मैंने मेज़बान से कहा, "आज तुम्हारा कुत्ता बहुत शान्त है।"

मेज़बान ने बताया, "आज यह बुरी हालत में है। हुआ यह कि नौकर की ग़फ़लत के कारण यह फाटक के बाहर निकल गया। वे दोनों कुत्ते

तो घात में थे ही। दोनों ने इसे घेर लिया। इसे रगेदा। दोनों इस पर चढ़ बैठे। इसे काटा। हालत ख़राब हो गई। नौकर इसे बचाकर लाया। तभी से यह सुस्त पड़ा है और घाव सहला रहा है। डॉक्टर श्रीवास्तव से कल इसे इंजेक्शन दिलाऊँगा।"

मैंने कुत्ते की तरफ़ देखा। दीन भाव से पड़ा था। मैंने अन्दाज़ा लगाया। हुआ यों होगा—

यह अकड़ से फाटक के बाहर निकला होगा। उन कुत्तों पर भौंका होगा। उन कुत्तों ने कहा होगा, 'अबे, अपना वर्ग नहीं पहचानता। ढोंग रचता है। ये पट्टा और ज़ंजीर लगाए है। मुफ़्त का खाता है। लॉन पर टहलता है। हमें ठसक दिखाता है। पर रात को जब किसी आसन्न संकट पर हम भौंकते हैं, तो तू भी हमारे साथ हो जाता है। संकट में हमारे साथ है, मगर यों हम पर भौंकेगा। हममें से है तो निकल बाहर। छोड़ यह पट्टा और ज़ंजीर। छोड़ यह आराम। घूर पर पड़ा अन्न खा या चुराकर रोटी खा। धूल में लोट।'

यह फिर भौंका होगा। इस पर वे कुत्ते झपटे होंगे। यह कहकर, 'अच्छा ढोंगी, दग़ाबाज़, अभी तेरे झूठे वर्ग का अहंकार नष्ट किये देते हैं।'

इसे रगेदा, पटका, काटा और धूल खिलाई।

कुत्ता चुपचाप पड़ा अपने सही वर्ग के बारे में चिन्तन कर रहा है।

पगडंडियों का ज़माना

मैंने फिर ईमानदार बनने की कोशिश की और फिर नाकामयाब रहा।

एक सज्जन ने मुझसे कहा कि एक परिचित अध्यापक से कहकर मैं उनके लड़के के नम्बर बढ़वा दूँ। यों मैं उनका काम कर देता, पर बहुत अरसे बाद उसी दिन मुझे ईमान की याद आई थी और मैंने पूरी तरह

ईमानदार बन जाने की प्रतिज्ञा कर ली थी। सज्जन की बात सुनकर मुझे पुरानी कथाएँ याद आ गईं और मैंने सोचा कि प्रतिज्ञा करते मुझे देर नहीं हुई कि ये इन्द्र या विष्णु मेरी परीक्षा लेने आ पहुँचे। उन्हें विश्वास नहीं है कि कोई इस ज़माने में लम्बी तपस्या करेगा। चार कहानियाँ लिखकर लोग युग-प्रवर्तक की लिस्ट में नाम खोजने लगते हैं। इसलिए ये देवता अब तपस्या शुरू होते ही परीक्षा लेने आ पहुँचते हैं।

मैंने उन्हें मन-ही-मन प्रणाम किया और प्रकट कहा, "मैं इसे अनुचित और अनैतिक मानता हूँ। मैं यह काम नहीं करूँगा।"

मुझे आशा थी कि अब ये अपने मौलिक देव-रूप में प्रकट होंगे और कहेंगे, "वत्स, तू परीक्षा में ख़रा उतरा। बोल, तुझे क्या चाहिए? हम वर देने के 'मूड' में हैं। बोल, हिन्दी साहित्य के इतिहास में तेरे ऊपर एक अध्याय लिखवा दूँ? या कहे, तो, किसी समीक्षक की तेरे घर में पानी भरने की ड्यूटी लगा दूँ?"

वे मौलिक रूप में तो आए, पर वह प्रसन्नता का न होकर रोष का था। वे भुनभुनाकर चले गए। मैंने सुना, वे लोगों से मेरे बारे में कह रहे थे, "आजकल वह साला बड़ा ईमानदार बन गया है।"

मैं जिसे देवता समझ बैठा था, वह तो आदमी निकला। मैंने अपनी आत्मा से पूछा, "हे मेरी आत्मा, तू ही बता! क्या गाली खाकर, बदनामी करवाकर मैं ईमानदार बना रहूँ?"

आत्मा ने जवाब दिया, "नहीं, ऐसी कोई ज़रूरत नहीं है। इतनी जल्दी क्या पड़ी है? आगे ज़माना बदलेगा, तब बन जाना।"

मेरी आत्मा बड़ी सुलझी हुई बात कह देती है कभी-कभी। अच्छी आत्मा 'फोल्डिंग' कुर्सी की तरह होनी चाहिए। ज़रूरत पड़ी तब फैलाकर उस पर बैठ गए; नहीं तो मोड़कर कोने में टिका दिया। जब कभी आत्मा अड़ंगा लगाती है, तब उसे समझ में आता है कि पुरानी कथाओं के दानव अपनी आत्मा को दूर किसी पहाड़ी पर तोते में क्यों रख देते थे। वे उससे मुक्त होकर बेखटके दानवी कर्म कर सकते थे। देव और दानव में अब भी तो यही फ़र्क़ है—एक की आत्मा अपने पास ही रहती है और दूसरे की उससे दूर।

मैंने ऐसे आदमी देखे हैं, जिनमें किसी ने अपनी आत्मा कुत्ते में रख दी है, किसी ने सूअर में। अब तो जानवरों ने भी यह विद्या सीख ली है और कुछ कुत्ते और सूअर अपनी आत्मा किसी-किसी आदमी में रख देते हैं।

आत्मा ने कह दिया, तो मैंने ईमानदार बनने का इरादा त्याग दिया।

राधेश्याम ने भी कोशिश की थी और वह भी असफल हो गया। उसकी एक छोटी-सी दुकान है। उसने पैसे-पैसे की बिक्री का सही हिसाब रखा और उसे बिक्री करके दफ़्तर ले गया। वहाँ उससे कहा गया कि हिसाब झूठा है। तब उसे सच्चे हिसाब को सच्चा मनवाने के लिए घूस देनी पड़ी। कह रहा था, "मैं भी अब झूठा हिसाब रखूँगा। उसे घूस देकर सच्चा बनवा लिया करूँगा। सचाई के लिए घूस देने की अपेक्षा यह ज़्यादा अच्छा है कि झूठ के लिए घूस दूँ। इतना महँगा ईमान अपनी हैसियत के बाहर है। इससे तो बेईमानी सस्ती पड़ेगी।"

एक स्त्री नौकरी के सिलसिले में एक बड़े आदमी के पास सच्चरित्रता का प्रमाण-पत्र लेने गई थी। बड़े आदमी ने उसे पहले अपने शयन-कक्ष में ले जाना चाहा और बाद में सच्चरित्रता का प्रमाण-पत्र देना चाहा। पहले देवता आदमी बनकर ठगते थे, अब आदमी देवता बनकर ठगते हैं।

देखता हूँ कि हर सत्य के हाथ में झूठ का प्रमाण-पत्र है। ईमान के पास बेईमानी की सिफ़ारिशी चिट्ठी न हो, तो कोई उसे दो कौड़ी को न पूछे। यही सब सोचकर मैं ढीला हो गया। अब मैं बड़े खुले मन से नम्बर बढ़वाता हूँ।

इन दिनों मुझे बहुत स्नेही मिलते हैं। जो कभी-कभी ही मिलते हैं, साल में दो-एक बार, उन्हें आते देखते ही समझ जाता हूँ कि वे किस काम से आए हैं। मैं मौसम देखकर ऐसे आनेवाले का काम बता सकता हूँ। जुलाई के पहले हफ़्ते में, जब घटा छाई हो, धरा ने हरी चूनर ओढ़ रखी हो, आसपास मोर-पपीहा बोल रहे हों, बिजली नीग्रो सुन्दरी के दाँतों की तरह चमक रही हो, ऐसे सुहावने समय में कोई कई महीने बाद आता दिखे, तो समझ जाता हूँ कि यह गीत गाने नहीं आया, बच्चों को स्कूल-कॉलेज में भर्ती कराने में मदद लेने आया है।

इधर मार्च में जो आता है, नम्बर बढ़वाने या 'पेपर आउट' करवाने आता है। बात यह है कि सारे 'सिलेबस' और 'प्रॉस्पेक्टस' ग़लत हैं। उनमें उन दो पर्चों का उल्लेख नहीं होता, जो ज़रूरी होते हैं। एक पर्चा शुरू का और दूसरा आख़िरी। पहला चर्चा 'पेपर आउट' करने का होता है और आख़िरी नम्बर बढ़वाने का। जो इन्हें अच्छी तरह कर ले, वह पास हो जाता है, पहला दर्जा भी पा सकता है। इन पर्चों को कुछ विद्यार्थी ख़ुद कर लेते हैं। वे प्रतिभावान हैं और उनका भविष्य उज्ज्वल है। कुछ के अभिभावक ये पर्चे करते हैं। ऐसे परमुखापेक्षी विद्यार्थियों का भविष्य संदिग्ध है। उनकी अपेक्षा उनके अभिभावक का फिर भी कुछ भविष्य है।

अध्यापकों से सम्बन्ध होने के कारण मेरे पास दोनों पक्षोंवाले काफ़ी आते हैं। कल जो आए थे, वे मुझे बरात में दो साल पहले पहली और अन्तिम बार मिले थे। मुझे यह पता नहीं था कि उस छोटी मुलाक़ात में ही उन्होंने इतनी आत्मीयता पैदा कर ली थी कि भाई परीक्षा में बैठने लगा, तो उन्हें मेरी याद सताने लगी। सुना है, विरहिन को बरसात में प्रिय की बड़ी याद सताती है। परीक्षा के मौसम में भी कुछ लोगों का विरह जाग उठता है और उन्हें किन्हीं विशेष परिचितों की याद सताने लगती है। वे कहने लगे, "अमुक प्रोफ़ेसर आपके मित्र हैं। उन्होंने एक पर्चा निकाला है। कुछ 'हिंट' दिला दीजिए न!" मैंने सोचा, किसी से मित्रता है, तो इसका कुल इतना उपयोग है कि जब ज़रूरत पड़े, उससे ग़लत काम करा लिया जाए। कोई यह तो कहता नहीं है कि अमुक से आपकी मित्रता है, तो उन्हें समझाइए न कि ऐसा ग़लत काम न करें। न कोई यह कहता है कि अमुक आपका दुश्मन है तो उससे पेपर आउट करवाकर उस साले का ईमान बिगाड़ दीजिए। नहीं, दुश्मन सब सुरक्षित हैं। ईमान तो हमेशा मित्र का बिगाड़ा जाएगा। किसी दिन कोई आकर मुझसे कहेगा, "अमुक पुलिस अफ़सर से आपके अच्छे सम्बन्ध हैं। उनसे कहिए न कि घर में हमें सेंध लगा लेने दें।"

इन सब पर्चा आउट करवानेवालों और नम्बर बढ़वानेवालों पर हँसा भी नहीं जा सकता। इनमें अधिकांश दया के पात्र हैं। ये बेहद परेशान

और घबड़ाए हुए लोग हैं। कोई चाहता है कि लड़का पास हो जाए, तो उससे नौकरी करा दें, जिससे परिवार की दुर्दशा कुछ कम हो। किसी को चिन्ता है कि लड़का फेल हो गया, तो और एक साल उसकी पढ़ाई का ख़र्च कैसे चलाऊँगा। कोई चाहता है कि लड़की पास हो जाए, तो उसकी शादी करके बोझ हल्का करूँ। बहुत दुखी और परेशान लोग होते हैं, इनमें कुछ तो इतने दीन होते हैं कि जी होता है, पहले इनके गले लगकर रो लिया जाए!

मेरी परेशानी का कारण दूसरा है। ये अब बेझिझक, निस्संकोच और निर्लज्जता से काम करने लगे हैं। दस साल पहले भी मैं यह काम करा देता था। तब देखता था, नम्बर बढ़वानेवाला बड़ी झिझक, लज्जा और संकोच से कहता था। लोग खुलकर नहीं कहते थे। तब ऐसी दबी-छिपी चिट्ठी आती थी—'अपने दोस्त, रमेशचन्द के भाई सुरेश की मोटरसाइकिल, जिस पर अंग्रेज़ी में नम्बर 2431 लिखा है, बिगड़ गई है। वह आपके मित्र सिन्हा के पास सुधरने गई है। आप उसे सुधरवा दें कि कम-से-कम 40 प्रतिशत तो काम देने लगे।' इसका मतलब है कि सुरेश का रोल नम्बर 2431 है। उसका अंग्रेज़ी का पर्चा बिगड़ा है। सिन्हा उसे जाँच रहे हैं और उनसे 40 प्रतिशत नम्बर दिलवाना है। अब सीधी चिट्ठी आ जाती है। खुला कार्ड तक आ जाता है। तब नम्बर बढ़वानेवाला बड़ी देर संकोच में बैठा रहता था, दुविधा में पड़ा रहता था, यहाँ-वहाँ की बातें करता था और तब कहीं शरमाकर बगलें झाँकता हुआ नम्बर बढ़वाने की बात करता था। अब नम्बर बढ़वानेवाला इस तरह आता है, जैसे बाज़ार में सब्ज़ी ख़रीदने जाता है। सीधा मेरी आँखों में देखता है और अधिकारपूर्वक कहता है कि नम्बर बढ़वाने हैं।

दस सालों में यह जो प्रगति हो गई है, यह मुझे परेशान करती है। भयंकर संकोचहीनता है यह। यह साहस मुझे डराता है। मैं इन्तज़ार करता हूँ कि कोई तो थोड़ा संकोच लेकर आए कि मैं कुछ आश्वस्त हो जाऊँ।

कोई नहीं आता। मुझे लगता है, हम सबने मान लिया है कि आम सड़कें सब बन्द हो गई हैं। उन पर तख़्ती टँग गई है—'सड़क मरम्मत के लिए बन्द है।' सालों से ये सड़कें बन्द हैं और सब पगडंडियों से

जा रहे हैं। चलते-चलते पगडंडियों के काँटे और झाड़ियाँ साफ़ हो गई हैं और वे सड़कों जैसी चिकनी और चौड़ी हो गई हैं। बेझिझक, नंगे पाँव इन पर लोग चल रहे हैं। आम सड़क पर चलनेवाला अब बेवक़ूफ़ या पागल समझा जाएगा। अब आम सड़कें खुल भी जाएँ, तो लोग उन पर चलने में झिझकेंगे। मरम्मतवाले भी इसीलिए ढीले पड़ गए हैं। मगर उपयोग न होने से आम सड़कों पर झाड़ियाँ और जंगली पौधे उगेंगे और वे ढक जाएँगी। तब किसी को आभास भी न होगा कि इस देश में कहीं आम सड़कें भी हैं।

लगता है, आम सड़कें अब भविष्य के पुरातत्त्ववेत्ता को ही मिलेंगी। वही इन्हें खोजेगा। वह निष्कर्ष निकालकर बताएगा कि उस ज़माने में इस देश में आम सड़कें तो थीं, पर कोई उन पर चलता नहीं था। सब पगडंडी पकड़ते थे। अनुपयोग के कारण सड़कें दब गई थीं।

सफलता के महल का सामने का आम दरवाज़ा बन्द हो गया है। कई लोग भीतर घुस गए हैं और उन्होंने कुंडी लगा दी है। जिसे उसमें घुसना है, वह रूमाल नाक पर रखकर नाबदान में से घुस जाता है। आसपास सुगन्धित रूमालों की दुकानें लगी हैं। लोग रूमाल ख़रीदकर उसे नाक पर रखकर नाबदान में से घुस रहे हैं।

जिन्हें बदबू ज़्यादा आती है और जो सिर्फ़ मुख्य द्वार से घुसना चाहते हैं, वे खड़े दरवाज़े पर सिर मार रहे हैं और उनके कपालों से ख़ून बह रहा है।

पवित्रता का दौरा

सुबह की डाक से चिट्ठी मिली, उसने मुझे इस अहंकार में दिन-भर उड़ाया कि मैं पवित्र आदमी हूँ क्योंकि साहित्य का काम एक पवित्र

काम है। दिन-भर मैंने हर मिलनेवाले को तुच्छ समझा। मैं हर आदमी को अपवित्र मानकर उससे अपने को बचाता रहा। पवित्रता ऐसी कायर चीज़ है कि सबसे डरती है और सबसे अपनी रक्षा के लिए सचेत रहती है। अपने पवित्र होने का अहसास आदमी को ऐसा मदमाता बनाता है कि वह उठे हुए साँड़ की तरह लोगों को सींग मारता है, ठेले उलटाता है, बच्चों को रगेदता है। पवित्रता की भावना से भरा लेखक उस मोर जैसा होता है जिसके पाँव में घुँघरू बाँध दिये गए हों। वह इत्र की ऐसी शीशी है जो गन्दी नाली के किनारे की दुकान पर रखी है। यह इत्र गन्दगी के डर से शीशी में ही बन्द रहता है।

वह चिट्ठी साहित्य की एक मशहूर संस्था के सचिव की तरफ़ से थी। मैं उस संस्था का, जिसका लाखों का कारोबार है, सदस्य बना लिया गया हूँ। स्थायी समिति का सदस्य हूँ। यह संस्था हम लोगों को बैठकों में शामिल होने का ख़र्च नहीं देती क्योंकि पैसा साहित्य के पवित्र काम में लगे हुए पवित्र पदाधिकारियों के हड़पने में ही ख़र्च हो जाता है। सचिव ने लिखा है कि साहित्य भवन के सामने एक सिनेमा बनने की मंजूरी मिल रही है। सिनेमा बनने से साहित्य भवन की पवित्रता, सौम्यता और शान्ति भंग होगी। वातावरण दूषित होगा। हम मुख्यमंत्री को सिनेमा निर्माण न होने देने के लिए ज्ञापन दे रहे हैं। आप भी इस पर दस्तख़त कर दीजिए।

इस चिट्ठी से मुझे बोध हुआ कि साहित्य पवित्र है, हम साहित्यकार पवित्र हैं और साहित्य की यह संस्था पवित्र है। मेरे दुष्ट मन ने एक शंका भी उठाई कि हो सकता है किसी ऐसे पैसेवाले ने, जिसे उस जगह दुकान खोलनी है, हमारे पवित्र साहित्य के पवित्र सचिव को पैसा खिला दिया हो कि सिनेमा न बनने दो। पर मैंने इस दुष्ट शंका को दबा दिया। नहीं-नहीं, साहित्य की संस्था पवित्र है, सिनेमा अपवित्र है। हमें अपवित्रता से अपना पल्ला बचा लेना चाहिए।

शाम की डाक से संस्था के विपक्षी गुट के नेता की चिट्ठी आई, जिसमें संस्था में किये जा रहे भ्रष्टाचार का ब्योरा दिया गया था।

इस पत्र ने मुझे झकझोरा। अपनी पवित्रता पर मुझे शंका हुई। साहित्य

के काम की पवित्रता पर शंका हुई। साहित्य की संस्था की पवित्रता की मेरी उठान शान्त हुई और मैं नॉर्मल हो गया।

इतने साल साहित्य के क्षेत्र में हो गए। मैं कई बार पवित्र होने की दुर्घटना में फँसा, पर हर बार बच गया। मुझे लिखते जब कुछ ही समय हुआ था, तभी बुज़ुर्ग साहित्यकार मुझसे कहते थे, "आपने साहित्य-रचना का कार्य अपने हाथ में लिया है। माता वीणा-पाणि के मन्दिर की पवित्रता बनाए रखिए।" मैं थोड़ा फूलता था। सोचता था, सिगरेट पीना छोड़ दूँ क्योंकि इस धुएँ से देवी के मन्दिर के धूप की सुगन्ध दबती होगी। पर मैं उबर आया। वे बुज़ुर्ग कहते, "माँ भारती ने आपके सामने अंचल फैलाया है। उसे मणियों से भर दीजिए।" (वैसे कवि 'अंचल' उस दिन कह रहे थे कि हम तो अब 'रजाई' हो गए)। जी हाँ, माँ भारती के अंचल में आप कचरा डालते जाएँ और उसी में मैं मणि छोड़ता जाऊँ। ये पवित्र लोग और पवित्र ही लिखनेवाले लोग बड़े दिलचस्प होते हैं। एक मुझसे बार-बार कहते, "आप अब कुछ शाश्वत साहित्य लिखिए।" मैं तो शाश्वत साहित्य ही लिखता हूँ। वे सट्टे का फिगर रोज़ नया लगाते थे, मगर साहित्य शाश्वत लिखते थे। वे मुझे वाल्मीकि की तरह दीमकों के बमीठे में दबे हुए लगते थे। शाश्वत साहित्य लिखने का संकल्प लेकर बैठनेवाले मैंने तुरन्त मरते देखे हैं। एक शाश्वत साहित्य लिखनेवाले ने कई साल पहले मुझसे कहा था, "अरे, आप स्कूल में मास्टर होकर भी इतना अच्छा लिखते हैं। मैं तो सोचता था, आप प्रोफ़ेसर होंगे।" उन्होंने स्कूल-मास्टर लेखक की हमेशा उपेक्षा की। वे ख़ुद प्रोफ़ेसर रहे। पर आगे उनकी यह दुर्गति हुई कि उन्हें कोर्स में लगी मेरी ही रचनाएँ कक्षा में पढ़ानी पड़ीं। उनका शाश्वत साहित्य कोर्स में नहीं लगा।

सोचता हूँ, हम कहाँ के पवित्र हैं! हममें से अधिकांश ने अपनी लेखनी को रंडी बना दिया है, जो पैसे के लिए किसी के भी साथ सो जाती है। सत्ता इस लेखनी से बलात्कार कर लेती है और हम रिपोर्ट तक नहीं करते। कितने नीचों की तारीफ़ मैंने नहीं लिखी। कितने मिथ्या का प्रचार मैंने नहीं किया। अख़बारों के मालिकों का रुख देखकर मेरे सत्य ने रूप बदले हैं। मुझसे सिनेमा के चाहे जैसे डॉयलाग कोई लिखा ले। मैं इसी

क़लम से बलात्कार की प्रशंसा में भी फिल्मी गीत लिख सकता हूँ और भगवद्-भजन भी लिख सकता हूँ। मुझसे आज पैसे देकर मज़दूर-विरोधी अख़बार का सम्पादन करा लो और कल मैं उससे ज़्यादा पैसे लेकर ट्रेड यूनियन के अख़बार का सम्पादन कर दूँ। इसी क़लम से तो मैंने पहले 'इन्दिरा गांधी जिन्दाबाद' लिखा था, फिर 'इन्दिरा गांधी मुर्दाबाद' लिखा, और अब फिर 'इन्दिरा भारत है' लिख रहा हूँ।

क्या हमारी पवित्रता है? साहित्य भवन की पवित्रता को सिनेमा भवन क्या नष्ट कर देगा? पर होता तो है पवित्रता, शराफ़त, चरित्र का एक गुमान। इधर ही एक मुहल्ले में सिनेमा बननेवाला था, तो शरीफ़ों ने बड़ा हल्ला मचाया—यह शरीफ़ों का मुहल्ला है। यहाँ शरीफ़ स्त्रियाँ रहती हैं और यहाँ सिनेमा बन रहा है। गोया सिनेमा गुंडों के मुहल्ले में बनना चाहिए, ताकि इनके घरों की शरीफ़ औरतें सिनेमा देखने गुंडों के बीच जाएँ। मुहल्ले में एक आदमी रहता है। उससे मिलने एक स्त्री आती है। एक सज्जन कहने लगे, "यह शरीफ़ों का मुहल्ला है। यहाँ यह सब नहीं होना चाहिए। देखिए, फ़लाँ के पास एक स्त्री आती है।" मैंने कहा, "साहब, शरीफ़ों का मुहल्ला है, तभी तो वह स्त्री अपने पुरुष मित्र से मिलने बेखटके आती है। वह क्या गुंडों के मुहल्ले में उससे मिलने जाती?"

पवित्रता का यह हाल है कि जब किसी मन्दिर के पास से शराब की दुकान हटाने की माँग लोग करते हैं, तब पुजारी बहुत दुखी होता है। उसे लेने के लिए दूर जाना पड़ेगा। यहाँ तो ठेकेदार भक्ति-भाव में कभी-कभी मुफ़्त भी पिला देता था।

मैं शामवाले पत्र से हल्का हो गया। पवित्रता का मेरा नशा उतर गया। मैंने सोचा, साहित्य भवन के सचिव को लिखूँ—मुझे दूसरे पक्ष का पत्र भी मिल गया है, जिसमें बताया गया है कि अपनी संस्था में कितना भ्रष्टाचार है। अब तो सिनेमा-मालिक को ही माँग करनी चाहिए कि यह साहित्य की संस्था यहाँ से हटाई जाए, जिससे हमारे दर्शकों की नैतिकता पर बुरा असर न पड़े। इसमें बड़ा भ्रष्टाचार है।

विकलांग श्रद्धा का दौर

अभी-अभी एक आदमी मेरे चरण छूकर गया है। मैं बड़ी तेज़ी से श्रद्धेय हो रहा हूँ, जैसे कोई चलतू औरत शादी के बाद बड़ी फ़ुर्ती से पतिव्रता होने लगती है। यह हरकत मेरे साथ पिछले कुछ महीनों से हो रही है कि जब-तब कोई मेरे चरण छू लेता है। पहले ऐसा नहीं होता था। हाँ, एक बार हुआ था, पर वह मामला वहीं रफ़ा-दफ़ा हो गया। कई साल पहले एक साहित्यिक समारोह में मेरी ही उम्र के एक सज्जन ने सबके सामने मेरे चरण छू लिये। वैसे चरण छूना अश्लील कृत्य की तरह अकेले में ही किया जाता है। पर वह सज्जन सार्वजनिक रूप से कर बैठे, तो मैंने आसपास खड़े लोगों की तरफ़ गर्व से देखा—तिलचट्टो, देखो मैं श्रद्धेय हो गया। तुम घिसते रहो क़लम।...पर तभी उस श्रद्धालु ने मेरा पानी उतार दिया। उसने कहा, "अपना तो नियम है कि गौ, ब्राह्मण, कन्या के चरण ज़रूर छूते हैं।" यानी उसने मुझे बड़ा लेखक नहीं माना था। बम्हन माना था।

श्रद्धेय बनने की मेरी इच्छा तभी मर गई थी। फिर मैंने श्रद्धेयों की दुर्गति भी देखी। मेरा एक साथी पी-एच.डी. के लिए रिसर्च कर रहा था। डॉक्टरेट अध्ययन और ज्ञान से नहीं, आचार्य-कृपा से मिलती है। आचार्यों की कृपा से इतने 'डॉक्टर' हो गए हैं कि बच्चे खेल-खेल में पत्थर फेंकते हैं तो किसी डॉक्टर को लगता है। एक बार चौराहे पर यहाँ पथराव हो गया। पाँच घायल अस्पताल में भर्ती हुए और वे पाँचों हिन्दी के 'डॉक्टर' थे। नर्स अपने अस्पताल के डॉक्टर को पुकारती : 'डॉक्टर साहब', तो बोल पड़ते थे ये हिन्दी के डॉक्टर।

मैंने ख़ुद कुछ लोगों के चरण छूने के बहाने उनकी टाँग खींची है। लँगोटी धोने के बहाने लँगोटी चुराई है। श्रद्धेय बनने की भयावहता मैं

समझ गया था। वरना मैं समर्थ हूँ। अपने-आपको कभी का श्रद्धेय बना लेता। मेरे ही शहर में कॉलेज के एक अध्यापक थे। उन्होंने अपने नेमप्लेट पर ख़ुद ही 'आचार्य' लिखवा लिया था। मैं तभी समझ गया था कि इस फूहड़पन में महानता के लक्षण हैं। आचार्य बम्बईवासी हुए और वहाँ उन्होंने अपने को 'भगवान रजनीश' बना डाला। आजकल वह फूहड़ से शुरू करके मान्यता-प्राप्त भगवान हैं। मैं भी अगर नेमप्लेट में नाम के आगे 'पंडित' लिखवा लेता तो कभी का 'पंडित जी' कहलाने लगता।

सोचता हूँ, लोग मेरे चरण अब क्यों छूने लगे हैं? यह श्रद्धा एकाएक कैसे पैदा हो गई? पिछले महीनों में मैंने ऐसा क्या कर डाला? कोई ख़ास लिखा नहीं है। कोई साधना नहीं की। समाज का कोई कल्याण भी नहीं किया। दाढ़ी नहीं बढ़ाई। भगवा भी नहीं पहना। बुज़ुर्गी भी कोई नहीं आई। लोग कहते हैं, ये वयोवृद्ध हैं। और चरण छू लेते हैं। वे अगर कमीने हुए तो उनके कमीनेपन की उम्र भी 60-70 साल की हुई। लोग वयोवृद्ध कमीनेपन के भी चरण छू लेते हैं। मेरा कमीनापन अभी श्रद्धा के लायक़ नहीं हुआ है। इस एक साल में मेरी एक ही तपस्या है—टाँग तोड़कर अस्पताल में पड़ा रहा हूँ। हड्डी जुड़ने के बाद भी दर्द के कारण टाँग फ़ुर्ती से समेट नहीं सकता। लोग मेरी इस मजबूरी का नाजायज़ फ़ायदा उठाकर झट मेरे चरण छू लेते हैं। फिर आराम के लिए मैं तख़्त पर लेटा ही ज़्यादा मिलता हूँ। तख़्त ऐसा पवित्र आसन है कि उस पर लेटे दुरात्मा के भी चरण छूने की प्रेरणा होती है।

क्या मेरी टूटी टाँग में से दर्द की तरह श्रद्धा पैदा हो गई है? तो यह विकलांग श्रद्धा है। जानता हूँ, देश में जो मौसम चल रहा है, उसमें श्रद्धा की टाँग टूट चुकी है। तभी मुझे भी यह विकलांग श्रद्धा दी जा रही है। लोग सोचते होंगे—इसकी टाँग टूट गई है। यह असमर्थ हो गया। दयनीय है। आओ, इसे हम श्रद्धा दे दें।

हाँ, बीमारी में से श्रद्धा कभी-कभी निकलती है। साहित्य और समाज के एक सेवक से मिलने मैं एक मित्र के साथ गया था। जब वह उठे तब उस मित्र ने उनके चरण छू लिये। बाहर आकर मैंने मित्र से कहा, "यार, तुम उनके चरण क्यों छूने लगे?" मित्र ने कहा, "तुम्हें

पता नहीं है, उन्हें डायबिटीज हो गया है।" अब डायबिटीज श्रद्धा पैदा करे, तो टूटी टाँग भी कर सकती है। इसमें कुछ अटपटा नहीं है। लोग बीमारी से कौन फ़ायदे नहीं उठाते। मेरे एक मित्र बीमार पड़े थे। जैसे ही कोई स्त्री उन्हें देखने आती, वह सिर पकड़कर कराहने लगते। स्त्री पूछती, "क्या सिर में दर्द है?" वे कहते, "हाँ, सिर फटा पड़ता है।" स्त्री सहज ही उनका सिर दबा देती। उनकी पत्नी ने ताड़ लिया। कहने लगी, "क्यों जी, जब कोई स्त्री तुम्हें देखने आती है तभी तुम्हारा सिर क्यों दुखने लगता है?" उसने जवाब भी माकूल दिया। कहा, "तुम्हारे प्रति मेरी इतनी निष्ठा है कि परस्त्री को देखकर मेरा सिर दुखने लगता है। जान प्रीत-रस इतनेहु माहीं।"

श्रद्धा ग्रहण करने की भी एक विधि होती है। मुझसे सहज ढंग से अभी श्रद्धा ग्रहण नहीं होती। अटपटा जाता हूँ। अभी 'पार्ट टाइम' श्रद्धेय ही हूँ। कल दो आदमी आए। वे बात करके जब उठे तब एक ने मेरे चरण छूने को हाथ बढ़ाया। हम दोनों ही नौसिखुए। उसे चरण छूने का अभ्यास नहीं था, मुझे छुआने का। जैसा भी बना उसने चरण छू लिये। पर दूसरा आदमी दुविधा में था। वह तय नहीं कर पा रहा था कि मेरे चरण छुए या नहीं। मैं भिखारी की तरह उसे देख रहा था। वह थोड़ा-सा झुका। मेरी आशा उठी। पर वह फिर सीधा हो गया। मैं बुझ गया। उसने फिर जी कड़ा करके कोशिश की। थोड़ा झुका। मेरे पाँवों में फड़कन उठी। फिर वह असफल रहा। वह नमस्ते करके ही चला गया। उसने अपने साथी से कहा होगा—तुम भी यार, कैसे टुच्चों के चरण छूते हो। मेरे श्रद्धालु ने जवाब दिया होगा—काम निकालने को उल्लुओं से ऐसा ही किया जाता है। इधर मुझे दिन-भर ग्लानि रही। मैं हीनता से पीड़ित रहा। उसने मुझे श्रद्धा के लायक़ नहीं समझा। ग्लानि शाम को मिटी जब एक कवि ने मेरे चरण छुए। उस समय मेरे एक मित्र बैठे थे। चरण छूने के बाद उसने मित्र से कहा, "मैंने साहित्य में जो कुछ सीखा है, परसाई जी से।" मुझे मालूम है, वह कवि सम्मेलनों में हूट होता है। मेरी सीख का क्या यही नतीजा है? मुझे शर्म से अपने-आपको जूता मार लेना था। पर मैं ख़ुश था। उसने मेरे चरण छू लिये थे।

अभी कच्चा हूँ। पीछे पड़नेवाले तो पतिव्रता को भी छिनाल बना देते हैं। मेरे ये श्रद्धालु मुझे पक्का श्रद्धेय बनाने पर तुले हैं। पक्के सिद्ध-श्रद्धेय मैंने देखे हैं। सिद्ध मकरध्वज होते हैं। उनकी बनावट ही अलग होती है। चेहरा, आँखें खींचनेवाली। पाँव ऐसे कि बरबस आदमी झुक जाए। पूरे व्यक्तित्व पर 'श्रद्धेय' लिखा होता है। मुझे ये बड़े बौड़म लगते हैं। पर ये पक्के श्रद्धेय होते हैं। ऐसे एक के पास मैं अपने मित्र के साथ गया था। मित्र ने उनके चरण छुए जो उन्होंने विकट ठंड में भी श्रद्धालुओं की सुविधा के लिए चादर के बाहर निकाल रखे थे। मैंने उनके चरण नहीं छुए। नमस्ते करके बैठ गया। अब एक चमत्कार हुआ। होना यह था कि उन्हें हीनता का बोध होता कि मैंने उन्हें श्रद्धा के योग्य नहीं समझा था। हुआ उलटा। उन्होंने मुझे देखा। और हीनता का बोध मुझे होने लगा—हाय, मैं इतना अधम हूँ कि अपने को इनके पवित्र चरणों को छूने के लायक़ नहीं समझता। सोचता हूँ, ऐसा बाध्य करनेवाला रोब मुझ ओछे श्रद्धेय में कब आएगा।

श्रद्धेय बन जाने की इस हल्की-सी इच्छा के साथ ही मेरा डर बरकरार है। श्रद्धेय बनने का मतलब है 'नॉन परसन'—'अव्यक्ति' हो जाना। श्रद्धेय वह होता है जो चीज़ों को हो जाने दे। किसी चीज़ का विरोध न करे—जबकि व्यक्ति की, चरित्र की पहचान ही यह है कि वह किन चीज़ों का विरोध करता है। मुझे लगता है, लोग मुझसे कह रहे हैं—तुम अब कोने में बैठो। तुम दयनीय हो। तुम्हारे लिए सब कुछ हो जाया करेगा। तुम कारण नहीं बनोगे। मक्खी भी हम उड़ाएँगे।

और फिर श्रद्धा का यह कोई दौर है देश में? जैसा वातावरण है, उसमें किसी को भी श्रद्धा रखने में संकोच होगा। श्रद्धा पुराने अख़बार की तरह रद्दी में बिक रही है। विश्वास की फ़सल को तुषार मार गया। इतिहास में शायद कभी किसी जाति को इस तरह श्रद्धा और विश्वास से हीन नहीं किया गया होगा। जिस नेतृत्व पर श्रद्धा थी, उसे नंगा किया जा रहा है। जो नया नेतृत्व आया है, वह उतावली में अपने कपड़े ख़ुद उतार रहा है। कुछ नेता तो अंडरवियर में ही हैं। क़ानून से विश्वास गया। अदालत से विश्वास छीन लिया गया। बुद्धिजीवियों की नस्ल पर ही शंका

की जा रही है। डॉक्टरों को बीमारी पैदा करनेवाला सिद्ध किया जा रहा है। कहीं कोई श्रद्धा नहीं, विश्वास नहीं।

अपने श्रद्धालुओं से कहना चाहता हूँ, "यह चरण छूने का मौसम नहीं, लात मारने का मौसम है। मारो एक लात और क्रान्तिकारी बन जाओ।"

ज़िन्दगी और मौत का दस्तावेज़

[वसीयतनामा फ़रमाइशी]

मेरे दुश्मनो, ख़ुश होने में जल्दी मत करना। अभी वह शुभ क्षण नहीं आया कि मैं मरूँ। मैं जानता हूँ कि तुम एक अरसे से मेरी मृत्यु का शुभ समाचार सुनने को लालायित हो, पर फ़िलहाल मैं तुम्हें निराश कर रहा हूँ। इन्तज़ार करो। किसी दिन सचमुच मरकर तुम पर मेहरबानी करूँगा। दयालु आदमी हूँ। कोशिश करूँगा कि जितनी जल्दी हो सके, तुम्हारी मनोकामना पूरी करूँ। तुम धीरज से प्रार्थना किये जाओ।

और मेरे दोस्तो, रोने की जल्दी मत करो। अभी मेहनत से रोने की तैयारी करो। जब मैं सचमुच प्राण-त्याग करूँगा, तब इस बात की आशंका है कि झूठे रोनेवाले सच्चे रोनेवालों से बाज़ी मार ले जाएँगे। तुम अभी से प्रभावकारी ढंग से रोने का अभ्यास करो। एक योजना बनाकर रोने का रिहर्सल करो। जब तुम कह दोगे कि तुम्हारी तैयारी पूरी है, तब मैं फ़ौरन मर जाऊँगा।

अभी तो यारो, दुनिया छोड़ने का अपना क़तई इरादा नहीं। और फिर कबीर ने कहा है, "जग मरिहै, हम न मरब।"

तो फिर मैं यों ही ख़्वाहमख़्वाह क्यों मर रहा हूँ। असल में मैं जीने के लिए मर रहा हूँ। सम्पादक चाहते हैं कि मैं मरूँ, तो मर रहा हूँ। मेरे इस बयान के पत्रिका मुझे पैसे देगी। उन पैसों से कुछ समय ज़िन्दा

रहूँगा। सम्पादकों की बात मैंने कभी नहीं टाली। वे कहें कि रो दो, तो मैं रो पड़ूँगा। वे कहें कि नंगे हो जाओ, तो नंगा हो जाऊँगा। साहित्य में नंगेपन का पेमेंट अच्छा होता है।

सम्पादकों ने कभी कहा था—इमरजेंसी है तो डरो। मैं डरा। फिर कहा—इमरजेंसी की तारीफ़ में लिखो। मैंने लिखा। ईमान से लिखा। इमरजेंसी उठी तो कहा—इमरजेंसी के ख़िलाफ़ लिखो। मैंने इमरजेंसी के ख़िलाफ़ भी लिखा। ईमान से लिखा। साथ ही घोषणा भी की कि मैं एकमात्र बहादुर बुद्धिजीवी हूँ। बाक़ी सब कायर हैं। शेर कोई दूसरा मारे, उसकी दुम मैं काट लेता हूँ। यानी मैं प्रतिनिधि बुद्धिजीवी हूँ। बुद्धिजीवी वह होता है जो किसी सत्ता या दाता के हरम की रक्षा करे। राजाओं-नवाबों के हरम की रक्षा करनेवाले पौरुषहीन खोजा होते थे। तभी वे ठीक रक्षा करते थे। पर जब उनकी ड्यूटी ख़त्म होती थी, तब वे तलवार घुमाकर बताते थे कि मैं वीर हूँ। मैंने भी सत्ता और दाता के दो हरमों की तब रक्षा की थी। और अब दूसरी सत्ता और दाता के हरमों की रक्षा कर रहा हूँ। फ़ुरसत में तलवार घुमाकर बहादुर बन जाता हूँ। मैं प्रतिनिधि बुद्धिजीवी हूँ।

तो मर रहा हूँ। शगल के लिए ही सही। कुछ रूमानी होने को जी चाहता है।

मगर हटाओ, नहीं होते रूमानी। गाड़ियाँ लेट चल रही हैं—ख़ाक हो जाएँगे हम उनको ख़बर होने तक। तो क्या करूँ! राम का नाम लूँ? ईश्वर को याद करूँ? मैं निरीश्वरवादी रहा। आख़िरी वक़्त क्या ख़ाक मुसलमाँ होंगे। पर मुझे डर लगता है कि कहीं सचमुच कोई ईश्वर हुआ तो मेरी बड़ी दुर्गति करेगा। पर मुझमें साहस नहीं है। वाल्तेयर में था। उसने जीवन-भर ईसाइयत के पाखंड पर हमला किया। मर रहा था तो पादरी आए। वाल्तेयर ने पूछा—क्यों आए? पादरी बोले—तुम्हारी आत्मा की शान्ति के लिए। वाल्तेयर ने कहा—पर तुम्हें किसने भेजा? पादरी बोले—ईश्वर ने! वाल्तेयर ने उस हालत में भी कहा—अच्छा, तो ईश्वर का पत्र दिखाओ।

नहीं, ऐसा अपने से नहीं बनेगा। न कबीर सरीखा बनेगा कि रहे काशी में और मरने गए मगहर, जहाँ मरने से नरक मिलता है। मैं तो

कहता हूँ—ईश्वर, अगर तू नहीं है तो कोई बात नहीं। पर अगर तू है तो हे मालिक, माई-बाप, मुझे माफ़ करना। मैं तुझे नहीं पहचानता था। मेरी कमज़ोरी है। मैं अपने एरिया के थानेदार को भी नहीं पहचानता था। पर ईश्वर होता भी तो क्या होता? कष्ट भोगते-भोगते तो ज़िन्दगी कटी।

ज़िन्दगी अपनी जब इस तौर से गुज़री ग़ालिब,
हम भी क्या याद करेंगे कि ख़ुदा रखते थे।

घड़ी रखता था, पेन रखता था, चश्मा रखता था। बस ख़ुदा ही नहीं रखता था, क्योंकि उसे रखने की जगह मेरे पास नहीं थी। मसजिद का ख़ुदा तो 'पब्लिक सेक्टर' का होता है। प्राइवेट ख़ुदा दिल की तिजोरी में रखा जाता है। मगर और चीज़ों के कारण दिल में जगह नहीं बची थी। इस कबाड़ख़ाने में ख़ुदा को तकलीफ़ होती। और फिर ख़ुदा के रखने से फ़ायदा भी क्या होता! मैं कुकर्मी तो रहा नहीं।

बहरहाल, मेरी मौत के बारे में पक्का कर लिया जाए। मेरी ज़िन्दगी में कई चीज़ें होते-होते रह गईं। मेरी शादी दो बार होते-होते रह गई। एक बार पुलिस थानेदार होते-होते रह गया। एक बार शहीद होते-होते रह गया। एक अख़बार ने मेरा फ़ोटो शहीदों में छाप दिया था। (बात न खुलती तो अभी ताम्रपत्र व पेंशन लेता।) दो बार मैं डूबते-डूबते रह गया। एक बार रेलगाड़ी के नीचे आते-आते बचा। एक बार कॉलेज का प्रिंसिपल होते-होते रह गया।

हो सकता है, इस बार मरते-मरते रह जाऊँ। कहा जाता है कि चीते की जब तक खाल न उतार लो, तब तक यह न मानो कि वह मर गया। ऐसा ही मेरा हाल है। डॉक्टरों से तीन-चार बार जाँच करवाई जाए। हो सकता है डॉक्टर सीने पर मेरे दिल की धड़कन देखें, मगर मेरा दिल तब तक टाँगों में पहुँच गया हो। कुछ ठिकाना नहीं है। ख़ूब जाँच की जाए। एक परीक्षा यह भी की जाए : कोई कहे—परसाई जी, रॉयल्टी का चेक आया है। अगर मैं एकदम उठकर न बैठ जाऊँ तो समझा जाए कि पक्का मर गया। फिर भी पक्का करने के लिए मेरी नाक पर सौ का नोट रखा जाए। अगर तब भी न उठूँ तो पक्का मर गया।

इसके बाद शोक-प्रदर्शन शुरू हो सकता है।

इतना बाहर के लिफ़ाफ़े में रहेगा। मौत पक्की होने पर भीतर का लिफ़ाफ़ा खोला जाए, जिसमें यह होगा—

मैं हरिशंकर परसाई पूरे होशोहवास में यह लिख रहा हूँ।

मैं लेखक माना जाता रहा हूँ, पर मैं लेखक अपनी इच्छा से नहीं, मजबूरी से बना। मैं सरकारी नौकरी में था। मेरा तबादला एक छोटी जगह हो गया। तब तक मैंने कुछ लिखकर छपा लिया था और मैं अपने को बड़ा लेखक मानने लगा था। मैंने सोचा—बड़ा लेखक छोटी जगह क्यों जाए? वह बड़ी जगह में रहेगा। मैंने इस्तीफ़ा दे दिया। इस्तीफ़ा नहीं देता तो मेरे कर्म ऐसे थे कि डिसमिस होता। अब क्या बचा? नौकरी गई। कुछ करने को नहीं रहा तो लेखक हो गया। ओ हेनरी गबन में जेल गया था। जेल ने उसे लेखक बना दिया, बेकारी ने मुझे। मैं और कुछ करने को न होने के कारण लिखने का काम करने लगा। दूसरा कारण था—रोज़ी-रोटी कमाना। कुछ वर्षों में साहित्य के और मेरे साथ एक दुर्घटना घटी—मैं लेखक मान लिया गया। यह लेखकपन, जो मेरे सिर पर लाद दिया गया, एक बोझ बन गया, मैं इसे ढोने को मजबूर था। मैं कुछ और तो बना नहीं था, केवल लेखक बना था, तो जो बना दिया गया उसे निभाना एक मजबूरी हो गई।

दूसरी दुर्घटना हुई—मुझे व्यंग्य-लेखक माना जाने लगा और यह कहा जाने लगा कि मैं हिन्दी में व्यंग्य के अभाव को दूर कर रहा हूँ। मैंने मूर्खतावश इसे भी गम्भीरता से ले लिया। तीसरी दुर्घटना हुई—कहा जाने लगा कि मैं सामाजिक चेतना-सम्पन्न लेखक हूँ। मैंने इसे भी मान लिया। देखिए, एक भोले-भाले आदमी की ज़िन्दगी किस तरह बरबाद की जाती है। मुझमें पुलिस के संस्कार और प्रकृति थी ही। सामाजिक चेतना-सम्पन्न लेखक कहा जाने लगा कि मैं तो साहित्य में थानेदार हो गया। सोचने लगा, समाज को मैं ही सुधारूँगा, मैं क़ानून और व्यवस्था स्थापित करूँगा, गुंडा तत्त्वों को उखाड़ फेंकूँगा। अब गुंडों से निबटने के लिए पुलिसवाले को ख़ुद बड़ा गुंडा होना पड़ता है। तो आगे चलकर मैं साहित्य में निरा गुंडा रह गया।

मुझे ज्ञानियों ने लगातार सलाह दी कि कुछ शाश्वत लिखो। ऐसा लिखो, जो अमर रहे। ऐसी सलाह देनेवाले कभी के मर गए। मैं ज़िन्दा हूँ, क्योंकि जो मैं आज लिखता हूँ, कल मर जाता है। लेखकों को मेरी सलाह है कि ऐसा सोचकर कभी मत लिखो कि मैं शाश्वत लिख रहा हूँ। शाश्वत लिखनेवाले तुरन्त मृत्यु को प्राप्त होते हैं। अपना लिखा जो रोज़ मरता देखते हैं, वही अमर होते हैं।

जो अपने युग के प्रति ईमानदार नहीं हैं, वह अनन्त काल के प्रति क्या ईमानदार होगा!

मैंने एक ग़लती और की। साहित्य को सीढ़ी मानना चाहिए। मैंने उसे छज्जा मान लिया और ज़िन्दगी-भर सीढ़ी पर बैठा-बैठा छज्जों को देखता रहा। लोग मेरे सामने ही साहित्य की सीढ़ी से चढ़कर छज्जों पर जा बैठे। कोई बड़ा अफ़सर हो गया, कोई बड़ा सम्पादक, कोई विदेश विभाग में, कोई सांस्कृतिक सलाहकार। कई प्रकाशक हो गए। उन्होंने साहित्य की सीढ़ी से छलाँग लगाई और छज्जे पर जा बैठे। मैं सीढ़ी पर बैठा रहा। मेरे अगल-बग़ल से लोग सीढ़ी चढ़ते जाते रहे—ऊँचे और ऊँचे।

मैंने व्यंग्य लिखा। पर वह ज़रा कठिन हो गया। मुझे हँसोड़, मसख़रा, जोकर होना था। तब अधिक सफल होता। मेरे सामने ही लोग यश लूटते रहे और पैसा भी। वे हास्यरस भी नहीं, हास्यास्पद रस के लोग थे। एक हास्यरस के कवि थे। उनकी कविता में 'कुत्ता' शब्द आ जाता तो वे भौंक पड़ते और लोग ख़ूब हँसते। उन्हें बहुत पैसे मिलते। पर मैं तो इस ऐंठ में रहा कि समाज के तल में जाकर परीक्षण करूँगा और समाज-परिवर्तन के लेख लिखूँगा। मैं साहित्य में आर्यसमाजी हो गया। इससे अच्छा होता, मैं केवल 'कॉमिक' लिखता और करता।

अच्छा लिखने की मेरी प्रबल इच्छा थी, पर अब वह धरी रह गई। मैंने कई बार बड़ा और श्रेष्ठ उपन्यास लिखने की कोशिश की। इसके दो कारण थे। एक तो उपन्यास लिखे बिना कोई पक्का लेखक नहीं बन सकता। दूसरे, उपन्यास पकौड़े की तरह बिकता है। ख़ूब पैसे मिलते हैं। लोकप्रिय उपन्यास के फ़ॉर्मूले होते हैं। एक ही स्त्री को कभी नर्स, कभी शिक्षिका, कभी क्लर्क, कभी टेलीफ़ोन-ऑपरेटर बना दो। दो-चार रोचक उपन्यास हो गए।

विवाहित पुरुष दूसरी स्त्री से प्रेम करता है, मगर पत्नी और समाज बाधक हैं। ऐसे में पत्नी से बलिदान करा दो। सारे पुरुष ख़ुश। बढ़िया उपन्यास। स्त्री परपुरुष से प्रेम करती है। बाधक पति और समाज हैं। ऐसे में पति से बलिदान करा दो। सारी स्त्रियाँ ख़ुश। फ़र्स्ट क्लास उपन्यास। ऐसे वाक्य हों—प्रिय, मैं निशा के प्रति तुम्हारी लगन को जानती हूँ। तुम्हारे पवित्र प्रेम में मैं बाधक नहीं बनूँगी। मैं आत्महत्या कर लेती हूँ। या फिर—प्रिये, नरेश के प्रति तुम्हारे अन्तर के भाव मैं समझता हूँ। पवित्र प्रेम से प्रेरित दो व्यक्तियों के रास्ते में मैं नहीं आना चाहता। मैं आत्महत्या कर लेता हूँ। बढ़िया कथा।

मैंने प्रेम-उपन्यास लिखने की कोशिश की, पर मेरे प्रेमी-प्रेमिका एक बार बिछुड़ते तो उनके मिलन का संयोग ही मैं नहीं बना पाता। मैंने पाँच उपन्यास आरम्भ किये, पर आगे नहीं बढ़ा पाया। चाहता हूँ, इन अंशों का संग्रह छप जाए। शीर्षक हो : पाँच असफल उपन्यासों का आरम्भ।

अब जब वह तय ही हो गया, तो मरणोपरान्त क्या होना है इसकी हिदायतें देना चाहिए।

पहली बात तो यह है कि मेरी मृत्यु के कारणों की जाँच होनी चाहिए। यह जाँच होनी चाहिए कि क्या मेरा इलाज ठीक हुआ। ऐसा मैं इसलिए चाहता हूँ कि कुछ समय तक अख़बारों में मेरा नाम चलता रहेगा। विवादास्पद मृत्यु यश फैलाती है। मैं मामूली मौत मरना भी नहीं चाहता था। डॉक्टर मुझे माफ़ करें। मैं यशलोलुप हूँ।

मेरे बारे में अख़बारों में क्या छपे, यह मैं ख़ुद तैयार करके रखे जा रहा हूँ। मुझे किसी पर भरोसा नहीं। ये लेख दूसरों के नाम से छापे जाएँ। अपने कई फ़ोटोग्राफ़ मैंने रख छोड़े हैं। ये छापे जाएँ।

मेरी शोकसभा शानदार हो। बैंक में मेरा कुछ रुपया जमा है। इस पैसे से शोकसभा का प्रबन्ध करना चाहिए। हो सका तो मैं कुछ देर छुट्टी लेकर अपनी शोकसभा देखने आऊँगा। अगर कुछ कमी हुई तो आयोजकों के सिरों पर भूत बनकर चढ़ जाऊँगा।

मित्रों से मेरा यह आग्रह है कि जैसे जीवन में उन्होंने मेरा साथ दिया, वैसे ही मौत के बाद दें। मेरा यह मतलब नहीं है कि वे भी जल्दी ही मेरे

पास आ जाएँ। वे जिएँ। मित्रों ने मुझे बहुत बर्दाश्त किया, बहुत सहा, बहुत माफ़ किया। ऐसे मित्र दुर्लभ हैं, पर वे अब मेरे यश को स्थायी बनाने के लिए जो बन सके, करें। मेरे बारे में संस्मरण लिखें, जिनमें मेरी कमज़ोरियों का ज़िक्र न करें। मुझे एक साधु या महामानव बना दें।

मेरी हैसियत होती, तो मैं जीवनकाल में ही अपना अभिनन्दन-ग्रन्थ छपवाकर किसी बड़े आदमी के कर-कमलों से ले लेता। साहित्य में मेरे बुज़ुर्गों ने ऐसा किया है कि अपना अभिनन्दन-ग्रन्थ ख़ुद तैयार करके ग्रहण कर लिया। मैं पैसे से मारा गया। पर मेरे मित्र अब मेरा स्मृति-ग्रन्थ ज़रूर निकालें। इसके लिए वे चन्दा करें और 33 प्रतिशत खा जाएँ। यदि वे चन्दा नहीं खाएँगे तो मेरी आत्मा को पीड़ा होगी। मैंने ख़ुद कई बार चन्दा किया था और कमीशन खाया था। इससे चन्दे की पवित्रता बनी रही।

पंडित नेहरू ने अपनी वसीयत में गंगा की कवित्वमय महिमा गाई थी और लिखा था कि मेरी अस्थियाँ प्रयाग (गंगा) में विसर्जित की जाएँ। मैं गंगा में डर और ठंड के मारे कभी नहीं नहाया। नर्मदा तो मेरे पास ही है। उसमें भी नहीं नहाया। बचपन में मैं नर्मदा में डूबते-डूबते बच गया था। तभी से मुझे पवित्र नदियों से घृणा हो गई। यों भी मैं बहुत कम नहाया। ज़्यादा नहाने से प्रतिभा कम हो जाती है। जिस घर में मैं रहा, उसके पास एक गन्दा नाला है 'ओमती'। यह नाला सारे शहर की गन्दगी और गन्दा पानी लेकर बहता है। बरसात में यह नाला मेरी सीढ़ियों तक आ जाता है और मैला उस पर उतराता है। इसे पार करके सड़क तक जाने में नरक का अनुभव हो जाता है। यह नाला मच्छर भी मुझे सप्लाई करता रहा है। इस नाले से मेरा आत्मिक सम्बन्ध रहा है। मेरी अस्थियाँ इसी नाले में विसर्जित की जाएँ।

मेरा स्मारक ज़रूर बनवाया जाए, पर इसका डिजाइन साधारण नहीं होना चाहिए। ग़ालिब की याद में जो ग़ालिब अकादमी बनी है, उसका बाथरूम भी अगर उसे रहने को मिल जाता तो वह निहाल हो जाता। ऐसा विरोधाभास नहीं होना चाहिए। मैं ज़िन्दगी-भर जिस मकान में रहा, वह बरसात में इतना टपकता था कि सोने के लिए कोना ढूँढ़ना पड़ता था। मेरा स्मारक भी ऐसा ही बने। उसकी छत ऐसी हो कि बरसात में पानी भीतर आए। उसकी कभी पुताई और मरम्मत न की जाए। इस स्मारक

के अहाते में बबूल के झाड़ लगाए जाएँ। रातरानी वग़ैरह के पौधे लगाए गए तो मेरी आत्मा को शान्ति नहीं मिलेगी। मैंने ज़िन्दगी-भर बबूल और भटकटैया पसन्द की थी।

मेरी कोई सन्तान नहीं है, क्योंकि उनकी माँ ही नहीं थी। कहीं कोई बेटा-बेटी हो तो मैं उनका उल्लेख करके पतिव्रताओं को संकट में नहीं डालना चाहता। मेरे वारिस मेरे भानजे-भानजी होंगे। इनमें रॉयल्टी को लेकर झगड़ा न हो, इसलिए मेरे मरने के बाद मेरी पुस्तकें कभी न छापी जाएँ। मैं नहीं चाहता कि ऐसा कुत्सित, ध्वंसकारी, नकारात्मक साहित्य लोग पढ़ें और बिगड़ें। मेरा यश मेरे लिखे हुए से बना नहीं रहेगा। इसलिए जिससे मेरा यश बना रहे वह रहस्य खोल रहा हूँ। यह रहस्य मैंने अभी तक नहीं खोला। पर अब मरते वक़्त झूठ नहीं बोलूँगा। लोग इस पर विश्वास करें। वह रहस्य है...

मोहन राकेश और फणीश्वरनाथ रेणु के नाम से मैं ही लिखता था। ये दोनों उपनाम थे।

और क्या कहूँ। कुछ लोग मेरे लिए रोने के 'मूड' में होंगे। वे आँसू बरबाद न करें। किसी और के लिए बचा रखें।

ग़ालिबे-ख़स्ता के बग़ैर कौन-से काम बन्द हैं,
रोइए जार-जार क्यों, कीजिए हाय-हाय क्यों।

प्राइवेट कॉलेज का घोषणा-पत्र

[एक 'पार्टी' कॉलेज की स्थापना कर रही है। उसका एक घोषणा-पत्र तो अख़बारों में छप चुका है। पर हिसाब की तरह, उस पार्टी ने घोषणा-पत्र भी दो बनाए थे। दूसरा, 'प्राइवेट घोषणा-पत्र' सच्चे हिसाब की बही में दबा हुआ था। उसकी नकल यहाँ दे रहा हूँ।—लेखक]

॥ श्री लक्ष्मीजी सदा सहाय॥

हम फ़र्म बाबूलाल छोटेलाल के वर्तमान मालिक अपनी प्रसिद्ध फ़र्म की एक नई शाखा खोल रहे हैं।

इस शाखा का नाम 'गोबरधनदास कॉलेज' होगा।

जैसा कि विश्व-विदित है, गोबरधनदास हमारे पूज्य पिता थे। वे अब इस असार-संसार में नहीं हैं, जिससे हमारी फ़र्म के सिवाय बाक़ी सब निस्सार हैं।

हम जानते हैं कि शिक्षा के धन्धे में उतना फ़ायदा नहीं है, जितना सीमेंट या चीनी के धन्धे में। इसलिए शिक्षा की एक दुकान खोलना, व्यापारी भाई हमारी बेवक़ूफ़ी ही समझेंगे। वे कहेंगे कि कॉलेज क्यों खोलते हो? उसी पैसे से चीनी का स्टॉक क्यों नहीं भर लेते?

उनका कहना भी ठीक है। पर हम थोड़ी दार्शनिक भावना भी रखते हैं। नर-देह चौरासी कोटि योनियों के बाद मिलती है—ऐसा कथा में भी आता है। इसलिए जीवन में स्वार्थ और परमार्थ दोनों साधने चाहिए। परमार्थ क्या है? कोई ऐसा काम करना, जिससे लोग हमें दानी, त्यागी और समाज-सेवक समझें। इससे यश बढ़ता है। यश ही परमार्थ है। हमें एक काम ऐसा ज़रूर करना चाहिए, जिससे नाम अमर रहे।

हमारे दिवंगत पिताजी की अमर होने की बड़ी लालसा थी। पर वे अपने जीवन-काल में इसका प्रबन्ध नहीं कर सके, क्योंकि वे फ़र्म के काम में हमेशा व्यस्त रहे। यह भार अब हमारे सिर पर है। हम पिताजी को अमर करना चाहते हैं। पहले हम हर गर्मी में प्याऊ खुलवा देते थे। लोग स्टेशन के पास के चौराहे की 'श्री गोबरधनदास प्याऊ' को भूले न होंगे। पर हमने देखा कि प्याऊ से स्वर्गीय पिताजी का नाम सिर्फ़ गर्मी के महीनों में ही जीवित रहता है। बाक़ी दस महीने वे भुला दिये जाते हैं। जो गर्मी में रोज़ हमारी प्याऊ का पानी पीकर ज़िन्दा रहते हैं, वे भी सर्दियों में याद नहीं रखते कि वैशाख में हमारे पिताजी ने उन पर अहसान किया था। लोग बड़े कृतघ्न हैं।

प्याऊ से पिताजी बारहों महीने और सैकड़ों साल अमर नहीं रह सकते, यद्यपि इसमें ख़र्च कम बैठता है। पर किफ़ायत से कहीं अमरता मिली है! हमने सोचा कि उनके नाम से एक धर्मशाला बनवा दें। जब

तक इमारत रहेगी, तब तक तो उनका नाम रहेगा ही। अगर कालान्तर में ज़मीन में समा गई, तो भविष्य के पुरातत्त्ववेत्ता उसे खोद निकालेंगे और पिताजी का नाम हमेशा के लिए इतिहास में चला जाएगा। पर कुछ सयानों ने समझाया कि समाजवाद का बड़ा हल्ला हो रहा है। आगे ज़माना ख़राब आ रहा है। अगर समाजवाद हो गया, तो कोई दीन-दुखी या भिखारी नहीं रहेगा। तब तुम्हारी धर्मशाला में ठहरेगा कौन? और कौन तुम्हारे पिताजी का नाम-स्मरण करेगा?

आख़िर बहुत सोच-विचार के बाद हमने कॉलेज खोलने का निश्चय किया है।

कॉलेज खोलने से हमारे परिवार पर लगा एक कलंक भी मिट जाएगा। हमारे पूज्य पिताजी पढ़े-लिखे नहीं थे। यह बड़े शर्म की बात है कि जिसने इस फ़र्म का इतना विकास किया, वह बेपढ़ा था। पर जब आगामी पीढ़ियाँ उनके नाम का कॉलेज देखेंगी, तो यही समझेंगी कि गोबरधनदास बीसवीं शताब्दी के कोई महान विद्वान या शिक्षाशास्त्री रहे होंगे। तभी तो उनके नाम से लोगों ने कॉलेज खोला था। यह लाभ धर्मशाला या अनाथालय से नहीं मिल सकता था।

इस कॉलेज की स्थापना के लिए हमने एक लाख रुपये का दान किया है। यह रहस्य कम लोग ही समझेंगे कि वास्तव में हमारी गाँठ से चालीस हज़ार ही गए हैं। साठ हज़ार तो इनकम-टैक्स के यों भी जाते। चालीस हज़ार में एक लाख के दान का श्रेय ख़रीद लेना, हमारे पिताजी की स्मृति के अनुकूल ही हुआ।

हम दूसरे व्यापारी भाइयों के पास गए और उनसे कहा कि हमारे पिताजी को अमर बनाने के कार्य में आप लोग भी मदद दें। उन्होंने भी सहर्ष पैसा दिया, क्योंकि आज हमारे पिता का काम अटका है, तो कल उनके बाप का अटक सकता है।

इस तरह तीन लाख रुपये इकट्ठे करके हम शिक्षामंत्री के पास गए। शिक्षामंत्री के प्रपितामह हमारे प्रपितामह की दुकान पर मुनीम थे। जब वे इस सम्बन्ध को भूलने लगते हैं, तब हम उन्हें याद दिला देते हैं। पिछले चुनाव में हमने अपनी जाति के सब वोट शिक्षामंत्री को दिला

दिये थे। हमने उनके सामने पिताजी को अमर बनाने की योजना रखकर कहा कि इसमें कुछ रुपये घटते हैं। शिक्षामंत्री ने कहा कि वे तो मेरे भी पिता-तुल्य थे। मुझे फिर उसी क्षेत्र से चुनाव लड़ना है, इसलिए उनका आशीर्वाद चाहिए। मैं तो ख़ुद उन्हें अमर करने की कोशिश में था और उनके नाम से एक विश्वविद्यालय खोलने का इरादा कर रहा था। आप अगर एक कॉलेज से ही सन्तुष्ट होते हैं, तो मैं सरकार की तरफ़ से आठ-दस लाख रुपये उनकी स्मृति में दे दूँगा और उनका यह स्मारक बनवा दूँगा।

इस तरह सिर्फ़ चालीस हज़ार की पूँजी लगाकर दस-बारह लाख की संस्था पर पूज्य पिताजी क़ब्ज़ा कर लेंगे। उनकी देह नष्ट हो गई है, पर जैसा गीता में कहा है, आत्मा नहीं मरती। उनकी आत्मा अभी भी उसी व्यावसायिक कुशलता से कार्य कर रही है।

संस्था का काम व्यवस्थित ढंग से चलना चाहिए। हम इसे एक आदर्श संस्था बनाना चाहते हैं। इस उद्देश्य से हमने इसके संचालन के लिए कुछ सिद्धान्त और नियम बना लिये हैं, जिनका पालन आवश्यक है। नीचे हम इन्हें दे रहे हैं—

1. कॉलेज की इमारत बनाने का ठेका हमारे फूफा जी को ही दिया जाएगा। पिताजी की स्मृति के प्रति ईमानदार होने के लिए यह ज़रूरी है। उन्होंने शिव-मन्दिर चन्दे से बनवाया था, जिसका ठेका फूफा जी को ही दिया गया था।
2. यदि सरकार इमारत के निर्माण में हस्तक्षेप करे और इसका ठेका शिक्षामंत्री के साले को दे, तो भी चूना-सीमेंट की सप्लाई हमसे करवानी होगी।
3. जब यह इमारत बन रही हो, तब यदि हमारा भी कोई मकान निर्माण के पथ पर हो, तो उसके सामान का उपयोग इसमें से हो सकता है, क्योंकि फ़र्म एक ही है।
4. जब तक हमारे मामा जी की स्टेशनरी की दुकान है, तब तक कॉलेज के लिए सारी स्टेशनरी उनकी दुकान से ख़रीदनी

पड़ेगी। पिताजी मामा जी को बहुत चाहते थे और उन्होंने ही यह दुकान खुलवा दी थी। यदि किसी दूसरी दुकान से स्टेशनरी ख़रीदी गई, तो पिताजी की आत्मा को क्लेश होगा।

5. बगीचे में आम, पपीता, कटहल आदि के वृक्ष लगाए जाएँगे और इनके फल हमारे घर भेजे जाएँगे। यह ज़िम्मेदारी प्रिंसिपल की होगी। इसमें भूल होने पर प्रिंसिपल के विरुद्ध अनुशासन-भंग की कार्यवाही की जाएगी।
6. हमारे ख़ानदान में जब भी शादी होगी, कॉलेज की इमारत ख़ाली करके बारात ठहराने के लिए देनी होगी। बिजली वग़ैरह का ख़र्च कॉलेज के हिसाब में जाएगा।
7. कॉलेज की व्यवस्था-समिति के अध्यक्ष हम होंगे। हमारे बाद हमारा लड़का होगा। यही परम्परा आगे भी चलेगी। हमारे पिता और माता के पक्ष के रिश्तेदार सदस्य होंगे।
8. अन्य सदस्य ऐसे होंगे, जिनका विद्या से बहुत दूर का रिश्ता हो। विद्वान लोग बाल की खाल निकालकर गड़बड़ पैदा करते हैं, क्योंकि यह एक व्यावसायिक प्रतिष्ठान है, इसलिए इसे चलाने में व्यापारी-वर्ग का अधिक हाथ रहेगा।
9. जैसा कि आरम्भ में ही घोषित कर दिया गया है, यह कॉलेज हमारी फ़र्म की एक शाखा है। इसलिए इसके प्रिंसिपल का दर्जा हमारी दुकान के हेड मुनीम के बराबर होगा और प्रोफ़ेसर लोग मुनीम माने जाएँगे।
10. प्रिंसिपल को प्रतिदिन हमें दुकान का 'जैरामजी की' करने आना पड़ेगा। जिस दिन वह न आएगा, उस दिन का वेतन काट लिया जाएगा। अगर वह लगातार पन्द्रह दिनों तक नहीं आया, तो निकाल दिया जाएगा।
11. हर प्रोफ़ेसर को हफ़्ते में कम-से-कम एक बार हमें 'जैरामजी की' करने आना पड़ेगा। जो रोज़ आएगा, उसके प्रिंसिपल बनने के चांस रहेंगे।
12. चपरासी को आधा समय कॉलेज में और आधा समय दुकान

में काम करना होगा। उन्हें एतराज नहीं होना चाहिए, क्योंकि फ़र्म एक ही है।

13. हमारे ख़ानदान के हर लड़के-लड़की की शिक्षा का सारा भार कॉलेज के स्टाफ़ पर रहेगा। उन्हें घर आकर मुफ़्त में पढ़ाना होगा और परीक्षा के पहले पेपर बताने से लेकर बाद में नम्बर बढ़ाने तक का काम उन्हें करना होगा।
14. प्रोफ़ेसर का मुख्य कार्य पढ़ाना नहीं, बल्कि हमारे पास आकर हमारी चापलूसी तथा दूसरे साथियों की चुगली करना होगा। चुगली सुनने के लिए हम आधी रात को भी तैयार रहेंगे।
15. यदि हमारे परिवार में कभी कोई ऐसा नालायक़ लड़का हुआ, जो धन्धा न कर सके, तो उसे प्रोफ़ेसर बनाना होगा।

हम होशोहवास में अपनी मर्ज़ी से ये घोषणाएँ कर रहे हैं।

हम आशा करते हैं कि सब लोग हमारी मदद करेंगे, जिससे यह कॉलेज एक आदर्श संस्था बन सके।

इति। भूल-चूक लेनी-देनी।

अपना चाचा—एशियाई फ्लू

एशियाई चाचा आए हैं। मेरा मतलब एशियाई फ्लू से है। पुरखों ने बीमारियों को माँ-बाप बनाने की प्रथा चला रखी है। चेचक को माता कहते हैं तो फ्लू को चाचा कहना रिश्तेदारी के हिसाब से बिलकुल उचित है। यों एक साहब कह रहे थे, "जो लोग बीमारियों से लड़ने के बजाय उन्हें माँ-बाप बना लें, उनका भला भगवान ही कर सकता है।" बात सही है। आदमी से हमने कभी अपना भला नहीं करवाया। बड़े-बड़े आदमी हो गए हैं, जो हमारा भला करने को उत्सुक थे, मगर कोई बता दे हमने उन्हें अपना भला करने

की छूट दी हो तो। कोई आदमी अगर मना करने से नहीं मानता और हमारा भला करने पर उतारू ही हो जाता है, तो हम उसे गोली भी मार देते हैं।

इस बार एशियाई चाचा पश्चिम का दौरा करके भारत आए हैं। पश्चिमी साम्राज्यवाद पर चाचा ने धावा बोल दिया था। हज़ारों जानें ले लीं। पश्चिमवालो, तुम्हारे पास बम हैं, तो हमारे पास बीमारियाँ हैं। तुम इधर पूर्व में बम बरसाओगे तो हम फ्लू बरसाएँगे। तुम आक्रामक के रूप में कभी प्लेग लाए थे, हम सद्भावना मंडल के साथ फ्लू भेज देते हैं। हम पर तुम्हारा प्लेग का क़र्ज़ चढ़ा था। फ्लू से हमने चुका दिया। ब्याज में कोई छोटी बीमारी अगले साल हम भेज देंगे। हिसाब बराबर। भूल-चूक लेना-देना। ई. एंड ई. ओ.।

यूरोप से चाचा फ्लू भारत आ गए। इधर तो दरवाज़े खुले ही रहते हैं। हर बीमारी का स्वागत है—अतिथि देवोभव। एक विशिष्ट राष्ट्र-उन्माद भाई कह रहा था—हमारी महान मातृभूमि देवभूमि के पास क्या 'स्वकीय' बीमारियों की कमी है जो 'परकीय' बीमारी बुलाती है। गेहूँ भी विदेशी और बीमारी भी विदेशी। मैंने कहा, "शर्मिन्दा मत होओ। हम फ्लू का भारतीयकरण कर लेंगे। दो-तीन साल पहले यही चाचा जापानी फ्लू के नाम से आए थे। बाद में जापान ने इसे एशिया को समर्पित कर दिया। जापान में पूर्व का गौरव बहुत है। अपनी बीमारी पर 'मेड इन एशिया' चिपकाकर दुनिया में फैला देता है। जापान के पास बीमारियाँ अपने से कम हैं। साम्राज्यवाद नाम की बीमारी उसकी क्रॉनिक थी पर वह उससे भी ज़बरदस्त साम्राज्यवादी एंटीबायोटिक से हिरोशिमा में मिट गई थी। लेकिन जो भी बीमारियाँ बची हैं, उनका वह बड़ी उदारता से वितरण करता है। एक हम हैं जिनके पास बीमारियों का स्टॉक पहले से ही अच्छा है और अब तो बीमारियों के कारख़ाने भी खुल गए हैं। पर हम निर्यात नहीं करते। कीचड़ तो निर्यात करने लगे हैं। पिछले साल छत्तीस लाख रुपयों का कीचड़ हमने दूसरे देशों को बेचा। जब यह ख़बर अख़बार में पढ़ी तो देशाभिमान से एक हफ़्ता पागल रहा। अहा, विदेशी भारतीय कीचड़ पर दीवाने हैं। अमृत की वर्षा होने की कथाएँ बचपन से पढ़ रहा हूँ, पर बिका तो कीचड़ बिका। अगर बीमारी का निर्यात करने लगे तो

पंचवर्षीय योजनाओं की सारी विदेशी मुद्रा का इन्तज़ाम हो जाए। व्यापार और उद्योगमंत्री मुझसे ही पूछेंगे कि कौन-सी बीमारी का निर्यात कर दें? मैं इस वक़्त कोई बीमारी सुझा नहीं सकता। पहले मैं बता देता कि 'पाखंड' नाम की क्रॉनिक बीमारी को दुनिया में फैला दो। पर जातियों की बीमारियों के विशेषज्ञ कहते हैं, पाखंड संक्रामक बीमारी नहीं है। इसके 'कीटाणु' उसी जाति के शरीर में रहकर उसी को खोखला करते रहते हैं।

बीमारी नहीं तो नशे तो बाहर गए ही हैं। सुना है, भारतीय गाँजा और चरस पश्चिम में बहुत लोकप्रिय है। नशे के मामले में हम बहुत ऊँचे हैं। कई नशे हैं। धर्म का, जाति का, नस्ल का, अध्यात्म का। दो नशे ख़ास हैं—हीनता का नशा और उच्चता का नशा। हीनता का ऐसा नशा पिछड़े-से-पिछड़े देश में भी नहीं मिलेगा। इस नशे की दो-चार फूँक लेने से ऐसे सामूहिक उद्गार निकलते हैं—हाय, हम बड़े दुखी, बड़े पतित लोग हैं। हाय, हम पर हमेशा अत्याचार होते हैं। हम इतने भले लोग हैं, पर हाय, हम पर ज़ुल्म होते हैं। हम बड़े पिछड़े हुए लोग हैं। इस नशे का कमाल यह है कि इसकी पिनक में यह बात अच्छी लगती है कि हम मारे जाते हैं। कोई कहे कि तुमने भी मारा, तो बुरा लगता है। उच्चता का नशा चढ़ने पर हम बड़बड़ाते हैं—भारत विश्व का गुरु है। सारा ज्ञान-विज्ञान हमारे पुरखे प्राप्त कर चुके। अब आगे कुछ है ही नहीं। हीनता और उच्चता के ये नशे बारी-बारी से चढ़े रहते हैं। हमारा नशा कभी उतरा ही नहीं।

डॉक्टर कहते हैं—साहब, यह 'वाइरस इन्फेक्शन' है। वाइरस प्रकृति बदलता रहता है। इस साल एक तरह का वाइरस है तो अगले साल दूसरे तरह का। मैं समझ गया—वाइरस स्वतंत्रता के बाद बुद्धिजीवी की तरह है। डॉक्टर कहता है—वाइरस का इसलिए कोई स्थायी इलाज नहीं खोज सकते। सही है। बुद्धिजीवी का भी कोई स्थायी इलाज नहीं है।

तो फिर फ्लू का इलाज क्यों करते हैं? डॉक्टर कहता है—बस, सिम्पटम, यानी लक्षण का इलाज करते हैं। सिम्पटम का इलाज सुविधा की बात है। रोग की जड़ पकड़ सकने में और उसे नष्ट करने में जब असमर्थ हो, तो सिम्पटम का इलाज तो करना ही चाहिए। छात्र-आन्दोलन हो, तो विश्वविद्यालय बन्द कर दो। खाद्य के लिए आन्दोलन हो, तो दफ़ा 144

लगा दो। दंगा हो तो राष्ट्रीय एकता परिषद की मीटिंग बुला लो। लक्षणों का इलाज ही तो चल रहा है, बीमारी का निदान करने की ज़रूरत नहीं।

एक 'ब्राड स्पेक्ट्रम एंटीबायटिक' कहलाता है। इस बात की झंझट बिना उठाए कि बीमारी क्या है, डॉक्टर इसे मरीज़ को खिलाते जाते हैं। यह कई तरह के इन्फेक्शन मार देता है। इसमें बड़ा सुभीता यह है कि डॉक्टर को यह पता ही नहीं है कि बीमारी क्या है, पर इलाज बराबर होता जाता है। कई ब्राड स्पेक्ट्रम एंटीबायोटिक्स हैं—प्रस्ताव है, परिषद है, आश्वासन है, न्यायिक जाँच है, कमीशन है—ये सब फेल हो जाएँ तो भारतीय दंड-संहिता है। लोग कहते हैं—तो विशेषज्ञ को क्यों नहीं दिखाते? विशेषज्ञ 'राजनाम' की बराबरी का होता है। पुरखों का विश्वास था, अन्त समय 'राजनाम' से मुक्ति मिलती है। अब विशेषज्ञ से मुक्ति मिलती है—यानी मरने के पहले विशेषज्ञ बतला दे कि इस बीमारी से मरे, तो जीवन-मरण के बन्धन से मुक्ति मिल गई। मगर विशेषज्ञ भी एकदम कहाँ होता है। पिछली बार जब मैं बीमार पड़ा था, तो चार-पाँच हितचिन्तक चार-पाँच विशेषज्ञ ले आए थे और हर हितचिन्तक यह चाहता था कि उसी के डॉक्टर से मैं अच्छा हो जाऊँ। मैं बड़े संकोच में पड़ा। इसके डॉक्टर से अच्छा हो गया तो वह बुरा मान जाएगा। एक हितचिन्तक से मुझे रुपये उधार लेने थे। उसे मैं नाराज़ नहीं करना चाहता था। लिहाज़ा मैंने उसी के डॉक्टर से दवा ली। रुपया उधार तो मुझे मिल गया पर बीमारी ज़रा लम्बी हो गई। कोई हर्ज़ नहीं। यह देश भी तो शुभचिन्तकों के डॉक्टर की दवाइयाँ खा रहा है। संकोच के कारण न डॉक्टर बदल सकता, न दवा।

आसपास के लोग फ्लू से कराह रहे हैं। कराहने का भी अलग-अलग अन्दाज़ होता है। किसी की कराह क्षमा-याचना जैसी होती है, किसी की कराह हुंकार-जैसी। जैसे बर्मा कराहता है, वैसे कांगो नहीं। वियतनाम की कराह तो बिलकुल अलग ढंग की है। कराहते सब हैं, मगर कराहने की आदत नहीं पड़नी चाहिए, जैसी हमारी पड़ गई। इस्पात का उत्पादन बढ़ जाए तो भी कराहेंगे और सूखा पड़ जाएगा तो भी कराहेंगे।

एशियाई चाचा ने दुनिया-भर को कराह दी। मेरा एशियाई गर्व फटा पड़ रहा है। बीमारियाँ मुफ़्त बाँटने के लिए अपने पास बहुत हैं। धर्मार्थ

औषधालय या ख़ैराती दवाख़ाना है, तो धर्मार्थ रोग-वितरण केन्द्र भी है। नये रोगों का उत्पादन करके इधर भेज रहा है। कोई बात नहीं। एक चीनी पीला बुख़ार हमने फेंक दिया है, तो यह हाल है कि चीन और अमेरिका के राजदूत पिछले दस सालों से रोज़ जिनेवा में मिलकर उसका इलाज ढूँढ़ रहे हैं।

'वो ज़रा वाइफ़ हैं न'

अच्छा भोजन करने के बाद मैं अक्सर मानवतावादी हो जाता हूँ। अपना पेट भरकर मानवतावादी होने में सुभीता भी है। दूसरे के घर भोजन करने के बाद तो बड़े ऊँचे और पवित्र विचार मेरे मन में आते हैं : कुछ लोग भूखे होते हैं, तब ऊँचा चिन्तन होता है। तपस्वी को पेट भरने पर बदमाशी सूझती थी और ख़ाली पेट दर्शन। मेरी प्रकृति तपस्वियों से बिलकुल मेल नहीं खाती। भूखा होता हूँ, तब चाट की दुकान से आगे चिन्तन बढ़ता ही नहीं। ख़ैर, इतना निश्चित है कि विचार पेट से ही पैदा होते हैं—वह भरा हो, चाहे ख़ाली। मुख्य बात है अपने पेट को पहचानना। वरना भूल हो सकती है। मेरे एक गांधीवादी मित्र कांग्रेस की शुद्धि के लिए साल में एक-दो बार उपवास कर डालते थे। हर उपवास के बाद कांग्रेस की हालत और बिगड़ती जाती। वे ग़ुस्से में अगली बार 10 की जगह 15 दिनों का उपवास कर डालते। कांग्रेस की हालत ड्योढ़ी ख़राब हो जाती। मेरे समझाने से उन्होंने यह सिलसिला बन्द कर दिया, तो इधर कांग्रेस की हालत कुछ सुधरी है। मैंने उनसे कहा कि उपवास से सुधार का ज़माना गया, अब खाने से सुधार होता है। एक महीने किसी दूसरे का खाकर देखो कि संस्था में कैसी वृद्धि होती है। उन्होंने कहा, "यानी हरामखोरी से अब तरक़्क़ी होती है?" मैंने कहा, "शब्दों के प्रयोग के बारे में बहुत

सावधान हूँ। उपवास का कोई ठिकाना नहीं। क्या पता सोमवार की शाम को उपवास रखकर सारा देश अच्छा सोचता है, या बुरा। सवेरे सामने की झोंपड़ी की एक स्त्री लड़के को इसलिए मार रही थी कि वह रोटी माँग रहा था। लड़के ने विचार किया कि भूख में ज़्यादा कष्ट है या मार में। उसने तय किया कि मार में ज़्यादा कष्ट है। वह भूख को लेकर माँ को गाली देता हुआ भाग गया। मैंने इन लोगों में सोमवार के उपवास की अपील का प्रचार करने का इरादा किया था। अब मुझे उस लड़के से डर लगता है। वह बुरी गाली देता है।"

मगर मैं यह बताना भूल ही जा रहा हूँ कि कैसे अच्छे विचार मेरे मन में आ रहे थे। मेरे एक दोस्त की शादी की दावत थी। मैंने उसे बधाई दी—शाबाश, तुमने वह कर दिखाया, जो हमसे नहीं बना। फिर वहीं भोजन हुआ। आजकल किसी के घर भोजन करने में वही सुख मिलता है, जो अनाज की 'स्मगलिंग' में। खिलानेवाले को भी लगता है कि मेरे घर में सरासर चोरी हो रही है। खाकर लौटा और लेट गया। मन में महीनों से रुके ऊँचे विचार उमड़ने लगे। सोचा, दुनिया का भला मैं किस तरह कर दूँ। चाहता हूँ, सब सुखी रहें। सारे पति-पत्नी सुखी रहें। परस्पर विश्वास अटल रहे। किसी के तीन से ज़्यादा बच्चे न हों।

इन्हीं ऊँचे संकल्पों में डूबा था कि एक शरीफ़ आदमी आ गए। जो लेखक नौकरी नहीं करता, वह ऐसी गाय होता है, जिसे कोई भी पकड़कर दुह सकता है। मैं समझ गया कि इन सज्जन को चाय के लिए दूध की ज़रूरत पड़ गई है, इसलिए स्तन झँझोड़ने आए हैं। उनके हाथ में एक पाठ्य-पुस्तक थी। कहने लगे, "थोड़ी-सी तकलीफ़ दूँगा। इसमें से कबीरदास के पदों का अर्थ समझा दीजिए।"

मैंने कहा, "आप क्या किसी इम्तहान में बैठ रहे हैं?"

वे बोले, "जी नहीं, 'वाइफ़' बैठ रही हैं।"

मैंने कहा, "लेकिन अर्थ तो आप समझ रहे हैं।"

उन्होंने कहा, "मैं समझ लूँगा। फिर उन्हें समझा दूँगा।"

मैंने कहा, "वे ही क्यों नहीं समझ लेतीं?"

वे चुप हो गए। मैंने सोचा, "यह या तो मुझे लम्पट समझता है या अपनी पत्नी को कुलटा। इसे डर है कि कबीर समझाते-समझाते मैं विद्यापति न समझाने लगूँ।"

मैंने कहा, "देखिए, आप साहित्य के विद्यार्थी कभी रहे नहीं। मैं जो समझाऊँगा उसका 50 प्रतिशत आपके पास रह सकेगा। उसमें से 25 प्रतिशत अपनी पत्नी को आप दे पाएँगे। मगर पास होने के लिए 33 प्रतिशत चाहिए। यानी आपके अर्थ समझने से तो वे फेल हो जाएँगी।"

उन्होंने सोचा। फिर कहा, "आप ठीक कहते हैं। उन्हें ही समझना चाहिए।"

कबीर पर तो वे राज़ी हो गए। मैंने धीरे से कहा, "इसमें विद्यापति भी तो है।"

वे सावधान थे। तपाक से बोले, "उसे जाने दीजिए। वह तो अश्लील है।"

मैं समझ गया। मन में कहा, "तू क्या कबीर को भला आदमी समझता है? अरे, कबीर अगर ढंग से कोई समझ ले, तो विद्यापति से ज़्यादा ख़तरनाक हो सकता है। 'मन फूला फूला फिरै जगत में कैसा नाता रे'—अगर ठीक से पत्नी समझ ले, तो तेरी गृहस्थी ही टूट जाए।"

एक आचार्य हमें हिन्दी काव्य पढ़ाते थे। उन्हें भी अश्लील का बहुत डर था। जहाँ भी सुन्दर काव्य-पंक्तियाँ आ जातीं, वे मुँह बनाकर कहते, "छोड़ दो। अश्लील हैं।" वे लड़कियों को अलग से वह अंश समझाने के लिए तत्पर रहते थे। कुछ लोगों के लिए हर सुन्दरता अश्लीलता है। जो कुरूप है, वही उनके लिए पवित्र है। कुरूपता के सिवाय पवित्रता की कल्पना उन्हें होती ही नहीं है।

मुझे एक घटना और याद आ रही है। तब हम 'वसुधा' निकालते थे। एक दिन एक सज्जन कुछ कविताएँ लेकर आए। मुझे दिखाईं। मैंने पूछा, "आपने लिखी हैं?"

वे बोले, "नहीं, 'वाइफ़' ने लिखी हैं। ज़रा देख लीजिए।"

मैंने देख लीं। कहा, "ठीक है।"

वे बोले, "तो पत्रिका में छाप दीजिए।"

मैंने कहा, "छापी नहीं जा सकतीं।"

उन्होंने पूछा, "क्यों?"

मैंने कहा, "कमज़ोर हैं।"

वे बोले, "तो जो ख़राबी है, मुझे बता दीजिए। जो सुधार आप बताएँगे, मैं उन्हें बता दूँगा। वे सुधार कर लेंगी।"

मैंने कहा, "यह कविता है। गणित नहीं है कि मैं सवाल हल करने की रीति बता दूँ और उत्तर निकाल दूँ और आप समझ लें। इसे तो जो लिखता है वही समझ सकता है।"

वे फिर आग्रह करने लगे।

मैंने कहा, "मैं उन्हीं को बता दूँगा।"

वे परेशान हुए। बोले, "वे कैसे आएँगी?"

मैंने पूछा, "क्यों?"

उनका जवाब था, "बात यह है कि वो ज़रा वाइफ़ हैं न!"

चकराने की मेरी बारी थी। 'वो ज़रा वाइफ़ हैं न!' सोचा, इसकी पत्नी बीमार होती होगी और डॉक्टर आता होगा, तो यह स्टेथेस्कोप अपने सीने में लगवाता होगा। डॉक्टर कहता होगा—मगर बीमार तो वे हैं। यह कहता होगा—हाँ, लेकिन मेरी ही जाँच कर लीजिए। वो ज़रा वाइफ़ हैं न! डॉक्टर कहता होगा—उनकी जीभ भी देखनी है। यह जीभ निकाल देता होगा—मेरी जीभ ही देख लीजिए। वो ज़रा वाइफ़ हैं न!

मैंने उनसे कहा, "देखो भाई, ये कविताएँ ले जाओ। पतिव्रताओं को इन झंझटों में नहीं पड़ना चाहिए।"

आदमी सचमुच मुश्किल में पड़ गया है। दरवाज़े खुल गए हैं। सामने बहुत से रास्ते दिखने लगे हैं। इन पर बढ़ने की महत्त्वाकांक्षाएँ जाग उठी हैं। मगर इन पर बढ़ें कैसे? यह कठिन सवाल है। स्त्री को आगे बढ़ानेवाले कुछ अति उत्साही लोगों से मेरा परिचय है। इन सबकी परेशानी मैं समझता हूँ और सहानुभूति भी रखता हूँ। आगे बढ़ी हुई स्त्री का पति कहलाने का गौरव बहुत स्वस्थ और जायज़ है। मगर वह बढ़े कैसे? कुछ लोग उसकी आँखों पर पट्टी बाँधकर, उसे पीठ पर लादकर आगे ले जाकर रख देना चाहते हैं। जब पट्टी खुले तो वह कहे—अहा, हम तो इतने आगे बढ़ गए। वैसे यह तरीक़ा कोई बुरा नहीं है। सिर्फ़ यही कि आदमी ज़िन्दगी-भर कुली का काम करता है।

जानता हूँ, ऐसी बातें करना नाराज़गी पैदा करना है। पिछले दिनों वे लोग नाराज़ हो गए थे। एक सांस्कृतिक संस्था का वार्षिकोत्सव था। उसमें गया था। संगीत, नाटक हुआ। बाद में संस्था के लोगों के साथ चाय पीते वक़्त मैंने पूछा, "साल में कितने नाटक खेल लेते हैं?" वे बोले, "ज़्यादा नहीं हो पाते। बात यह है कि पार्ट करने के लिए स्त्रियाँ मिलने में बड़ी कठिनाई होती है।" मैंने कहा, आप अपनी पत्नी को स्टेज पर ले आइए न! आप लोगों की पत्नियाँ अगर नाटक में काम करने लगें, तो दूसरी भी आ जाएँगी। आपमें से किनकी पत्नी स्टेज पर आती हैं?" "किसी की नहीं।" मैंने कहा, "हमारी मुश्किल यह है कि हम हमेशा दूसरे की बीवी की खोज करते हैं। दूसरे की स्टेज पर आ जाए; अपनी न आए। दूसरे की नहीं आती, तो कहते हैं कि बड़े पिछड़े हुए लोग हैं। हम पिछड़े हुए नहीं हैं, जिन्होंने उसका मुरब्बा बनाकर घर में रख छोड़ा है।"

वे लोग नाराज़ हुए। यों ऊपर से कहा कि आप बिलकुल ठीक कहते हैं। मगर आँखों से वे वही कह रहे थे—वह कैसे आएँगी? वो ज़रा 'वाइफ़' हैं न!

बात कहाँ तक चली गई और अब सिमट नहीं रही है। सारा दोष उस कबीर के पद समझनेवाले का है। मैं तो भोजन करके सीधे और भले विचारों में डूबा था। उसने आकर मन को बहका दिया। मुझे इन सब उलझनों से क्या मतलब! और फिर इन्हें समझना क्या आसान है? जैनेन्द्र कुमार ने इन मामलों को समझने में ज़िन्दगी गुज़ार दी, फिर भी नहीं समझ सके। मेरी क्या बिसात!

वैष्णव की फिसलन

वैष्णव करोड़पति है। भगवान विष्णु का मन्दिर। जायदाद लगी है। भगवान सूदखोरी करते हैं। ब्याज से क़र्ज़ देते हैं। वैष्णव दो घंटे भगवान विष्णु

की पूजा करते हैं, फिर गादी-तकियेवाली बैठक में आकर धर्म को धन्धे से जोड़ते हैं। धर्म धन्धे से जुड़ जाए, इसी को 'योग' कहते हैं। क़र्ज़ लेनेवाले आते हैं। विष्णु भगवान के वे मुनीम हो जाते हैं। क़र्ज़ लेनेवाले से दस्तावेज़ लिखवाते हैं—

'दस्तावेज़ लिख दी रामलाल वल्द श्यामलाल ने भगवान विष्णु वल्द नामालूम को ऐसा जो कि—

वैष्णव बहुत दिनों से विष्णु के पिता के नाम की तलाश में है, पर वह मिल नहीं रहा। मिल जाए तो वल्दियत ठीक हो जाए।

वैष्णव के पास नम्बर दो का बहुत पैसा हो गया है। कई एजेंसियाँ ले रखी हैं। स्टाकिस्ट हैं। जब चाहे माल दबाकर 'ब्लैक' करने लगते हैं। मगर दो घंटे विष्णु-पूजा में कभी नागा नहीं करते। सब प्रभु की कृपा से हो रहा है। उनके प्रभु भी शायद दो नम्बरी हैं। एक नम्बरी होते, तो ऐसा नहीं करने देते।

वैष्णव सोचता है—अपार नम्बर दो का पैसा इकट्‌ठा हो गया है। इसका क्या किया जाए? बढ़ता ही जाता है। प्रभु की लीला है। वही आदेश देंगे कि क्या किया जाए।

वैष्णव एक दिन प्रभु की पूजा के बाद हाथ जोड़कर प्रार्थना करने लगा, "प्रभु, आपके ही आशीर्वाद से मेरे पास इतना सारा दो नम्बर का धन इकट्‌ठा हो गया है। अब मैं इसका क्या करूँ? आप ही रास्ता बताइए। मैं इसका क्या करूँ? प्रभु, कष्ट हरो सबका!"

तभी वैष्णव की शुद्ध आत्मा से आवाज़ उठी, "अधम, माया जोड़ी है, तो माया का उपयोग भी सीख! तू एक बड़ा होटल खोल। आजकल होटल बहुत चल रहे हैं।"

वैष्णव ने प्रभु का आदेश मानकर एक विशाल होटल बनवाया। बहुत अच्छे कमरे। ख़ूबसूरत बाथरूम। नीचे लांड्री। नाई की दुकान। टैक्सियाँ। बाहर बढ़िया लॉन। ऊपर टेरेस गार्डन।

और वैष्णव ने ख़ूब विज्ञापन करवाया।

कमरे का किराया तीस रुपया रखा।

फिर वैष्णव के सामने धर्म-संकट आया। भोजन कैसा होगा? उसने

सलाहकारों से कहा, "मैं वैष्णव हूँ। शुद्ध शाकाहारी भोजन कराऊँगा। शुद्ध घी की सब्ज़ी, फल, दाल, रायता, पापड़ वग़ैरह।"

बड़े होटल का नाम सुनकर बड़े लोग आने लगे। बड़ी-बड़ी कम्पनियों के एक्जीक्यूटिव, बड़े अफ़सर और बड़े सेठ।

वैष्णव सन्तुष्ट हुआ।

पर फिर वैष्णव ने देखा कि होटल में ठहरनेवाले कुछ असन्तुष्ट हैं।

एक दिन एक कम्पनी का एक्जीक्यूटिव बड़े तैश में वैष्णव के पास आया। कहने लगा, "इतने महँगे होटल में हम क्या यह घास-पत्ती खाने के लिए ठहरते हैं? यहाँ 'नानवेज' का इन्तज़ाम क्यों नहीं है?"

वैष्णव ने जवाब दिया, "मैं वैष्णव हूँ। मैं गोश्त का इन्तज़ाम अपने होटल में कैसे कर सकता हूँ?"

उस आदमी ने कहा, "वैष्णव हो, तो ढाबा खोलो। आधुनिक होटल क्यों खोलते हो? तुम्हारे यहाँ आगे कोई नहीं ठहरेगा।"

वैष्णव ने कहा, "यह धर्म-संकट की बात है। मैं प्रभु से पूछूँगा।"

उस आदमी ने कहा, "हम भी बिज़नेस में हैं। हम कोई धर्मात्मा नहीं हैं—न आप, न मैं।"

वैष्णव ने कहा, "पर मुझे तो यह सब प्रभु विष्णु ने दिया है। मैं वैष्णव धर्म के प्रतिकूल कैसे जा सकता हूँ? मैं प्रभु के सामने नतमस्तक होकर उनका आदेश लूँगा।"

दूसरे दिन वैष्णव साष्टांग विष्णु के सामने लेट गया। कहने लगा, "प्रभु, यह होटल बैठ जाएगा। ठहरनेवाले कहते हैं कि हमें यहाँ बहुत तकलीफ़ होती है। मैंने तो प्रभु, वैष्णव भोजन का प्रबन्ध किया है। पर वे मांस माँगते हैं। अब मैं क्या करूँ?"

वैष्णव की शुद्ध आत्मा से आवाज़ आई, "मूर्ख, गांधीजी से बड़ा वैष्णव इस युग में कौन हुआ है? गांधी का भजन है—'वैष्णव जन तो तेण कहिए, जे पीर परायी जाणे रे।' तू इन होटल में रहनेवालों की पीर क्यों नहीं जानता? उन्हें इच्छानुसार खाना नहीं मिलता। इनकी पीर तू समझ और उस पीर को दूर कर।"

वैष्णव समझ गया।

उसने जल्दी ही गोश्त, मुर्गा, मछली का इन्तज़ाम करवा दिया।

होटल के ग्राहक बढ़ने लगे।

मगर एक दिन फिर वही एक्जीक्यूटिव आया।

कहने लगा, "हाँ, अब ठीक है। मांसाहार अच्छा मिलने लगा। पर एक बात है।"

वैष्णव ने पूछा, "क्या?"

उसने जवाब दिया, "गोश्त के पचने की दवाई भी तो चाहिए।"

वैष्णव ने कहा, "लवणभास्कर चूर्ण का इन्तज़ाम करवा दूँ?"

एक्जीक्यूटिव ने माथा ठोंका।

कहने लगा, "आप कुछ नहीं समझते। मेरा मतलब है—शराब। यहाँ बार खोलिए।"

वैष्णव सन्न रह गया। शराब यहाँ कैसे पी जाएगी? मैं प्रभु के चरणामृत का प्रबन्ध तो कर सकता हूँ। पर मदिरा! हे राम!

दूसरे दिन वैष्णव ने फिर प्रभु से कहा, "प्रभु, वे लोग मदिरा माँगते हैं। मैं आपका भक्त, मदिरा कैसे पिला सकता हूँ?"

वैष्णव की पवित्र आत्मा से आवाज़ आई, 'मूर्ख, तू क्या होटल बिठाना चाहता है? देवता सोमरस पीते थे। वही सोमरस यह मदिरा है। इसमें तेरा वैष्णव-धर्म कहाँ भंग होता है। सामवेद में 63 श्लोक सोमरस अर्थात मदिरा की स्तुति में हैं। तुझे धर्म की समझ है या नहीं?'

वैष्णव समझ गया।

उसने होटल में 'बार' खोल दिया।

अब होटल ठाठ से चलने लगा। वैष्णव ख़ुश था।

फिर एक दिन एक आदमी आया। कहने लगा, "अब होटल ठीक है। शराब भी है। गोश्त भी है। मगर मरा हुआ गोश्त है। हमें ज़िन्दा गोश्त भी चाहिए।"

वैष्णव ने पूछा, "यह ज़िन्दा गोश्त कैसा होता है?"

उसने कहा, "कैबरे, जिसमें औरत नंगी होकर नाचती है।"

वैष्णव ने कहा, "अरे, बाप रे!"

उस आदमी से कहा, "इसमें 'अरे बाप रे' की कोई बात नहीं। सब बड़े होटलों में चलता है। यह शुरू कर दो तो कमरों का किराया बढ़ा सकते हो।"

वैष्णव ने कहा, "मैं कट्टर वैष्णव हूँ। मैं प्रभु से पूछूँगा।"

दूसरे दिन फिर वैष्णव प्रभु के चरणों में था। कहने लगा, "प्रभु, वे लोग कहते हैं कि होटल में नाच भी होना चाहिए। आधा नंगा या पूरा नंगा।"

वैष्णव की शुद्ध आत्मा से आवाज़ आई, "मूर्ख, कृष्णावतार में मैंने गोपियों को नचाया था! चीरहरण तक किया था। तुझे क्या संकोच है?"

प्रभु की आज्ञा से वैष्णव ने 'कैबरे' भी चालू कर दिया।

अब कमरे भरे रहते थे—शराब, गोश्त और कैबरे।

वैष्णव बहुत ख़ुश था। प्रभु की कृपा से होटल भरा रहता था।

कुछ दिनों बाद एक ग्राहक ने 'बेयरा' से कहा, "इधर कुछ और भी मिलता है?"

बेयरा ने पूछा, "और क्या साब?"

ग्राहक ने कहा, "अरे यही मन बहलाने को कुछ। कोई ऊँचे क़िस्म का माल मिले तो लाओ।"

बेयरा ने कहा, "नहीं साब, इस होटल में यह नहीं चलता।"

ग्राहक वैष्णव के पास गया। बोला, "इस होटल में कौन ठहरेगा? इधर रात को मन बहलाने का कोई इन्तज़ाम नहीं है।"

वैष्णव ने कहा, "कैबरे तो है साहब!"

ग्राहक ने कहा, "कैबरे तो दूर का होता है। बिलकुल पास का चाहिए, गर्म माल, कमरे में।"

वैष्णव फिर धर्म-संकट में पड़ गया।

दूसरे दिन वैष्णव फिर प्रभु की सेवा में गया। प्रार्थना की, "कृपानिधान, ग्राहक लोग नारी माँगते हैं—पाप की खान! मैं तो इस पाप की खान से जहाँ तक बनता है, दूर रहता हूँ। अब मैं क्या करूँ?"

वैष्णव की शुद्ध आत्मा से आवाज़ आई, "मूर्ख, यह तो प्रकृति और पुरुष का संयोग है। यह क्या पाप और क्या पुण्य! चलने दे।"

वैष्णव ने बेयरों से कहा, "चुपचाप इन्तज़ाम कर दिया करो। ज़रा पुलिस से बचकर। 25 फीसदी भगवान की भेंट ले लिया करो।"

अब वैष्णव का होटल ख़ूब चलने लगा।
शराब, गोश्त, कैबरे और औरत।
वैष्णव धर्म बराबर निभ रहा है।
इधर यह भी चल रहा है।
वैष्णव ने धर्म को धन्धे से ख़ूब जोड़ा है।

डिवाइन ल्यूनेटिक मिशन

[यानी आध्यात्मिक पागलों का मिशन]

भारत के सामने अब एक बड़ा सवाल है—अमेरिका को अब क्या भेजे?

कामशास्त्र वे पढ़ चुके, योगी भी देख चुके। सन्त देख चुके। साधु देख चुके। गाँजा और चरस वहाँ के लड़के पी चुके। भारतीय कोबरा देख लिया। गिरि का सिंह देख लिया। जनपथ पर 'प्राचीन' मूर्तियाँ भी ख़रीद लीं। अध्यात्म का आयात भी अमेरिका काफ़ी कर चुका और बदले में गेहूँ भी दे रहा है। हरे कृष्ण, हरे राम भी बहुत हो गया।

महेश योगी, बाल योगेश्वर, बाल भोगेश्वर आदि के बाद अब क्या हो? मैं देशभक्त आदमी हूँ। मगर मैं अमेरिकी पीढ़ी को भी जानता हूँ। मैं जानता हूँ, वह 'बोर' समाज का आदमी है—यानी बड़ा बोर आदमी। शेयर अपने-आप डॉलर दे जाते हैं। घर में टेलीविज़न है, दारू की बोतलें हैं। शाम को वह दस-पन्द्रह आदमियों से 'हाउ डू यू डू' कर लेता है। पर इससे बोरियत नहीं मिटती। हनोई पर कितनी भी बम-वर्षा अमेरिका करे, उत्तेजना नहीं होती। कुछ चाहिए उसे। उसे भारत से ही चाहिए।

मुझे चिन्ता जितनी बड़ी अमेरिका की है उतनी ही भारतीय भाइयों की। इन्हें भी कुछ चाहिए।

अब हम भारतीय भाई वहाँ डॉलर और यहाँ रुपयों के लिए क्या ले जाएँ? रविशंकर से वे बोर हो चुके। योगी, सन्त वग़ैरह भी काफ़ी हो चुके। अब उन्हें कुछ नया चाहिए—बोरियत ख़त्म करने और उत्तेजना के लिए। डॉलर देने को वे तैयार हैं।

मेरा विनम्र सुझाव है कि इस बार हम भारत से 'डिवाइन ल्यूटेनिक मिशन' ले जाएँ। ऐसा मिशन आज तक नहीं गया। यह नायाब चीज़ होगी—भारत से 'डिवाइन ल्यूनेटिक मिशन' यानी आध्यात्मिक पागलों का मिशन।

मैं जानता हूँ। आम अमेरिकी कहेगा—वी हैव सीन वन। हिज नेम इज कृष्ण मेनन। (हमने एक पागल देखा है। उसका नाम कृष्ण मेनन है।) तब हमारे एजेंट कहेंगे—यह 'डिवाइन' (आध्यात्मिक) नहीं था। और पागल भी नहीं था। इस वक़्त सच्चे आध्यात्मिक पागल भारत से आ रहे हैं।

मैं जानता हूँ, आध्यात्मिक मिशनें 'स्मगलिंग' करती रहती हैं। पर भारत सरकार और आम भारतीयों को यह नहीं मालूम कि लोगों को 'स्वर्ग' में भी स्मगल किया जाता है। यह अध्यात्म के डिपार्टमेंट से होता है। जिस महान् देश भारत में गुजरात के एक गाँव में एक आदमी ने पवित्र जल बाँटकर गाँव उजाड़ दिया, वह क्या अमेरिकी को स्वर्ग में 'स्मगल' नहीं कर सकता?

तस्करी सामान की भी होती है—और आध्यात्मिक तस्करी भी होती है। कोई आदमी दाढ़ी बढ़ाकर एक चेले को लेकर अमेरिका जाए और कहे, "मेरी उम्र एक हज़ार साल है। मैं हज़ार सालों से हिमालय में तपस्या कर रहा था। ईश्वर से मेरी तीन बार बातचीत हो चुकी है।" विश्वासी, पर साथ ही शंकालु अमेरिकी चेले से पूछेगा—क्या तुम्हारे गुरु सच बोलते हैं? क्या इनकी उम्र सचमुच हज़ार साल है? तब चेला कहेगा, "मैं निश्चित नहीं कह सकता, क्योंकि मैं तो इनके साथ सिर्फ़ पाँच सौ सालों से हूँ।"

यानी चेले पाँच सौ सालों के वैसे ही हो गए और अपनी अलग कम्पनी खोल सकते हैं।

तो मैं भी सोचता हूँ कि सब भारतीय माल तो अमेरिका जा चुका—कामशास्त्र, अध्यात्म, योगी, साधु वग़ैरह।

अब एक ही चीज़ हम अमेरिका भेज सकते हैं—वह है भारतीय आध्यात्मिक पागल—इंडियन डिवाइन ल्यूनेटिक। इसलिए मेरा सुझाव है कि 'इंडियन डिवाइन ल्यूनेटिक मिशन' की स्थापना जल्दी ही होनी चाहिए। यों मेरे से बड़े-बड़े लोग इस देश में हैं। पर मैं भी भारत की सेवा के लिए और बड़े अमेरिकी भाई की बोरियत कम करने के लिए कुछ सेवा करना चाहता हूँ। यों मैं जानता हूँ कि हज़ारों सालों से 'हरे राम हरे कृष्ण' का जय करने के बाद भी शक्कर सहकारी दुकान से न मिलकर ब्लैक से मिलती है—तो कुछ दिन इन अमेरिकियों को राम-कृष्ण का भजन करने से क्या मिल जाएगा? फिर भी सम्पन्न और पतनशील समाज के आदमी के अपने शान्ति और राहत के तरीक़े होते हैं—और अगर वे भारत से मिलते हैं, तो भारत का गौरव ही बढ़ता है। यों बर्ट्रेंड रसेल ने कहा है, "अमेरिकी समाज वह समाज है जो बर्बरता से एकदम पतन पर पहुँच गया है—वह सभ्यता की स्टेज से गुज़रा ही नहीं। एक स्टेप गोल कर गया।

मुझे रसेल से भी क्या मतलब? मैं तो नया अन्तरराष्ट्रीय धन्धा चालू करना चाहता हूँ—'डिवाइन ल्यूनेटिक मिशन'। दुनिया के पगले शुद्ध पगले होते हैं—भारत के पगले आध्यात्मिक होते हैं।

मैं 'डिवाइन ल्यूनेटिक मिशन' बनाना चाहता हूँ। इसके सदस्य वही लोग हो सकते हैं, जो पागलख़ाने में न रहे हों। हमें पागलख़ाने के बाहर के पागल चाहिए, यानी वे जो सही पागल का अभिनय कर सकें। योगी का अभिनय करना आसान है। ईश्वर का अभिनय करना भी आसान है। मगर पागल का अभिनय करना बड़ा कठिन है। मैं योग्य लोगों की तलाश में हूँ। दो-एक प्रोफ़ेसर मित्र मेरी नज़र में हैं जिनसे मैं मिशन में शामिल होने की अपील कर रहा हूँ।

मिशन बनेगा और ज़रूर बनेगा। अमेरिका में हमारी एजेंसी प्रचार करेगी—'सी रीयल इंडियन डिवाइन ल्यूनेटिक्स।' (सच्चे भारतीय आध्यात्मिक पागलों को देखो।) हम लोगों के न्यूयार्क हवाई अड्डे पर उतरने की ख़बर अख़बारों में छपेगी। टेलीविज़न तैयार रहेगा।

मिसेज़ राबर्ट, मिसेज़ सिम्पसन से पूछेगी, "तुमने क्या सच्चा आध्यात्मिक भारतीय पागल देखा है?"

मिसेज़ सिम्पसन कहेगी, "नो, इज़ देअर वन इन दिस कंट्री 'अंडर गाड'?"

मिसेज़ राबर्ट कहेगी, "हाँ, कल ही भारतीय आध्यात्मिक पागलों का एक मिशन न्यूयार्क आ रहा है। चलो हम लोग देखेंगे। इट विल बी ए रीअल स्पिरिचुअल एक्सपीरियन्स। (वह एक विरल आध्यात्मिक अनुभव होगा।)"

न्यूयार्क हवाई अड्डे पर हमारे भारतीय पागल आध्यात्मिक मिशन के दर्शन के लिए हज़ारों स्त्री-पुरुष होंगे—उन्हें जीवन की रोज़ की बोरियत से राहत मिलेगी। हमारा स्वागत होगा। मालाएँ पहनाई जाएँगी। हमारे ठहराने का बढ़िया इन्तज़ाम होगा।

और तब हम लोग पागल अध्यात्म का प्रोग्राम देंगे। हर ग़ैरपागल पहले से शिक्षित होगा कि वह सच्चे पागल की तरह कैसे नाटक करे।

प्रवेश-फीस 50 डॉलर होगी और हज़ारों अमेरिकी हज़ारों डॉलर ख़र्च करके 'इंडियन डिवाइन ल्यूनेटिक्स' के दर्शन करने आएँगे।

हमारा धन्धा ख़ूब चलेगा। मैं मिशन का अध्यक्ष होने के नाते भाषण दूँगा, "वी आर रीअल इंडियन डिवाइन ल्यूनेटिक्स। अवर ऋषीज़ एंड मुनीज़ थाउजेंड ईअर्स एगो सेड दैट दि वे टु रीअल इंटरनल पीस एंड साल्वेजन लाइज़ थ्रू ल्यूनेसी।" (हम लोग भारतीय अध्यात्मिक पागल हैं। हमारे ऋषि-मुनियों ने हज़ारों साल पहले कहा था कि आन्तरिक शान्ति और मुक्ति पागलपन से आती है।)

इसके बाद मेरे साथी तरह-तरह के पागलपन के करतब करेंगे और डॉलर बरसेंगे।

जिन लोगों को इस मिशन में शामिल होना है, वे मुझसे सम्पर्क करें। शर्त यह है कि वे वास्तविक पागल नहीं होने चाहिए। वास्तविक पागलों को इस मिशन में शामिल नहीं किया जाएगा—जैसे सच्चे साधुओं की जमात में शामिल नहीं किया जाता।

अमेरिका से लौटने पर, दिल्ली में रामलीला ग्राउंड या लालक़िले के मैदान में हमारा शानदार स्वागत होगा। मैं कोशिश करूँगा कि प्रधानमंत्री इसका उद्घाटन करें।

वे समय न निकाल सकीं तो कई राजनीतिक वनवास में तपस्या करते नेता हमें मिल जाएँगे।

दिल्ली के 'स्मगलर' हमारा पूरा साथ देंगे।

कस्टम और एनफोर्स महकमे से भी हमारी बातचीत चल रही है। आशा है वे भी अध्यात्म में सहयोग देंगे।

स्वागत समारोह में कहा जाएगा, "यह भारतीय अध्यात्म की एक और विजय है, जब हमारे आध्यात्मिक पगले विश्व को शान्ति और मोक्ष का सन्देश देकर आ रहे हैं। आशा है कि आध्यात्मिक पागलपन की यही परम्परा देश में हमेशा विकसित होती रहेगी।"

'डिवाइन ल्यूनेटिक मिशन' को ज़रूर अमेरिका जाना चाहिए। जब हमारे और उनके राजनीतिक सम्बन्ध सुधर रहे हैं तो पागलों का मिशन जाना बहुत ज़रूरी है।

संस्कारों और शास्त्रों की पढ़ाई

मेरे एक दोस्त हैं। वैज्ञानिक दृष्टिवाले आधुनिक बुद्धिवादी। कट्टर मार्क्सवादी हैं। परिवार से नाता तोड़कर बीसेक सालों से राजनीतिक कार्यों में लगे हैं। उनका भी कोई है, मुझे पता नहीं था। पर उनका भी कोई था। पिछले हफ़्ते वे प्रयाग की गाड़ी में मुँड़े सिर मिल गए।

पूछा, "कहाँ जा रहे हो?"

बोले, "प्रयाग।"

लोग चोरी करने जाते हैं, तब इस शहर को इलाहाबाद कहते हैं। पिंडदान करने जाते हैं, तब प्रयाग कहते हैं।

पूछा, "मुंडन किसलिए?"

बोले, "फ़ादर की मृत्यु हो गई।"

मैंने कहा, "मुझे पहली बार मालूम हुआ कि आप भी फ़ादर रखते थे।"

यों कोई बुरी बात नहीं है। जिनकी हैसियत है, वे एक से ज़्यादा भी बाप रखते हैं—एक घर में, एक दफ़्तर में, एक-दो बाज़ार में, एक-एक हर राजनीतिक दल में। इधर एक आदमी है, जिनके परसों तक पैंतीस बाप थे। कल संविद सरकार टूट रही थी तो पन्द्रह रह गए। आज वह सरकार थम गई तो उसके अड़तीस हो गए हैं।

मुझे उनके पिता की मृत्यु का क़तई दुख नहीं था। उन्हें मैं जानता नहीं था। फिर वे अस्सी के थे और उनके मरने से कोई अनाथ नहीं हुआ था। दोस्त को भी दुख नहीं था, कुछ पछतावा ज़रूर था।

मुझे उसकी चिन्ता थी जिसे उन्होंने बीस सालों से सच्चा पिता मान रखा था—यानी मार्क्सवाद की। उन्होंने ख़ुद अपने हाथों मार्क्सवाद का मुंडन कर दिया था।

उनके हाथ में एक छोटी-सी थैली थी। मैंने पूछा, "इसमें क्या है?" बोले, "उनकी राख है। तुम्हें इतना भी नहीं मालूम?"

मैंने कहा, "मैं समझा, इसमें द्वन्द्वात्मक भौतिकवाद है, जिसका संगम में विसर्जन होगा।"

पहले वे चिढ़े। फिर कहने लगे, "यार, यह बड़ा विकट संघर्ष है। एक तो संस्कार और फिर परिवार की भावना।"

इस संघर्ष से मैं अनजान नहीं। चाचा की मृत्यु के बाद मैंने श्राद्ध नहीं करने का एलान कर दिया। मेरी जो फ़ज़ीहत हुई, मैं ही जानता हूँ। उनके करनेवाले और भी थे। चाचा मेरे भरोसे तो परलोक गए नहीं थे। मुझ-जैसे के भरोसे कोई परलोक क्या, यह लोक भी नहीं बनाएगा।

मेरे मन में एक ही सवाल था—अगर किसी सामाजिक क्रान्ति में बौद्धिक विश्वास के साथ कोई लगा हो, और तभी चाची कह दे कि बेटा, तुम्हारे चाचा की आत्मा को दुख होगा, परलोक में उनकी दुर्गति हो जाएगी तब क्रान्तिकारी क्या करेगा? परिवार की भावना की रक्षा भी तो करनी पड़ती है। तब क्या वह यह कहेगा कि चाची, अगर तुम्हारी यह भावना है तो मैं क्रान्ति को छोड़े देता हूँ।

मेरे एक और दोस्त हैं। मुझसे ज़्यादा वैज्ञानिक दृष्टि-सम्पन्न, विचार और कर्म दोनों से क्रान्तिकारी। मैं ही उनसे ज्ञान और प्रेरणा लेता रहा हूँ। एक दिन मैंने उन्हें धोती पहने, पालथी मारे सत्यनारायण की कथा पर बैठे, रँगे हाथों पकड़ लिया।

मुझे लगा, जैसे एम्बुलेंस की गाड़ी ने ही मुझे कुचल दिया हो।

मैंने दूसरे दिन उनसे पूछा, "झूठ नारायण, यह तुम्हारी क्या हरकत है?" उसने कहा, "यार, 'मदर-इन-ला' (सास) ने बहुत ज़ोर डाला था।"

मेरा ख़याल था, 'मदर-इन-ला' सास से अलग क़िस्म की होती होगी। नहीं, सिर्फ़ तज़ुर्बे का फ़र्क़ है।

यह जो 'मदर-इन-ला' कहलाती है, क्रान्ति का दुश्मन होती है। क्रान्तिकारी का पहला और सबसे बड़ा संघर्ष 'मदर-इन-ला' से निपटना है। बात यह है कि वह बीवी दे देती है। बीवी कर्तव्य को आगे बढ़ाते हुए बच्चे दे देती है। तब 'मदर-इन-ला' आकर कहती है, "लाला, अपना नहीं तो बच्चों का तो ख़याल करो।"

लाला की क्रान्तिकारिता भ्रान्तिकारिता में बदल जाती है।

'मदर-इन-ला' के शिकार बीस-पच्चीस क्रान्तिदर्शियों की हड्डियाँ तो इधर मेरे पास ही रखी हुई हैं। और लोगों के पास भी होंगी।

संस्कार और शास्त्र की पढ़ाई बड़ी दिलचस्प होती है। संस्कार और अर्थशास्त्र की एक पढ़ाई मैंने साफ़ देखी।

एक शहर में दो साल पहले किसी सांस्कृतिक आयोजन में गया था। एक साहित्यिक रुचि के सज्जन बहुत पीछे पड़े कि मेरे घर चाय पीने चलिए। हर बार आग्रह के साथ वे यह ज़रूर जोड़ते सरिता ने भी कहा है। समझा, सरिता जी इनकी पत्नी होंगी। साहित्य पढ़ती होंगी। कुछ कविता वग़ैरह भी लिखती होंगी। चाय पीने पहुँचा, तो बैठक से उन्होंने पर्दे की तरफ़ मुँह करके मेरे आने की घोषणा कर दी। दुविधाग्रस्त अर्द्ध आधुनिक परिवारों में इसके बाद क्या होता है, इसका मुझे बहुत अनुभव है। पत्नी आती है। नमस्ते के बाद बने-बनाए वाक्य बोलती है—हम आपकी कहानियाँ पढ़ते रहे हैं। इतनी हँसी आती है, इतनी हँसी आती है कि बस कुछ मत पूछिए! इसी वक़्त उसे याद आता है कि 'दाम्पत्य संहिता' का

नियम 73 कहता है, "पत्नी अपना स्वतंत्र मत व्यक्त न करे। व्यक्त करना ज़रूरी हो, तो उसमें पति को शामिल करे।" वह पति को शामिल कर लेती है, "क्यों, वह कौन-सी कहानी पढ़ी थी हम लोगों ने पिछले हफ़्ते?"

अगर बच्चा भी हुआ, तो 'अंकल जी' को उससे नमस्ते कराया जाता है। कहा जाता है—अंकल तुम्हें बहुत मज़ेदार कहानी सुनाएँगे। कभी मुझसे वहीं बच्चे को कहानी सुना देने का आग्रह भी किया जाता है। नुस्ख़े मेरे पास सब तरह के रहते हैं। प्रौढ़ों के लिए डायबिटीज का नुस्ख़ा भी रखता हूँ और बच्चों के लिए कुकुर-खाँसी का भी। मैं बच्चे को राक्षस की कहानी फ़ौरन सुना देता हूँ। आग्रह हो तो उनके ससुर को भी कृष्ण-सुदामा की कहानी सुना दूँ।

बैठक में मैंने सोचा कि अब सरिता जी बाहर आएँगी और वही यांत्रिक चर्चा चलेगी। बड़ी देर हो गई। सरिता जी तो क्या, नाली जी भी नहीं निकलीं। सोचा, चाय लेकर आएँगी। पर थोड़ी देर बाद साँकल बजी। पति महोदय भीतर गए और चाय की ट्रे लेकर आ गए।

भीतर से एक बिल्ली निकली। उस घर में बिल्ली एकमात्र मादा थी, जो पर्दा नहीं करती थी।

साँकल धातु युग से चली आती घरेलू 'कॉलबेल' है। सरिता जी कुछ संस्कार अपने घर से लेकर आई होंगी, कुछ यहाँ मिले होंगे। वह पाँव दरवाज़े की तरफ़ बढ़ाती हैं तो हाथ साँकल पर चला जाता है।

मगर जब यह स्थिति है, तो इस आदमी ने बार-बार क्यों कहा था—सरिता ने भी आने को कहा है। इस दृश्य में सरिता का कुल इतना 'रोल' है कि वह नेपथ्य में साँकल बजाती है। अगर इस आदमी को सरिता को भी मंच पर लाना है तो साँकल को निकाल फेंकना चाहिए। मगर तब वह थाली बजाने लगेगी।

दो साल बाद अभी फिर उस शहर में गया। वे फिर मुझे चाय के लिए ले गए। इस बार उन्होंने नहीं कहा कि सरिता ने भी आग्रह किया है। उसने नेपथ्यवाला हिस्सा नाटक से काट दिया होगा। मैं बैठक में पहुँचा। उसने पर्दे की तरफ़ मुँह करके मेरे आने की घोषणा नहीं की। पर ज़रा देर बाद ही सरिता जी ट्रे लेकर बाहर आईं। एकाध औपचारिक बात की,

फिर घड़ी देखी। बोलीं, "आप लोग चाय पिएँ। मेरा तो स्कूल का वक़्त हो गया।" वे चप्पल फटफटाती सीढ़ी से उतर गईं।

श्रीयुत सरितापति बोले, "स्कूल में नौकरी कर ली है। आजकल एक की कमाई से पूरा नहीं पड़ता।"

समझ गया, अर्थशास्त्र ने संस्कार को धोबी-पछाड़ दे दी।

हमारे ज़माने में नारी की भी जो मुक्ति मिली है, क्यों मिली है? आन्दोलन से? आधुनिक दृष्टि से? उसके व्यक्तित्व की स्वीकृति से? नहीं, उसकी मुक्ति का कारण महँगाई है। नारी-मुक्ति के इतिहास में यह वाक्य अमर रहेगा, "एक की कमाई से पूरा नहीं पड़ता।"

अर्थशास्त्र संस्कारों के सीने पर चढ़कर गला दबा रहा है। इधर एक लड़के ने लड़की को उसी की इच्छा से भगाकर 'सरकारी शादी' कर ली। लड़का योग्य, सुन्दर और अच्छी नौकरीवाला। पहले लड़की की माँ के संस्कारों ने ज़ोर मारा और उसने हाय-तोबा मचाया। अर्थशास्त्र से यह बरदाश्त नहीं हुआ। उसने संस्कारों को एक पटखनी दी। माँ ने सोचा वह जो पन्द्रह हज़ार दहेज के लिए रखे थे, साफ़ बचे। फिर पन्द्रह हज़ार में भी अच्छा लड़का नहीं मिलता। उन्होंने कार्ड बाँटकर दावत दे दी।

अच्छी माँ क्यों न यह इच्छा करे कि कोई अच्छा लड़का लड़की को भगाकर शादी कर ले और हमें बाद में बता दे, तो हम एक भोज दे दें।

लड़ाई शास्त्रों की भी आपस में होती है। अर्थशास्त्र जब धर्मशास्त्र के ऊपर चढ़ बैठता है, तब गोरक्षा आन्दोलन के नेता पंडित द्वारकानाथ जूतों की दुकान खोल देते हैं और 'कॉफ लेदर' (बछड़े का चमड़ा) के जूते बेचते हैं। गाय के बछड़े के चमड़े के जूते को हाथ में भागवत की तरह लेकर, ग्राहक से कहते हैं—यह जूता बड़ा मुलायम होता है। पहले 'कॉफ लेदर' विलायत से आता था, पर अब अपने देश में भी उतरने लगा है। अपना देश भी काफ़ी आगे बढ़ गया है।

सड़क पर जुलूस में होते हैं तब कहते हैं—गोहत्या के कारण देश गिर गया है। दुकान पर होते हैं तब कहते हैं—बछड़े का चमड़ा उतरने के कारण देश आगे बढ़ गया है। दोनों ही बातें सही हैं। देश

गिरा जरूर, पर फिर घिसटता हुआ आगे भी बढ़ा और उनके कारख़ाने तक आ गया। वहाँ उन्होंने देश का चमड़ा उतारकर उसके जूते बना लिये और बेचने लगे।

दो नाकवाले लोग

मैं उन्हें समझा रहा था कि लड़की की शादी में टीमटाम में व्यर्थ ख़र्च मत करो।

पर वे बुज़ुर्ग कह रहे थे, "आप ठीक कहते हैं, मगर रिश्तेदारों में नाक कट जाएगी।"

नाक उनकी काफ़ी लम्बी थी। मेरा ख़याल है, नाक की हिफ़ाज़त सबसे ज़्यादा इसी देश में होती है। और या तो नाक बहुत नर्म होती है या छुरा तेज, जिससे छोटी-सी बात से भी नाक कट जाती है। छोटे आदमी की नाक बहुत नाज़ुक होती है। यह छोटा आदमी नाक को छिपाकर क्यों नहीं रखता?

कुछ बड़े आदमी, जिनकी हैसियत है, इस्पात की नाक लगवा लेते हैं और चमड़े का रंग चढ़वा लेते हैं, कालाबाज़ार में जेल हो आए हैं, औरत खुलेआम दूसरे के साथ 'बाक्स' में सिनेमा देखती है, लड़की का सार्वजनिक गर्भपात हो चुका है। लोग उस्तरा लिये नाक काटने को घूम रहे हैं। मगर काटें कैसे? नाक तो स्टील की है। चेहरे पर पहले जैसी ही फिट है और शोभा बढ़ा रही है।

स्मगलिंग में पकड़े गए हैं। हथकड़ी पड़ी है। बाज़ार में से ले जाए जा रहे हैं। लोग नाक काटने को उत्सुक हैं। पर वे नाक को तिजोरी में रखकर स्मगलिंग करने गए थे। पुलिस को खिला-पिलाकर बरी होकर लौटेंगे और नाक फिर पहन लेंगे।

जो बहुत होशियार हैं, वे नाक को तलवे में रखते हैं। तुम सारे शरीर में ढूँढ़ो, नाक ही नहीं मिलती। नातिन की उम्र की दो लड़कियों से बलात्कार कर चुके हैं। जालसाज़ी और बैंक को धोखा देने में पकड़े जा चुके हैं। लोग नाक काटने को उतावले हैं, पर नाक मिलती ही नहीं। वह तो तलवे में है। कोई जीवशास्त्री अगर नाक की तलाश भी कर दे तो तलवे की नाक काटने से क्या होता है? नाक तो चेहरे पर की कटे, तो कुछ मतलब होता है।

और जो नाक रखते ही नहीं हैं, उन्हें तो कोई डर ही नहीं है। दो छेद हैं, जिनसे साँस ले लेते हैं।

कुछ नाकें गुलाब के पौधे की तरह होती हैं। क़लम कर दो तो और अच्छी शाखा बढ़ती है और फूल भी बढ़िया लगते हैं। मैंने ऐसी फूलवाली ख़ुशबूदार नाकें बहुत देखी हैं। जब ख़ुशबू कम होने लगती है, ये फिर क़लम करा लेते हैं, जैसे किसी औरत को छेड़ दिया और जूते खा गए।

'जूते खा गए'—अजब मुहावरा है। जूते तो मारे जाते हैं। वे खाए कैसे जाते हैं! मगर भारतवासी इतना भुखमरा है कि जूते भी खा जाता है।

नाक और तरह से भी बढ़ती है। एक दिन एक सज्जन आए। बड़े दुखी थे। कहने लगे, "हमारी तो नाक कट गई। लड़की ने भागकर एक विजातीय लड़के से शादी कर ली। हम ब्राह्मण और लड़का कलाल! नाक कट गई।"

मैंने उन्हें समझाया कि कटी नहीं है, क़लम हुई है। तीन-चार महीनों में और लम्बी बढ़ जाएगी।

तीन-चार महीने बाद वे मिले तो ख़ुश थे। नाक भी पहले से लम्बी हो गई थी। मैंने कहा, "नाक तो पहले से लम्बी मालूम होती है।"

वे बोले, "हाँ, कुछ बढ़ गई है। काफ़ी लोग कहते हैं—आपने बड़ा क्रान्तिकारी काम किया। कुछ बिरादरीवाले भी कहते हैं। इसीलिए नाक बढ़ गई है।"

कुछ लोग मैंने देखे हैं, जो कई साल अपने शहर की नाक रहे हैं। उनकी नाक अगर कट जाए, तो सारे शहर की नाक कट जाती है। अगर उन्हें संसद का टिकट न मिले, तो सारा शहर नकटा हो जाता है। पर अभी मैं एक शहर गया तो लोगों से पूछा, "फ़लाँ साहब के क्या हाल

हैं? वे इस शहर की नाक हैं।" तभी एक मसखरे ने कहा, "हाँ साहब, वे अभी भी शहर की नाक हैं, मगर 'छिनकी हुई।' (यह बीभत्स रस है, रस-सिद्धान्त प्रेमियों को अच्छा लगेगा।)

मगर बात मैं उन सज्जन की कर रहा था, जो मेरे सामने बैठे थे और लड़की की शादी पुराने ठाठ से ही करना चाहते थे। पहले वे रईस थे—यानी मध्यम हैसियत के रईस। अब ग़रीब थे। बिगड़ा रईस और बिगड़ा घोड़ा एक तरह के होते हैं—दोनों बौखला जाते हैं। किससे उधार लेकर खा जाएँ, ठिकाना नहीं। उधर बिगड़ा घोड़ा किसे कुचल दे, ठिकाना नहीं। आदमी को बिगड़े रईस और बिगड़े घोड़े, दोनों से दूर रहना चाहिए। मैं भरसक कोशिश करता हूँ। मैं तो मस्ती से डोलते आते साँड़ को देखकर भी सड़क के किनारे की इमारत के बरामदे में चढ़ जाता हूँ, 'बड़े भाई साहब आ रहे हैं। इनका आदर करना चाहिए।'

तो जो भूतपूर्व सम्पन्न बुज़ुर्ग मेरे सामने बैठे थे, वे प्रगतिशील थे। लड़की का अन्तरजातीय विवाह कर रहे थे। वे खत्री और लड़का शुद्ध कान्यकुब्ज। वे ख़ुशी से शादी कर रहे थे। पर उनमें विरोधाभास यह था कि शादी ठाठ से करना चाहते थे। बहुत लोग एक परम्परा से छुटकारा पा लेते हैं, पर दूसरी से बँधे रहते हैं। रात को शराब की पार्टी से किसी ईसाई दोस्त के घर से आ रहे हैं, मगर रास्ते में हनुमान का मन्दिर दिख जाए, तो थोड़ा तिलक भी सिन्दूर का लगा लेंगे। मेरा एक घोर नास्तिक मित्र था। हम घूमने निकलते तो रास्ते में राम-मन्दिर देखकर वे कह उठते, 'हरे राम!' बाद में पछताते भी थे।

तो मैं उन बुज़ुर्ग को समझा रहा था, "आपके पास रुपये हैं नहीं। आप क़र्ज़ लेकर शादी का ठाठ बनाएँगे। पर क़र्ज़ चुकाएँगे कहाँ से? जब आपने इतना नया क़दम उठाया है कि अन्तरजातीय विवाह कर रहे हैं, तो विवाह भी नये ढंग से कीजिए। लड़का कान्यकुब्ज का है। बिरादरी में शादी करता तो कई हज़ार उसे मिलते। लड़के शादी के बाज़ार में मवेशी की तरह बिकते हैं। अच्छा मालवी बैल और हरियाणा की भैंस ऊँची क़ीमत पर बिकती है। लड़का इतना त्याग तो लड़की के प्रेम के लिए कर चुका। फिर भी वह कहता है—अदालत जाकर शादी कर लेते

हैं। बाद में एक पार्टी कर देंगे। आप आर्यसमाजी हैं। घंटे-भर में रास्ते में आर्य-समाज मन्दिर में वैदिक रीति से शादी कर डालिए। फिर तीन-चार सौ रुपयों की एक पार्टी दे डालिए। लड़के को एक पैसा भी नहीं चाहिए। लड़की के कपड़े वग़ैरह मिलाकर शादी हज़ार में हो जाएगी।"

वे कहने लगे, "बात आप ठीक कहते हैं। मगर रिश्तेदारों को तो बुलाना ही पड़ेगा। फिर जब वे आएँगे तो इज़्ज़त के ख़याल से सजावट, खाना, भेंट वग़ैरह देनी होगी।"

मैंने कहा, "आपका यहाँ तो कोई रिश्तेदार है नहीं। वे हैं कहाँ?"

उन्होंने जवाब दिया, "वे पंजाब में हैं। पटियाला में ही तीन करीबी रिश्तेदार हैं। कुछ दिल्ली में हैं। आगरा में हैं।"

मैंने कहा, "जब पटियालावाले के पास आपका निमंत्रण-पत्र पहुँचेगा, तो पहले तो वह आपको दस गालियाँ देगा—मई का यह मौसम, इतनी गर्मी। लोग तड़ातड़ लू से मर रहे हैं। ऐसे में इतना ख़र्च लगाकर जबलपुर जाओ। कोई बीमार हो जाए तो और मुसीबत। पटियाला या दिल्लीवाला आपका निमंत्रण पाकर ख़ुश नहीं, दुखी होगा। निमंत्रण-पत्र न मिला तो वह ख़ुश होगा और बाद में बात बनाएगा। कहेगा, आजकल जी, डाक की इतनी गड़बड़ी हो गई है कि निमंत्रण-पत्र ही नहीं मिला। वरना ऐसा हो सकता था कि हम न आते!"

मैंने कहा, "मैं आपसे कहता हूँ, कि दूर से रिश्तेदार का निमंत्रण-पत्र मुझे मिलता है, तो मैं घबड़ा उठता हूँ।"

सोचता हूँ—जो ब्राह्मण ग्यारह रुपये में शनि को उतार दे, पच्चीस रुपयों में सगोत्र विवाह करा दे, मंगली लड़की का मंगल पन्द्रह रुपयों में उठाकर शुक्र के दायर में फेंक दे, वह लग्न सितम्बर से लेकर मार्च तक सीमित क्यों नहीं कर देता? मई और जून की भयंकर गर्मी की लग्नें गोल क्यों नहीं कर देता? वह कर सकता है। और फिर ईसाई और मुसलमानों में जब बिना लग्न शादी होती है, तो क्या वर-वधू मर जाते हैं? आठ प्रकार के विवाहों में जो 'गन्धर्व विवाह' है वह क्या है? वह यही शादी है जो आज होने लगी है, कि लड़का-लड़की भागकर कहीं शादी कर लेते हैं। इधर लड़की का बाप ग़ुस्से में पुलिस में रिपोर्ट करता है कि अमुक लड़का

हमारी 'नाबालिग' लड़की को भगा ले गया है। मगर कुछ नहीं होता; क्योंकि लड़की मैट्रिक का सर्टिफिकेट साथ ले जाती है जिसमें जन्म-तारीख़ होती है।

वे कहने लगे, "नहीं जी, रिश्तेदारों में नाक कट जाएगी।"

मैंने कहा, "पटियाला से इतना किराया लगाकर नाक काटने इधर कोई नहीं आएगा। फिर पटियाला में कटी नाक को इधर कौन देखेगा? काट लें पटियाला में।"

वे थोड़ी देर गुमसुम बैठे रहे।

मैंने कहा, "देखिए जी, आप चाहें तो मैं पुरोहित हो जाता हूँ और घंटे-भर में शादी करा देता हूँ।"

वे चौंके। कहने लगे, "आपको शादी कराने की विधि आती है?"

मैंने कहा, "हाँ, ब्राह्मण का बेटा हूँ। बुज़ुर्गों ने सोचा होगा कि लड़का नालायक़ निकल जाए और किसी काम-धन्धे के लायक़ न रहे, तो इसे कम-से-कम सत्यनारायण की कथा और विवाह-विधि सिखा दो। ये मैं बचपन में ही सीख गया था।"

मैंने आगे कहा, "और बात यह है कि आजकल कौन संस्कृत समझता है? और पंडित क्या कह रहा है, इसे भी कौन सुनता है? वे तो 'अम' और 'अह' इतना ही जानते हैं। मैं इस तरह मंगल-श्लोक पढ़ दूँ तो भी कोई ध्यान नहीं देगा—

ओम् जैक एंड विल वेंट अप ही हिल टु फेच् ए पेल आफ वाटरम्, ओम् जेक फैल डाउन एंड ब्रोक हिज क्राउन एंड जिल केम ट्रम्बलिंग आफ्टरम् कुर्यात् सदा मंगलम्...

इसे लोग वैदिक मंत्र समझेंगे।"

वे हँसने लगे।

मैंने कहा, "लड़का उत्तर प्रदेश का कान्यकुब्ज और आप पंजाब के खत्री—एक-दूसरे के रिश्तेदारों को कोई नहीं जानता। आप एक सलाह मेरी मानिए। इससे कम में भी निपट जाएगा और नाक भी कटने से बच जाएगी। लड़के के पिता की मृत्यु हो चुकी है। आप घंटे-भर में शादी करवा दीजिए। फिर रिश्तेदारों को चिट्ठियाँ लिखिए—इधर लड़के के पिता को दिल का तेज़ दौरा पड़ा। डॉक्टरों ने उम्मीद छोड़ दी थी। दो-तीन घंटे

वे किसी तरह जी सकते थे। उन्होंने इच्छा प्रकट की कि मृत्यु के पहले लड़के की शादी हो जाए तो मेरी आत्मा को शान्ति मिल जाएगी। लिहाज़ा उनकी भावना को देखते हुए हमने फ़ौरन शादी कर दी। लड़का-लड़की वर-वधू के रूप में उनके सामने आए। उनके चरणों पर सिर रखे, उन्होंने इतना ही कहा—सुखी रहो। और उनके प्राण-पखेरू उड़ गए। आप माफ़ करेंगे कि इसी मजबूरी के कारण हम आपको शादी में नहीं बुला सके।

कौन जानता है आपके रिश्तेदारों में कि लड़के के पिता की मृत्यु कब हुई?"

उन्होंने सोचा। फिर बोले, "तरकीब ठीक है जी! पर इस तरह की धोखाधड़ी मुझे पसन्द नहीं।"

ख़ैर, मैं उन्हें काम का आदमी लगा नहीं।

दूसरे दिन मुझे बाहर जाना पड़ा। दो-तीन महीने बाद लौटा तो लोगों ने बताया कि उन्होंने सामान और नकद लेकर शादी कर डाली।

तीन-चार दिन बाद से ही साहूकार सवेरे से तकादा करने आने लगे।

रोज़ उनकी नाक थोड़ी-थोड़ी कटने लगी।

मैंने पूछा, "अब क्या हाल है?"

लोग बोले, "अब साहूकार आते हैं, तो यह देखकर निराश लौट जाते हैं कि काटने को नाक ही नहीं बची।"

मैंने मज़ाक़ में कहा, "साहूकारों से कह दो कि इनकी दूसरी नाक पटियाला में पूरी रखी है। वहाँ जाकर काट लो।"

अतिक्रान्तिकारी

मेरी एक अतिक्रान्तिकारी से मुलाक़ात हो गई। एक बेचारा मामूली क्रान्तिकारी होता है, जो क्षेत्र में काम करता है। भूखा रहता है। सूखी

रोटी और प्याज झोले में लेकर चलता है, पिटता है, जेल जाता है। यह मामूली क्रान्तिकारी है। एक अतिक्रान्तिकारी होता है, विशिष्ट। यह दिन में दाढ़ी 'ट्रिन' कराता है, कॉफ़ी हाउस में बैठकर कॉफ़ी पीता है, बिटर कॉफ़ी। क्रान्ति एक कड़वी चीज़ है। कॉफ़ी में शक्कर डली हुई आई हो, तो चम्मच से उसे निकालकर टेबिल पर डाल देता है, जिस पर मक्खियाँ भिनकती हैं। सिगरेट के कुन्दे को ऐश-ट्रे में नहीं, कॉफ़ी के कप में डालता है। सिगरेट को ऐसे क्रोध से मरोड़कर बुझाता है, जैसे बुर्जुआ का गला घोंट रहा हो। दिन में यह क्रान्तिकारी मार्क्स, लेनिन, माओ के जुमले याद करता है, रात को दोस्तों के साथ शराब पीता है और क्रान्तिकारी जुमले दुहराता है। फिर मुर्गा इस तरह खाता है, जैसे पूँजीवाद को चीथ रहा हो।

मेरी जिस क्रान्तिकारी से भेंट हुई, वह दूसरे प्रकार का विशिष्ट था। दाढ़ी बड़ी मेहनत से सजाई हुई थी। बढ़िया कुरता-पाजामा। झोला भी उत्तम। सुनहरे फ्रेम का चश्मा। क्रान्तिकारी के स्थानीय साथी ने परिचय दिया, "सी.पी.आई. (एम.एल.) के उत्तर प्रदेश के सेक्रेटरी हैं।" मैंने पूछा, "एम. एल. के तो कई गुट हैं।" एक से ज़्यादा लाइनें हैं। आप किस गुट के हैं—सत्येन्द्र नारायणसिंह के या खोकोन मजूमदार? या नेगी के साथ हैं? लिन पियाओ लाइन अभी भी मानते हैं या डेंग सियाओ पिंग की कोई नई लाइन है? सी.पी.आई. (एम.एल.) का एक गुट तो सी.आई.ए. ने भी बना रखा है। क्रान्ति का इतना बड़ा कारोबार हो रहा है और उसमें सी.आई.ए. का शेयर न लगा हो, तो यह असम्भव है।

सवाल और रिमार्क मैंने एक साथ नहीं कर डाले, बातचीत में आते गए। उनका कहना था कि उनकी पार्टी इन सबसे अलग है। ये जितने गुट सी.पी.आई. (एम.एल.) के हैं, सब भ्रष्ट विचारधारा रखते हैं। हम लोग मार्क्सवाद लेनिनवाद को उसके सही अर्थ में ग्रहण करते हैं। फिर उन्होंने वे मुहावरे मुख से निकाले और वे वक्तव्य दिये जिनसे हम लोग अच्छी तरह परिचित हैं—सामाजिक साम्राज्यवादी रूस और अमेरिकी साम्राज्यवादी में साँठ-गाँठ है। दोनों मिलकर बाक़ी दुनिया पर क़ब्ज़ा कर रहे हैं। इनमें अन्तर्विरोध को बढ़ाएँगे। अफ़ग़ानिस्तान के मामले में यही अन्तर्विरोध प्रकट हो रहे हैं। सामाजिक साम्राज्यवादी रूस अफ़ग़ानिस्तान

पर क़ब्ज़ा करना चाहता है। हम अमेरिका की मदद से इसका विरोध कर रहे हैं। रूसी साम्राज्यवादी पहला दुश्मन है—एनिमी नम्बर! फिडेल कास्त्रो उधर रूसी साम्राज्यवादी का एजेंट है। इधर वियतनाम का फामवान डांग एजेंट है।

अच्छा कॉमरेड, अपने देश के बारे में भी तो कुछ सोचते होंगे? देश के बारे में क्या सोचना है? भारतीय एकाधिकार पूँजीपतियों और रूसी साम्राज्यवादियों ने मिलकर इन्दिरा कांग्रेस की सरकार बनवा दी है। इस सरकार को हथियारबन्द संघर्ष से गिराना है। आर्म्ड क्लास वार! ये अकाल-राहत कार्य क्या है? इन्दिरा गांधी की इमेज बनाकर उसका शिकंजा मज़बूत करने के लिए है। ज्योति बसु भी राहत कार्य खोलकर प्रतिक्रान्तिकारियों का साथ दे रहा है। तो कॉमरेड, जो लोग प्यासे मर रहे हैं, उन्हें पानी पिलाने से क्या क्रान्ति पीछे हटती है? तो प्याऊ बन्द कर देने से क्रान्ति नज़दीक आ जाएगी? लोग भूख-प्यास से मर जाएँगे, तो क्या ठीक होगा? रेवोल्यूशन करना है तो आदमी के मरने की क्या चिन्ता? तो कॉमरेड, अगर पाँच लाख आदमी गन्दा पानी पीकर हैजे से मर जाएँ तो क्या क्रान्ति हो जाएगी? क्या दस्त की बीमारी से भी क्रान्ति होती है?

ये बातें भी एक साथ नहीं हुईं, होती गईं। क्रान्तिकारी ने कृषिशास्त्र में एम.एस-सी. तीन-चार साल पहले कर लिया था। पिता लोक-कर्म विभाग में अफ़सर थे। रिटायर हो गए हैं। उनके पास डेढ़ सौ एकड़ ज़मीन है। युवा क्रान्तिकारी फ़ॉर्म चलाते हैं। मैंने पूछा—कॉमरेड, आपके फ़ॉर्म पर खेत-मज़दूर तो होंगे। उन्हें मिनिमम वेज (न्यूनतम मज़दूरी) आप क्या देते हैं? मुझे पता नहीं। हिसाब पिताजी देखते हैं। कॉमरेड, खेत-मज़दूरों से काम आप लेते हैं और मज़दूरी पिता पर छोड़ देते हैं। आपके पिता न्यूनतम वेतन नहीं देते होंगे, यह पक्का है। और आप अपने पिता से न्यूनतम मज़दूरी दिलाते नहीं हैं। तो मार्क्सवाद-लेनिनवाद के हिसाब से क्रान्ति के लिए हमेशा दूसरे के बाप की तलाश करना चाहिए। अपने बाप को ख़ून चूसने की सुविधा दी जाती है क्रान्ति में। उस ख़ून का एक हिस्सा क्रान्तिकारी बेटा भी पीकर सर्वहारा का नेतृत्व करने बढ़ जाता है।

ये अतिक्रान्तिकारी अपनी पार्टी के संगठन या प्रचार के काम से नहीं आए थे। कई साल पहले अमेरिकी सहयोग से खुले कृषि विश्वविद्यालय की मार्फ़त अमेरिका में 'फ़ेलोशिप' प्राप्त करने की कोशिश के लिए आए थे।

क्रान्तिकारी की यह नस्ल नई नहीं है, पहले भी थी। अब बढ़ गई है। कई सालों से देख रहा हूँ। अच्छी नौकरी लगने पर घूस खिलाकर पुलिस रिपोर्ट ठीक कराता है। अच्छा धन्धा जमने पर मार्क्सवाद की जगह दो नम्बरी दर्शन का अध्ययन करता है। जवानी में जैसे अच्छे कपड़े, अच्छे जूते, अच्छी टाई का शौक़ होता है, वैसे ही सम्पन्न घरों के कुछ युवकों को क्रान्ति का शौक़ हो जाता है। क्रान्तिकारिता को वे एक और अच्छा सूट, एक और अच्छी टाई, एक और अच्छा जूता समझते हैं। इससे शोभा बढ़ती है, प्रतिष्ठा बढ़ती है। क्रान्तिकारिता नया फ़ैशन है। कुछ दिन ये क्रान्तिकारी 'हीरो' बनकर उछल-कूद करते हैं। मैं कुछ क्रान्तिकारियों को जानता हूँ जिनकी बाक़ी ज़िन्दगी इस प्रचार को धोने में गुज़रती है कि वे कम्युनिस्ट थे। क्रान्तिकारिता, जिसे उन्होंने कभी द्वार पर रंगोली की तरह सजाया था, अब पाँवों में काँटे की तरह चुभती है। उसे वे नष्ट कर देना चाहते थे। वे अख़बारों में समय-समय पर बयान छपाते हैं कि यह 'दुष्टप्रचार' है कि मैं कम्युनिस्ट हूँ। मैं कभी भी कम्युनिस्ट नहीं था। ऐसा वे नौकरी में सुरक्षा और तरक़्क़ी के लिए करते हैं।

एक विश्वविद्यालय है, जिसके बारे में प्रचार है कि वहाँ वामपंथी भरे हैं। वहाँ ख़ूब आन्दोलन होते हैं। कहते हैं, वहाँ उग्रवामपंथी भी बहुत हैं। ख़ूब पोस्टर लगते हैं। प्रचार साहित्य बँटता है। बहसें होती हैं। मैंने एक वरिष्ठ अध्यापक से कहा, आपका विश्वविद्यालय तो वामपंथ का गढ़ है। वामपंथी दलों को बहुत कॉडर मिलता होगा आपके यहाँ से। उन्होंने कहा, "हाँ, सी.पी.आई., सी.पी.आई. (एम.) के भी बहुत हैं। अतिउग्रवादी वामपंथी भी हैं। पर वामपंथी दलों को बहुत कम कार्यकर्ता मिलते हैं। अधिकांश लड़के उच्चवर्ग के हैं, खाते-पीते घरों के। वामपंथी कहलानेवाला यह विश्वविद्यालय वास्तव में सम्पन्नों का है। बढ़िया खाते हैं, पीते हैं, पहनते हैं। बहस एय्याशी है। नारे मनोरंजन हैं। क्रान्तिकारिता

एक और स्कॉच की बोतल है। इनमें से जो ख़ास क्रान्तिकारी होते हैं, वे फ़ेलोशिप लेकर अमेरिका चले जाते हैं या किसी मल्टीनेशनल में।

वामपंथी रूप धारण करके क्रान्तिकारिता का नाटक करने से इन युवकों की क़ीमत बढ़ती है बाज़ार में। वे अपने ख़रीदार को जानते हैं। उसे माल की 'क्वालिटी' दिखाते हैं। क्रान्तिकारिता के पानी में जो मछली ज़्यादा उछलती और इतराती है, उसे अमेरिकी बगुला उतनी ही फ़ुर्ती से पकड़ता है।

काशीनाथ सिंह की एक बहुत अच्छी कहानी है ऐसे झूठे क्रान्तिकारी पर। क्रान्तिकारी कॉमरेड साथियों में बैठकर गुरिल्ला युद्ध की योजनाएँ बनाते हैं। फिदेल कास्त्रो, चेग्वेवारा, माओ, हो ची मिन्ह का नाम जपते हैं। कॉमरेड की शादी कर दी जाती है और वे कर लेते हैं। कार में अपनी दुल्हन को लेकर आ रहे हैं। सोच वे क्रान्ति ही कर रहे हैं। नारी उनके लिए अर्थहीन है। उन्होंने क्रान्ति का वरण किया है। रास्ते में पहाड़ी मिलती है। वे कहते हैं—गुरिल्ला युद्ध के लिए यह बढ़िया जगह है। कार में झटका लगता है। उनकी पत्नी सहारे के लिए कन्धे पर हाथ रख देती है। क्रान्तिकारी हाथ अलग करके कहते हैं, "यह कन्धा बन्दूक़ के लिए हैं, स्त्री का हाथ रखने के लिए नहीं।"

आगे क्रान्तिकारी अपने चोर सामन्तवादी ससुर से अपने राजनीतिक प्रभाव का उपयोग करके छोटे भाई को नौकरी दिलवाते हैं। बहन की ससुराल से भी लाभ लेते हैं। समझौते करते हैं। फ़ायदे उठाते हैं। हू-हू करते हैं। मगर क्रान्ति के तेवर क़ायम रखे हैं। एक बार बहन की ससुराल गए हैं। वह भी सामन्ती परिवार है। वहाँ कोई उनसे कह देता है कि छोटे मालिक भी क्रान्तिकारी हैं। रात को आँगन में वे और उनकी बहन का देवर सो रहे हैं। क्रान्तिकारी उस युवा से क्रान्ति की बातें कर रहे हैं। वर्ग युद्ध की योजना पर चर्चा कर रहे हैं। गुरिल्ला युद्ध की रणनीति तय कर रहे हैं, बहुत रात हो जाती है, तो वह लड़का खीझकर कहता है, "भाई साहब, अब ज़्यादा 'बोर' मत कीजिए। आप भी सोएँ और मुझे भी सोने दीजिए।"

अकाल-उत्सव

दरारोंवाली सपाट सूखी भूमि नपुंसक पति की सन्तानेच्छु पत्नी की तरह बेकल नंगी पड़ी है।

अकाल पड़ा है।

पास ही एक गाय अकाल के समाचारवाले अख़बार को खाकर पेट भर रही है। कोई 'सर्वे' वाला अफ़सर छोड़ गया होगा। आदमी इस मामले में गाय-बैल से भी गया-बीता है। गाय तो इस अख़बार को भी खा लेती है, मगर आदमी उस अख़बार को भी नहीं खा सकता जिसमें छपा है कि अमेरिका से अनाज के जहाज़ चल चुके हैं। एक बार मैं खा गया था। एक कॉलम का 6 पंक्तियों का समाचार था। मैंने उसे काटा और पानी के साथ निगल गया। दिन-भर भूख नहीं लगी। आजकल अख़बारों में आधे पृष्ठों पर सिर्फ़ अकाल और भुखमरी के समाचार छपते हैं। अगर अकालग्रस्त आदमी सड़क पर पड़ा अख़बार उठाकर उतने पन्ने खा ले, तो महीने-भर भूख नहीं लगे। पर इस देश का आदमी मूर्ख है। अन्न खाना चाहता है। भुखमरी के समाचार नहीं खाना चाहता।

हर साल वसन्त आता है। हर साल मंगलवर्षा आती है। हर साल शारदोत्सव आता है।

हर साल अकाल आता है, जैसे हर साल स्वाधीनता दिवस और गणतंत्र दिवस आते हैं। ये मंगल-उत्सव अपने-आप आते हैं। शरद में कोई चाँद की प्रार्थना नहीं करता कि हे अमृतघट, उत्सव के लिए अमृत बरसा।

मगर अकाल के लिए बड़ी प्रार्थनाएँ, बड़े अनुष्ठान करते हैं। अकाल के लिए इन्द्र-पूजा होती है। पहले इन्द्र-पूजा वर्षा के लिए होती थी। मगर अब अवर्षा के लिए इन्द्र-पूजा होती है। कृष्ण का गोवर्द्धन पर्वत कुछ

दिनों में धूल होकर बिखर जाएगा। इन्द्र का कोप अब भीषण वर्षा में नहीं, अवर्षा में प्रकट होता है। गोवर्द्धन को तस्करी यूरोप में बेच डालेंगे।

बड़ी प्रार्थना होती है। जमाख़ोर और मुनाफ़ाख़ोर साल-भर अनुष्ठान कराते हैं। स्मगलर महाकाल को नरमुंड भेंट करता है। इंजीनियर की पत्नी भजन गाती है—'प्रभु, कष्ट हरो सबका।' भगवन, पिछले साल अकाल पड़ा था तब सक्सेना और राठौर को आपने राहत कार्य दिलवा दिया था। प्रभो, इस साल भी इधर अकाल कर दो और 'इनको' राहत-कार्य का इंचार्ज बना दो। तहसीलदारिन, नायबिन, ओवरसीअरन सब प्रार्थना करती हैं। सुना है विधायक-भार्या और मंत्री-प्रिया भी अनुष्ठान कराती हैं। जाँच कमीशन के बावजूद मैं ऐसा पापमय विचार नहीं रखता। इतने अनुष्ठानों के बाद इन्द्रदेव प्रसन्न होते हैं और इलाक़े के तरफ़ से नल का कनेक्शन काट देते हैं।

हर साल वसन्त!

हर साल शरद!

हर साल अकाल!

फिर अकाल-उत्सव क्यों न हो जाए? इसे मनाने की एक निश्चित विधि होती है, जैसे दूसरे उत्सवों की होती है। गणतंत्र दिवस पर परेड होती है। अकाल में सस्ते गल्ले की राशन-दुकान पर भी परेड होती है और ज़्यादा जोश से होती है। गणतंत्र-परेड कुछ घंटे होती है, अकाल परेड महीने में हर रोज़ होती है। राशन-दुकान पर ख़ाली झोला लिये खड़ी फ़ौज में उन फ़ौजियों से ज़्यादा जोश होता है।

साल में दस महीने पहलवान ऐलान करता है—इस साल वो रियाज़ किया है कि कोई अखाड़े में मुक़ाबले में नहीं उतर सकता। चुनौती देता हूँ—कोई अप्रैल-मई में लड़ ले। मगर पहलवान को अप्रैल में टाइफाइड हो जाता है और वह कहता है—अब मैं लाचार हूँ। टाइफाइड ने सारी बादाम उतार दी।

मंत्री लोग ऐसे ही पहलवान हैं—नौ महीने ताल ठोंकते हैं—अन्न का अभाव सामने आने की हिम्मत नहीं कर सकता। इतने लाख क्विंटल का स्टाक होगा। 'लेवी' ली जाएगी। लड़ ले कोई जमाख़ोर—पछाड़ दिया जाएगा।

मगर मई आते ही उसे भी टाइफाइड हो जाता है। कहता है—क्या करूँ? जमाख़ोरी का 'टाइफाइड' सरकार को हो गया। विरोधी तो विरोधी, अपनी पार्टी के लोग भी रोग के कीटाणु लिये हैं। दवा लेने अमेरिका भेजा है आदमी। मई में वीर मंत्रियों की भी बादाम उतर जाती है।

इधर मैंने देखा, उलटी 'लेवी' ली जाने लगी है। एक शहर में भारतीय निगम के गोदाम से ग़लत नम्बर प्लेट के ट्रक में लदकर 150 बोरे गेहूँ जा रहा था कि फाटक पर चौकीदार ने पकड़ लिया। उसने पूछा, "यह 'लेवी' का गेहूँ कहाँ जा रहा है?" विभाग के आदमी ने कहा, "तुम्हें नया क़ानून नहीं मालूम? नये क़ानून के मुताबिक़ खाद्य निगम ख़ुद लेवी देगा। वही लेवी है यह, जो जमाख़ोर को दी जा रही है। नये ऑर्डर पूछ लिया करो।"

मैं एक विधायक से पूछता हूँ, "अकाल की स्थिति कैसी है?"

वह चिन्तित होता है। मैं समझता हूँ, यह अकाल से चिन्तित है।

मुझे बड़ा सन्तोष होता है।

वह जवाब देता है, "हाँ, अकाल तो है पर ज़्यादा नहीं है। कोशिश करने से जीता जा सकता है। सिर्फ़ ग्यारह विधायक हमारी तरफ़ आ जाएँ, तो हमारी मिनिस्ट्री बन सकती है।"

हर आदमी का अपना अकाल होता है। इनका अकाल दूसरा है। इन्हें सिर्फ़ ग्यारह 'क्विंटल' विधायक मिल जाएँ, तो अकाल समस्या हल हो जाए—सत्ता की।

दिन में यह सब सोचता हूँ और रात को मुझे विचित्र सपने आते हैं।

एक रात सपना आया—राष्ट्र ने अकाल-उत्सव मनाना तय कर लिया है। कई क्षेत्रों में हो रहा है। एक क्षेत्र में अकाल-उत्सव मैंने सपने में देखा।

आसपास के चार-पाँच गाँवों के किसान, स्त्रियाँ, बच्चे इकट्ठे थे।

पंडाल सजाया गया था। मंत्री अकाल-समारोह का उद्घाटन करने आनेवाले थे। पटवारी ने भूखों से चन्दा करके गुलाबों की मालाएँ क़स्बे से बुलवा ली थीं।

स्त्रियाँ ख़ाली मंगल-घंटों में सूखे नाले के किनारे की घास रखकर क़तार में चल रही थीं। वे गा रही थीं—

‘अबके बरस मेघा फिर से न बरसो, मंगल पड़े अकाल रे।’—

ओवरसीयर और मैंट उनमें से अपने लिए छाँट रहे थे—

“साब, उसे देखो कैसी मटकती है।”

“अरे, मगर इस सामनेवाली को तो देख! दो बार पूरी रोटी खा ले तो परी हो जाए।”

“मगर साब सुना है, तहसीलदार साब भी तबियत फेंक देते हैं।”

“अरे, तो ‘थ्रू प्रापर चैनल’! सरकारी नियम हम थोड़े ही तोड़ेंगे।”

हड्डी-ही-हड्डी। पता नहीं किस गोंद से इन हड्डियों को जोड़कर आदमी के पुतले बनाकर खड़े कर दिये गए हैं।

यह जीवित रहने की इच्छा की गोंद है। यह हड्डी जोड़ देती है। आँतें जोड़ देती है।

सिर मील-भर दूर पड़ा हो तो जुड़ जाता है।

जीने की इच्छा की गोंद बड़ी ताक़तवर होती है।

पर सोचता हूँ, ये जीवित क्यों हैं।

ये मरने की इच्छा को खाकर जीवित हैं। ये रोज़ कहते हैं—इससे तो मौत आ जाए तो अच्छा!

पर मरने की इच्छा को खा जाते हैं। मरने की इच्छा में पोषक तत्त्व होते हैं।

जीने की इच्छा गोंद होती है, जो शरीर जोड़े रखती है।

मरने की इच्छा में पोषक तत्त्व होते हैं।

अकाल-उत्सव शुरू हुआ।

उत्सव में कवि ज़रूरी होते हैं। वह उत्सव का ‘मूड’ बनाते हैं। वहाँ दो कवि भी थे जो समयानुकूल कविता बना लाए थे।

विधायक ने संक्षिप्त भाषण दिया, “बड़े सौभाग्य का विषय है कि मंत्री महोदय हमारे बीच पधारे हैं। उन्हें कई उत्सवों का निमंत्रण था, पर इस क्षेत्र के अकाल से उन्हें विशेष प्रेम है, इसलिए वे यहीं पधारे। हम उनका स्वागत करते हैं।”

माला पड़ी और तालियाँ पिटीं।

सबसे ख़ूबसूरत तालियाँ पीटीं मंत्री जी के आसपास बैठे जमाख़ोर, मुनाफ़ाख़ोर, चोर बाज़ारिये और इनके सरकारी मौसेरे भाइयों ने। तब मंत्री जी ने भाषण दिया—

"मैं आपका आभारी हूँ कि इस अकाल-उत्सव में उद्घाटन के लिए आपने मुझे आमंत्रित किया। अकाल भारत की पुरानी परम्परा है। आप जानते हैं कि भगवान राम के राज्य में भी अकाल पड़ा था। हमारे राज में भी अकाल पड़ता है। हम गांधीजी के आदेश के अनुसार राम-राज ला रहे हैं। अकाल राम-राज का आधार है। मर्यादा पुरुषोत्तम भगवान राम राम-राज का स्वर्ग नहीं ला सकते थे, यदि अकाल न पड़ता। इसलिए अकाल का स्वागत करना चाहिए। अकाल के बिना राम-राज नहीं आ सकता। मेरे विपक्षी मित्र जो भारतीय संस्कृति के पूजक हैं, मुझसे सहमत होंगे कि अकाल हमारी महान भारतीय संस्कृति का एक प्रमुख तत्त्व है। द्रोणाचार्य जैसे वीर तक भूखे मरते थे।

"मेरी इच्छा है, आप ख़ूब ख़ुशी के साथ अकाल-उत्सव मनाएँ। हम घोर संकट में भी प्रसन्न रहते हैं। आप जानते हैं, प्रियजन की मौत के बाद हम श्राद्ध करते हैं तब हाथ पर मलकर शुद्ध घी की परीक्षा करते हैं और उसका लड्डू खाते हैं।

"मैं अधिक समय नहीं लूँगा, क्योंकि रेस्ट हाउस में मेरा मुर्ग़ा पक गया होगा। मेरी कामना है कि उत्सव सफल हो।"

वे बैठ गए।

इसके बाद दो कविताएँ हुईं—एक गम्भीर और दूसरी हास्य रस की।

गम्भीर कवि ने पढ़ा—

स्वागत अकाल! स्वागत अकाल!
भारत के गौरव के प्रतीक,
गांधी के सपने के प्रतीक
गोदामों में रखी सुरक्षित
हरित क्रान्ति के प्रिय प्रतीक
मनु भी करते बैठे जुगाल!
स्वागत अकाल! स्वागत अकाल!

फिर हास्य रस की कविता कवि 'मामा' ने पढ़ी—

मामी बोली मामा से देखो
रोटी तो बिल्ली निगल गई
मामा बोले रोटी वापस लेने को
तुम निगलो बिल्ली को तुरन्त!

इसके बाद थोड़ी और औपचारिकता के बाद समारोह समाप्त हुआ क्योंकि रेस्ट हाउस में मुर्गे पककर बाँग देने लगे थे! दूसरे दिन से राहत कार्य शुरू हो गए।

मुझे सपने बहुत आते हैं।

मैं देखता हूँ—भूखे बिलबिला रहे हैं। मज़दूरी पूरी नहीं मिलती। मिलती है तो दाना नहीं मिलता। मिलता है तो महँगा मिलता है। महँगा मिलता है, तो उसमें न जाने क्या-क्या कचरा मिला रहता है।

भूखे और अधमरे चिल्लाते हैं—रोटी नहीं तो उत्सव काहे का! उत्सव फेल हो गया।

मुझे एक सपना और आता है। कुछ दूसरी पार्टियों के लोग सेठों, जमाख़ोरों, सूदख़ोरों, मुनाफ़ाख़ोरों को लेकर जाते हैं और लोगों से कहते हैं—

तुम्हें रोटी नहीं मिलती। रोटी नहीं मिलती क्योंकि गल्ला नहीं मिलता। गल्ला क्यों नहीं मिलता, क्योंकि ये लोग जो आए हैं, इनका गल्ला सरकार ने दबा लिया है। ज़बरदस्ती दबा लिया है।

आप लोग बताओ—पीढ़ियों से गल्ला तुम किन्हें बेचते थे?

लोग बोले—इन आपके साथ के लोगों को। मगर ये लोग—

नेता लोग बोले—'मगर' बन्द करो अब। इस सरकार ने इनका ख़रीदना बन्द कर दिया है। फिर बताओ—गल्ला तुम कौन से लेते थे?

लोग बोले—इन्हीं से। मगर—

नेता बोले—पर सरकार ने इनका बेचना भी बन्द कर दिया है।

लोगों ने कहा—तो हम लोग क्या करें? किसके ईमान पर भरोसा करें?

नेता बोले—अब हमारी बात मानो। इस सरकार का अकाल-उत्सव तुम लोग भुगत चुके। इस सरकार को बदलो। अब हमें वोट दो। हमें विधान सभा और संसद में भेजो। हमारी सरकार बनवाओ। तुम देखोगे कि तुम सब सुखी हो जाओगे। ख़रीदनेवाले ख़रीदेंगे और बेचनेवाले बेचेंगे। यही आदिकाल से चला आ रहा है। यही सनातन धर्म है। हमारे अकाल-उत्सव से तुम्हें कोई शिकायत नहीं होगी।

लोग बोले—मगर...

नेता बोले—तुम बार-बार 'मगर' क्यों बोलते हो?

'मगरमच्छ' बोलो न!

मुझे फिर सपना आता है। मैं सपनों से परेशान हूँ। वे कितने सुखी हैं, जिन्हें सपने नहीं आते। मुझे लगने लगा है कि वही सुख की गहरी नींद सोता है, जिसे सपने नहीं आते। मेरा पहले ख़याल था कि सूअर और कुत्ता ऐसे प्राणी हैं जिन्हें सपने नहीं आते। पर अब अन्न का दाना न मिलने से चूहे को भी सपने आते हैं।

सपने में देखता हूँ कि भूखे लोग तरह-तरह की सरकारें बनाते हैं। अकाल-उत्सव भी मनाते हैं। बड़ा आनन्द है। पर रोटी नहीं मिलती। अन्न नहीं मिलता।

"अथातो ब्रह्म जिज्ञासा!" मैं दार्शनिक हो जाता हूँ। ऋषि शिष्य से ब्रह्म के रूप के बारे में चिन्तन करने को कहता है। जिज्ञासु शिष्य उपवास करके चिन्तन करता है और भूखा ब्रह्मचारी आकर कहता है—गुरु, अन्नं ब्रह्म। अन्न ही ब्रह्म है, गुरु! अन्न! अन्न! इसके बाद ही 'आनन्द ब्रह्म' है।

इधर हलचल बढ़ रही है।

न जाने कौन इन लोगों को समझाते हैं कि जो सरकार अकाल को उत्सव मानेगी, रोटी नहीं देगी।

मगर लोगों को उत्सव मनाने की आदत पड़ गई है।

उत्सव का रूप चाहे बदले, उत्सव मनाएँगे।

मुझे भयंकर सपना आता है।

देखता हूँ कि अकाल-उत्सव के मूड में ढोलक बजाकर नाचते-गाते भूखे, अधमरे राजधानी में आ गए हैं और बड़ा भयंकारी दृश्य मुझे दिखता है।

एक विधायक पहचान का मिलता है। उसका एक हाथ ही नहीं है। आस्तीन से ख़ून टपक रहा है।

मैं पूछता हूँ, "यह क्या हो गया?"

वह कहता है, "वही अकाल-उत्सववाले लोग मेरा हाथ खा गए।"

किसी विधायक की टाँग खा ली गई है। किसी मंत्री की नाक चबा ली गई है, किसी का कान!

भीड़ बढ़ती जाती है।

विधायक और मंत्रीगण भाग रहे हैं।

एकाएक सैकड़ों जमाख़ोरों और मुनाफ़ाख़ोरों को लोग पकड़ लाते हैं और उन्हें भून रहे हैं। कहते हैं—तुम्हारी भूख इतनी विकट है कि अपना ही भुना गोश्त खाए बिना तुम्हारा पेट नहीं भरेगा।

हमें खाओगे तो भूखे रह जाओगे। हममें खाने लायक़ कितना कम है।

अब वे पुलिस और रायफल की राह देख रहे हैं।

सारे विधान भवनों में सन्नाटा!

संसद और उसके अहाते में सन्नाटा!

अब ये भूखे क्या खाएँ? भाग्य-विधाताओं और जीवन के थोक ठेकेदारों की नाक खा गए, कान खा गए, हाथ खा गए, टाँग खा गए। वे सब भाग गए। अब क्या खाएँ?

अब क्या खाएँ? आख़िर वे विधान-सभा और संसद की इमारतों के पत्थर और ईंटें काट-काटकर खाने लगे।

भयंकर सपना! मेरी नींद टूट गई। मैं पसीने से लथपथ हो जाता हूँ। घबड़ाहट होती है। क्या करूँ? सपना ही तो है—यह सोचकर शान्त होना चाहता हूँ।

मगर चैन नहीं मिलती। मानस-चतुश्शती वर्ष है। इसलिए मैं 'रामचरितमानस' श्रद्धापूर्वक फिर से पढ़ रहा हूँ। मैं 'रामचरितमानस' उठा लेता हूँ। इससे शान्ति मिलेगी।

यों ही कोई पृष्ठ खोल लेता हूँ।

संयोग से 'लंका कांड' निकल पड़ता है।

मैं पढ़ता हूँ। अशोक वाटिका में त्रिजटा सीताजी को धीरज बँधाती है।

त्रिजटा को भी तेरी तरह सपना आया था।

त्रिजटा मुझसे अधिक देखती और समझती थी। उसे बहुत आगे दिखता था। वह कहती है—

यह सपना मैं कहौं विचारी।
हुइहैं सत्य गए दिन चारी॥

संसद और मंत्री की मूँछ

संसद की कार्यवाही को लेकर बार-बार यह बात उठाई जाती है कि प्रति दिन संसद पर कितना ख़र्च आता है? प्रति मिनट कितने रुपये लग जाते हैं? हर प्रश्न पर कितना ख़र्च होता है?

ये सवाल यों बेमानी हैं। संसद किसी से पैसा माँगने नहीं जाती। वह ख़ुद बजट पास करती है। जो बजट पास करे, उसे चाहे जितना ख़र्च करने का हक़ है।

संसद का क़ीमती समय कैसे मज़े में कट सकता है, इसकी एक मिसाल दे रहा हूँ।

एक दिन गुलजारीलाल नन्दा (रेलमंत्री) जब सदन में घुसे, तो सदस्यों ने देखा, उनकी मूँछें सफाचट हैं। नन्दा जी के सींकिया बदन पर मूँछें बहुत फबती हैं। वे रेलमंत्री होते हुए भी सुरक्षा मंत्री लगते हैं।

सदन में कानाफूसी हुई और एक जनसंघी सदस्य ने कार्यवाही रोकते हुए कहा, "अध्यक्ष महोदय, नन्दा जी की मूँछें आज नहीं हैं। हम जानना चाहते हैं कि उनकी मूँछों का क्या हुआ? क्या उन्होंने ख़ुद मूँड़ लीं या कोई और मूँड़ ले गया।"

दूसरा जनसंघी, "यह साधारण घटना नहीं है। इस मंत्रिमंडल में सिर्फ़ नन्दा जी की ही मूँछें हैं।"

सत्ता कांग्रेसी, "यह ग़लत है। जगजीवनराम की भी मूँछें हैं।"

जनसंघी, "हम जगजीवनराम की मूँछ को मूँछ नहीं मानते।"

सत्ता कांग्रेसी, "तुम्हें मानना होगा। हम साम्प्रदायिक प्रतिक्रियावादियों की यह धाँधली नहीं चलने देंगे कि वे हमारे अध्यक्ष की मूँछ को मूँछ ही न मानें। हम हर मोर्चे पर प्रतिक्रियावादियों से निपटने को तैयार हैं चाहे वह मूँछ का मोर्चा ही क्यों न हो!"

जनसंघी, "यह मामला साधारण नहीं है। नन्दा जी साधारण मंत्री नहीं हैं। हमारे गोरक्षा आन्दोलन के वक़्त वही गृहमंत्री थे। फिर वे दो बार दो प्रधानमंत्रियों के बीच के दिनों में प्रधानमंत्री रहे। उनकी मूँछ देश की मूँछ है। फिर मूँछ भारतीय संस्कृति में उत्तम पौरुष का प्रतीक है।"

द्रमुक सदस्य, "ग़लत है। राम और कृष्ण की मूँछें नहीं थीं। कोई भी फ़ोटो उठाकर देख लीजिए। उत्तर भारत का यह साम्राज्यवाद नहीं चलेगा।"

संगठन-कांग्रेसी, "अविभाजित कांग्रेस होती और हम साथ होते तो ऐसा नहीं होने देते। अनुशासनहीनता की हद है कि दल की कार्यकारिणी में निर्णय हुए बिना कोई मंत्री मूँछें साफ़ करा ले। हमारे पास पक्की जानकारी है कि कम्युनिस्टों के दबाव में आकर नन्दा जी ने मूँछें साफ़ करवा ली हैं। हमारे दल के एक सदस्य ने आज सुबह भूपेश गुप्त को नन्दा जी की मूँछ पर उस्तरा चलाते देखा।"

साम्यवादी, "ग़लत है। हम इस सरकार को सिर्फ़ कार्यक्रम के आधार पर समर्थन देते हैं और उस कार्यक्रम में नन्दा जी की मूँछों का उल्लेख नहीं है। न हमारा काम कांग्रेस की मूँछ की हिफ़ाज़त है, न उसे

काटना। यह सारी साजिश सी.आई.ए. की है। जब से दिल्ली प्रशासन जनसंघ के हाथों में आया है तब से राजधानी में कई सी.आई.ए. एजेंट हो गए हैं। इसीलिए भूपेश गुप्त कलकत्ता में हजामत बनवाते हैं और हम केरल में।"

प्रसोपाई, "हम भी मामले में कुछ कहते पर हमारी इस समय सत्ता कांग्रेस से समझौता-वार्ता चल रही है।"

संसोपाई, "तुम तो इन्दिरा की पैर की जूती हो।"

प्रसोपाई, "शटअप!"

भाक्रान्दी, "क्या यह सही है कि नन्दा जी की मूँछें उसी मुगलसरायवाले साधु ने मूड़ी हैं, जिसे उन्होंने भ्रष्टाचार रोकने के काम में लगा रखा है? अगर यह सच है तो चिन्ता की बात है। जो साधु रेलमंत्री की मूँछें काट ले, वह इंजन भी ग़ायब कर सकता है।"

मार्क्सवादी, "संशोधनवादियों से समझौता करोगे, तो मूँछें तो जाएँगी ही। जिस दिन केरल में इनका मोर्चा बना था, उसी दिन हमने भविष्यवाणी कर दी थी कि एक दिन नन्दा जी की मूँछें जाएँगी।"

अध्यक्ष ने अब नन्दा जी की तरफ़ देखा। नन्दा जी उठे और वक्तव्य दिया, "मैं सिर्फ़ इतना जानता हूँ कि सुबह मैंने हजामत बनवाई, नहाया और खाकर लोकसभा में आ गया। मूँछें हैं या नहीं, यह भी मैं नहीं कह सकता। सरकार इसकी जाँच करेगी।"

कई सदस्य, "हाथ फेरकर देख लीजिए न।"

नन्दा जी, "मैं सदस्यों की यह माँग स्वीकार नहीं कर सकता। मैं मूँछ पर हाथ नहीं फेरूँगा। सरकार का काम करने का एक तरीक़ा है। वह जल्दबाज़ी में कुछ नहीं करेगी।"

कई सदस्य, "सदन को तथ्य जानने का हक़ है।"

नन्दा, "तो मैं कह तो रहा हूँ कि एक जाँच समिति बिठा रहा हूँ जो यह जाँच करेगी कि पहले मेरी मूँछ थी या नहीं। अगर थी तो अब है या नहीं है? अगर नहीं है तो क्यों नहीं है?"

कई सदस्य, "कमेटी की जाँच होने तक तो मूँछें फिर बढ़ जाएँगी। अभी सदन में इसका फ़ैसला हो जाना चाहिए।"

अब प्रधानमंत्री ने हस्तक्षेप किया, "जब वे कह रहे हैं कि जाँच समिति बिठा रहे हैं, तो सदस्यों को सन्तुष्ट हो जाना चाहिए। सरकार किसी तथ्य पर पर्दा नहीं डालना चाहती।"

एक सदस्य, "इसकी न्यायिक जाँच होनी चाहिए।"

प्रधानमंत्री, "अच्छा, न्यायिक जाँच हो जाएगी! जस्टिस खोसला अभी ख़ाली नहीं हैं। वे नेताजी की मृत्यु की जाँच से निपट जाएँ, तब नन्दा जी की मूँछ का मामला उन्हें सौंप देंगे।"

एक संसोपाई, "धिक्कार है! यह 'राष्ट्रीय शर्म' की सरकार है। इन्दिरा गांधी के मंत्रिमंडल में शामिल होनेवालों की ख़ैर नहीं है। इन्दिरा हटाओ, देश बचाओ।"

दूसरा संसोपाई, "नहीं, पूना में नारा बदल गया है। इन्दिरा हराओ, देश बचाओ।"

पहला संसोपाई, "चुप रह बे, राजनारायण के बच्चे!"

दूसरा संसोपाई, "चुप रह रे, जोशी की रखैल।"

पहला संसोपाई, "थू-थू!"

दूसरा संसोपाई, "थू-थू!"

अध्यक्ष, "माननीय सदस्य सदन छोड़ दें।"

दोनों, "हम नहीं निकलेंगे। हम सीट के नीचे घुस जाएँगे। हम कुर्सी की टाँग से चिपक जाएँगे।"

अध्यक्ष, "मैं कहता हूँ, दोनों सदस्य सदन से बाहर चले जाएँ। यह क्या तमाशा है! जब से मैं स्पीकर हुआ हूँ मेरा दिमाग़ इतना ख़राब हो गया है कि मैं बीवी की प्रेम की बात सुनकर भी 'ऑर्डर-ऑर्डर' चिल्लाता हूँ।"

अध्यक्ष मार्शल को हुक्म देते हैं।

दोनों संसोपाई सीट के नीचे घुस जाते हैं। मार्शल को उन्हें उठाकर बाहर ले जाने में बीस मिनट लग जाते हैं। पूरा महा गठबन्धन वाकआउट कर जाता है।

सदन का एक घंटा ख़त्म होता है।

ठिठुरता हुआ गणतंत्र

चार बार मैं गणतंत्र-दिवस का जलसा दिल्ली में देख चुका हूँ। पाँचवीं बार देखने का साहस नहीं। आख़िर यह क्या बात है कि हर बार जब मैं गणतंत्र-समारोह देखता, तब मौसम बड़ा क्रूर रहता। छब्बीस जनवरी के पहले ऊपर बर्फ़ पड़ जाती है। शीत-लहर आती है, बादल छा जाते हैं, बूँदाबाँदी होती है और सूर्य छिप जाता है। जैसे दिल्ली की अपनी अर्थनीति नहीं है, वैसे ही अपना मौसम भी नहीं है। अर्थनीति जैसे डॉलर, पौंड, रुपया, अन्तरराष्ट्रीय मुद्राकोष या भारत-सहायता क्लब से तय होती है, वैसे ही दिल्ली का मौसम कश्मीर, सिक्किम, राजस्थान आदि तय करते हैं।

इतना बेवक़ूफ़ भी नहीं हूँ कि मान लूँ, जिस साल मैं समारोह देखता हूँ, उसी साल ऐसा मौसम रहता है। हर साल देखनेवाले बताते हैं कि हर गणतंत्र-दिवस पर मौसम ऐसा ही धूपहीन ठिठुरनवाला होता है।

आख़िर बात क्या है? रहस्य क्या है?

जब कांग्रेस टूटी नहीं थी, तब मैंने एक कांग्रेस मंत्री से पूछा था कि यह क्या बात है कि हर गणतंत्र-दिवस को सूर्य छिपा रहता है? सूर्य की किरणों के तले हम उत्सव क्यों नहीं मना सकते? उन्होंने कहा, "ज़रा धीरज रखिए। हम कोशिश में लगे हैं कि सूर्य बाहर आ जाए। पर इतने बड़े सूर्य को बाहर निकालना आसान नहीं है। वक़्त लगेगा। हमें सत्ता के कम-से-कम सौ वर्ष तो दीजिए!"

दिये। सूर्य को बाहर निकालने के लिए सौ वर्ष दिये, मगर हर साल उसका कोई छोटा कोना निकलता तो दिखना चाहिए। सूर्य कोई बच्चा तो है नहीं जो अन्तरिक्ष की कोख में अटका है, जिसे आप एक दिन ऑपरेशन करके निकाल देंगे।

इधर जब कांग्रेस के दो हिस्से हो गए तब मैंने एक इंडिकेटी कांग्रेसी से पूछा। उसने कहा, "हम हर बार सूर्य को बादलों से बाहर निकालने की कोशिश करते थे, पर हर बार सिंडिकेटवाले अड़ंगा डाल देते थे। अब हम वादा करते हैं कि अगले गणतंत्र-दिवस पर सूर्य को निकालकर बताएँगे।"

एक सिंडिकेटी पास खड़ा सुन रहा था। वह बोल पड़ा, "यह लेडी (प्रधानमंत्री) कम्युनिस्टों के चक्कर में आ गई है। वही उसे उकसा रहे हैं कि सूर्य को निकालो। उन्हें उम्मीद है, बादलों के पीछे से उनका प्यारा 'लाल सूरज' निकलेगा। हम कहते हैं कि सूर्य को निकालने की क्या ज़रूरत है? क्या बादलों को हटाने से काम नहीं चल सकता?"

मैं संसोपाई भाई से पूछता हूँ। वह कहता है, "सूर्य ग़ैर-कांग्रेसवाद पर अमल कर रहा है। उसने डॉक्टर लोहिया के कहने से हमारा पार्टी-फ़ार्म भर दिया था। कांग्रेसी प्रधानमंत्री को सलामी लेते वह कैसे देख सकता है? किसी ग़ैर-कांग्रेसी को प्रधानमंत्री बना दो, तो सूर्य क्या, उसके बच्चे भी निकल पड़ेंगे।"

जनसंघी भाई से भी मैंने पूछा। उसने साफ़ कहा, "सूर्य सेक्युलर होता तो इस सरकार की परेड में निकल आता। इस सरकार से आशा मत करो कि वह भगवान अंशुमाली को निकाल सकेगी। हमारे राज्य में ही सूर्य निकलेगा।"

साम्यवादी ने मुझसे साफ़ कहा, "यह सब सी.आई.ए. का षड्यंत्र है। सातवें बेड़े से बादल दिल्ली भेजे जाते हैं।"

स्वतंत्र पार्टी के नेता ने कहा, "रूस का पिछलग्गू बनने का और क्या नतीजा होगा!"

प्रसोपा के भाई ने अनमने ढंग से कहा, "सवाल पेचीदा है। नेशनल कौंसिल की अगली बैठक में इसका फ़ैसला होगा। तब बताऊँगा।"

राजा जी से मैं मिल न सका। मिलता, तो वह इसके सिवाय क्या कहते कि इस राज में तारे निकलते हैं, यही ग़नीमत है।

मैं इन्तज़ार करूँगा, जब भी सूर्य निकले।

स्वतंत्रता-दिवस भी तो भरी बरसात में होता है। अंग्रेज बहुत चालाक हैं। भरी बरसात में स्वतंत्र करके चले गए। उस कपटी प्रेमी की तरह भागे,

जो प्रेमिका का छाता भी ले जाए। वह बेचारी भीगती बसस्टैंड जाती है, तो उसे प्रेमी की नहीं, छाता-चोर की याद सताती है।

स्वतंत्रता-दिवस भीगता है और गणतंत्र-दिवस ठिठुरता है।

मैं ओवरकोट में हाथ डाले परेड देखता हूँ। प्रधानमंत्री किसी विदेशी मेहमान के साथ खुली गाड़ी में निकलती हैं। रेडियो टिप्पणीकार कहता है, "घोर करतल-ध्वनि हो रही है।" मैं देख रहा हूँ, नहीं हो रही है। हम सब तो कोट में हाथ डाले बैठे हैं। बाहर निकालने का जी नहीं होता। हाथ अकड़ जाएँगे।

लेकिन हम नहीं बजा रहे हैं, फिर भी तालियाँ बज रही हैं। मैदान में ज़मीन पर बैठे वे लोग बजा रहे हैं, जिनके पास हाथ गरमाने के लिए कोट नहीं है। लगता है, गणतंत्र ठिठुरते हुए हाथों की तालियों पर टिका है। गणतंत्र को उन्हीं हाथों की ताली मिलती है, जिनके मालिक के पास हाथ छिपाने के लिए गर्म कपड़ा नहीं है।

पर कुछ लोग कहते हैं, "ग़रीबी मिटनी चाहिए।" तभी दूसरे कहते हैं, "ऐसा कहनेवाले प्रजातंत्र के लिए ख़तरा पैदा कर रहे हैं।"

गणतंत्र-समारोह में हर राज्य की झाँकी निकलती है। ये अपने राज्य का सही प्रतिनिधित्व नहीं करतीं। 'सत्यमेव जयते' हमारा मोटो है मगर झाँकियाँ झूठ बोलती हैं। इनमें विकास-कार्य, जनजीवन, इतिहास आदि रहते हैं। असल में हर राज्य को उस विशिष्ट बात को यहाँ प्रदर्शित करना चाहिए जिसके कारण पिछले साल वह राज्य मशहूर हुआ। गुजरात की झाँकी में इस साल दंगे का दृश्य होना चाहिए, जलता हुआ घर और आग में झोंके जाते बच्चे। पिछले साल मैंने उम्मीद की थी कि आन्ध्र की झाँकी में हरिजन जलाते हुए दिखाए जाएँगे। मगर ऐसा नहीं दिखा। यह कितना बड़ा झूठ है कि कोई राज्य दंगे के कारण अन्तरराष्ट्रीय ख्याति पाए, लेकिन झाँकी सजाए लघु-उद्योगों की। दंगे से अच्छा गृह-उद्योग तो इस देश में दूसरा है नहीं। मेरे मध्य प्रदेश ने दो साल पहले सत्य के नज़दीक पहुँचने की कोशिश की थी। झाँकी में अकाल-राहत कार्य बतलाए गए थे। पर सत्य अधूरा रह गया था। मध्य प्रदेश उस साल राहत-कार्यों के कारण नहीं, राहत-कार्यों में घपले के कारण मशहूर हुआ था। मेरा सुझाव माना

जाता तो में झाँकी में झूठे मस्टर-रोल भरते दिखाता, चुकारा करनेवाले का अँगूठा हज़ारों मूर्खों के नाम के आगे लगवाता, नेता, अफ़सर, ठेकेदार के बीच लेन-देन का दृश्य दिखाता। उस झाँकी में वह बात नहीं आई। पिछले साल स्कूलों की 'टाट-पट्टी कांड' से हमारा राज्य मशहूर हुआ। मैं पिछले साल की झाँकी में यह दृश्य दिखाता—मंत्री, अफ़सर वग़ैरह खड़े हैं और टाट-पट्टी खा रहे हैं।

जो हाल झाँकियों का, वही घोषणाओं का। हर साल घोषणा की जाती है कि समाजवाद आ रहा है पर अभी तक नहीं आया। कहाँ अटक गया? लगभग सभी दल समाजवाद लाने का दावा करते हैं, लेकिन वह नहीं आ रहा।

मैं एक सपना देखता हूँ। समाजवाद आ गया है और बस्ती के बाहर टीले पर खड़ा है। बस्ती के लोग आरती सजाकर उसका स्वागत करने को तैयार खड़े हैं। पर टीले को घेरे खड़े हैं कई तरह के समाजवादी। उनमें से हरेक लोगों से कहकर आया है कि समाजवाद को हाथ पकड़कर मैं ही लाऊँगा।

समाजवाद टीले से चिल्लाता है, "मुझे बस्ती में ले चलो।"

मगर टीले को घेरे समाजवादी कहते हैं, "पहले यह तय होगा कि कौन तेरा हाथ पकड़कर ले जाएगा!"

समाजवाद की घेराबन्दी कर रखी है। संसोपा-प्रसोपावाले जनतांत्रिक समाजवादी हैं, पीपुल्स डेमोक्रेसी और नेशनल डेमोक्रेसीवाले साम्यवादी हैं, दोनों तरह के कांग्रेसी हैं, सोशलिस्ट यूनिटी सेंटरवाले हैं। क्रान्तिकारी समाजवादी हैं। हरेक समाजवाद का हाथ पकड़कर उसे बस्ती में ले जाकर लोगों से कहना चाहता है, "लो, मैं समाजवाद ले आया।"

समाजवाद परेशान है। उधर जनता भी परेशान है। समाजवाद आने को तैयार खड़ा है, मगर समाजवादियों में आपस में धौल-धप्पा हो रहा है। समाजवाद एक तरफ़ उतरना चाहता है कि उस पर पत्थर पड़ने लगते हैं। 'ख़बरदार, उधर से मत जाना!' एक समाजवादी उसका एक हाथ पकड़ता है, तो दूसरा, दूसरा हाथ पकड़कर उसे खींचता है। तब बाक़ी समाजवादी छीना-झपटी करके हाथ छुड़ा देते हैं। लहूलुहान समाजवाद टीले पर खड़ा है।

इस देश में जो जिसके लिए प्रतिबद्ध है, वही उसे नष्ट कर रहा है। लेखकीय स्वतंत्रता के लिए प्रतिबद्ध लोग ही लेखक की स्वतंत्रता छीन रहे हैं। सहकारिता के लिए प्रतिबद्ध इस आन्दोलन के लोग ही सहकारिता को नष्ट कर रहे हैं। सहकारिता तो एक स्पिरिट है। सब मिलकर सहकारितापूर्वक खाने लगते हैं और आन्दोलन को नष्ट कर देते हैं। समाजवाद को समाजवादी ही रोके हुए हैं।

यों प्रधानमंत्री ने घोषणा कर दी है कि अब समाजवाद आ ही रहा है।

मैं एक कल्पना कर रहा हूँ।

दिल्ली में फ़रमान जारी हो जाएगा, "समाजवाद सारे देश के दौरे पर निकल रहा है। उसे सब जगह पहुँचाया जाए। उसके स्वागत और सुरक्षा का पूरा बन्दोबस्त किया जाए।"

एक सचिव दूसरे सचिव से कहेगा, "लो, ये एक और वी.आई.पी. आ रहे हैं। अब इनका इन्तज़ाम करो। नाक में दम है।"

कलेक्टरों को हुक्म चला जाएगा। कलेक्टर एस.डी.ओ. को लिखेगा, एस.डी.ओ. तहसीलदार को।

पुलिस-दफ़्तरों में फ़रमान पहुँचेंगे, समाजवाद की सुरक्षा की तैयारी करो।

दफ़्तरों में बड़े बाबू छोटे बाबू से कहेंगे, "काहे हो तिवारी बाबू, एक कोई समाजवादवाला काग़ज़ आया था न! ज़रा निकालो!"

तिवारी बाबू काग़ज़ निकालकर देंगे। बड़े बाबू फिर से कहेंगे, "अरे वह समाजवाद तो परसों ही निकल गया। कोई लेने नहीं गया स्टेशन। तिवारी बाबू, तुम काग़ज़ दबाकर रख लेते हो। बड़ी ख़राब आदत है तुम्हारी।"

तमाम अफ़सर लोग चीफ़-सेक्रेटरी से कहेंगे, "सर, समाजवाद बाद में नहीं आ सकता? बात यह है कि हम उसकी सुरक्षा का इन्तज़ाम नहीं कर सकेंगे। दशहरा आ रहा है। दंगे के आसार हैं। पूरा फोर्स दंगे से निपटने में लगी है।"

मुख्य सचिव दिल्ली लिख देगा, "हम समाजवाद की सुरक्षा का इन्तज़ाम करने में असमर्थ हैं। उसका आना अभी मुल्तवी किया जाए।"

जिस शासन-व्यवस्था में समाजवाद के आगमन के काग़ज़ दब जाएँ और जो उसकी सुरक्षा की व्यवस्था न करे, उसके भरोसे समाजवाद लाना है

तो ले आओ। मुझे ख़ास एतराज़ भी नहीं है। जनता के द्वारा न आकर अगर समाजवाद दफ़्तरों के द्वारा आ गया तो एक ऐतिहासिक घटना हो जाएगी।

महात्मा गांधी को चिट्ठी पहुँचे

यह चिट्ठी महात्मा मोहनदास करमचन्द गांधी को पहुँचे। महात्मा जी, मैं न संसद सदस्य हूँ, न विधायक, न मंत्री, न नेता। इनमें से कोई कलंक मेरे ऊपर नहीं है। मुझमें कोई ऐसा राजनीतिक ऐब नहीं है कि आपकी जय बोलूँ। मुझे कोई पद भी नहीं चाहिए कि राजघाट जाऊँ। मैंने आपकी समाधि पर शपथ भी नहीं ली।

आपका भी अब भरोसा नहीं रहा। पिछले मार्च में आपकी समाधि पर मोरारजी भाई ने भी शपथ ली थी और जगजीवन बाबू ने भी। मगर बाबूजी रह गए और मोरारजी प्रधानमंत्री हो गए। आख़िर गुजराती ने गुजराती का साथ दिया!

जिन्होंने आपकी समाधि पर शपथ ली थी, उनका दस महीने में ही 'जिन्दाबाद' से 'मुरदाबाद' हो गया। वे जनता से बचने के लिए बाथरूम में बिस्तर डलवाने लगे हैं। मुझे अपनी दुर्गति नहीं करानी। मैं कभी आपकी सामधि पर शपथ नहीं लूँगा। उसमें भी आप टाँग खींच सकते हैं।

आपके नाम पर सड़कें हैं—महात्मा गांधी मार्ग, गांधी पथ। इन पर हमारे नेता चलते हैं। कौन कह सकता है कि इन्होंने आपका मार्ग छोड़ दिया। वे तो रोज़ महात्मा गांधी रोड पर चलते हैं।

इधर आपको और तरह से अमर बनाने की कोशिश भी हो रही है। पिछली दीवाली पर दिल्ली के जनसंघी शासन ने सस्ती मोमबत्ती सप्लाई कराई थी। मोमबत्ती के पैकेट पर आपका फ़ोटो था। फ़ोटो में आप आर.एस.एस. के ध्वज को प्रणाम कर रहे हैं। पीछे डॉक्टर हेडगेवार खड़े हैं।

एक ही कमी रह गई। आगे पूरी हो जाएगी। अगली बार आपको हाफ पैंट पहना दिया जाएगा और भगवा टोपी पहना दी जाएगी। आप मज़े में आर.एस.एस. के स्वयंसेवक के रूप में अमर हो सकते हैं। आगे वही अमर होगा, जिसे जनसंघ करेगा।

कांग्रेसियों से आप उम्मीद मत कीजिए। यह नस्ल ख़त्म हो रही है। आगे गड़ाए जानेवाले कालपात्र में एक नमूना कांग्रेस का भी रखा जाएगा, जिससे आगे आनेवाले यह जान सकें कि पृथ्वी पर एक प्राणी ऐसा भी था। गेंडा तो अपना अस्तित्व क़ायम रखे है, पर कांग्रेसी नहीं रख सका।

मोरारजी भाई भी आपके लिए कुछ नहीं कर सकेंगे। वे सत्यवादी हैं। इसलिए वे अब यह नहीं कहते कि आपको मारनेवाला गोडसे आर.एस एस. का था।

यह सभी जानते हैं कि गोडसे फाँसी पर चढ़ा, तब उसके हाथ में भगवा ध्वज था और होंठों पर संघ की प्रार्थना—'नमस्ते सदा वत्सले मातृभूमि।' पर यही बात बतानेवाला गांधीवादी गाइड दामोदरन नौकरी से निकाल दिया गया है। उसे आपके मोरारजी भाई ने नहीं बचाया।

मोरारजी सत्य पर अटल रहते हैं। इस समय उनके लिए सत्य है प्रधानमंत्री बने रहना। इस सत्य की उन्हें रक्षा करनी है। इस सत्य की रक्षा के लिए जनंसघ का सहयोग ज़रूरी है। इसलिए वे यह झूठ नहीं कहेंगे कि गोडसे आर.एस.एस. का था। वे सत्यवादी हैं।

तो अब महात्मा जी, जो कुछ उम्मीद है, बालासाहब देवरस से है। वे जो करेंगे, वही आपके लिए होगा। वैसे काम चालू हो गया है। गोडसे को भगतसिंह का दर्जा देने की कोशिश चल रही है। गोडसे ने हिन्दू राष्ट्र के विरोधी गांधी को मारा था।

गोडसे जब भगतसिंह की तरह राष्ट्रीय हीरो हो जाएगा, तब तीस जनवरी का क्या होगा? अभी तक यह 'गांधी निर्वाण-दिवस' है, आगे 'गोडसे गौरव-दिवस' हो जाएगा। इस दिन कोई राजघाट नहीं जाएगा। फिर भी आपको याद ज़रूर किया जाएगा।

जब तीस जनवरी को गोडसे की जय-जयकार होगी, तब यह तो बनाना ही पड़ेगा कि उसने कौन-सा महान कर्म किया था। बताया

जाएगा कि इस दिन उस वीर ने गांधी को मार डाला था। तो आप गोडसे के बहाने याद किये जाएँगे। अभी तक गोडसे को आपके बहाने याद किया जाता था।

एक महान पुरुष के हाथ से मरने का कितना फ़ायदा मिलेगा आपको? लोग पूछेंगे, "यह गांधी कौन था?" जवाब मिलेगा, "वही जिसे गोडसे ने मारा था।"

एक संयोग और आपके लिए अच्छा है। 30 जनवरी, 1977 को जनता पार्टी बनी थी। 30 जनवरी जनता पार्टी का जन्म-दिन है। अब बताइए, जन्म-दिन पर कोई आपके लिए रोएगा? वह तो ख़ुशी का दिन होगा।

आगे चलकर जनता पार्टी पूरी तरह जनसंघ हो जाएगी। तब 30 जनवरी का यह महत्त्व होगा—इस दिन परमवीर राष्ट्रभक्त गोडसे ने गांधी को मारा। इस पुण्य के प्रताप से इसी दिन जनता पार्टी का जन्म हुआ, जिसने हिन्दू राष्ट्र की स्थापना की।

आप चिन्ता न करें, महात्मा जी! हमारे मोरारजी भाई को न कभी चिन्ता होती है, न वे कभी तनाव अनुभव करते हैं। चिन्ता क्यों हो उन्हें? किसकी चिन्ता हो? देश की? नहीं। उन्होंने तो ऐलान कर दिया है—राम की चिड़िया, राम के खेत! खाओ री चिड़िया, भर-भर पेट! तो चिड़िया खेत खा रही हैं और मोरारजी को कोई चिन्ता, कोई तनाव नहीं है।

बाक़ी भी ठीक चल रहा है। आप जो लाठी छोड़ गए थे, उसे चरणसिंह ने हथिया लिया है।

चौधरी साहब इस लाठी को लेकर जवाहरलाल नेहरू का पीछा कर रहे हैं। जहाँ नेहरू को पा जाते हैं, एक-दो हाथ दे देते हैं। जो भी नेहरू की नीतियों पर वकालत करता है, उसे चौधरी आपकी लाठी से मार देते हैं।

उस दिन चन्द्रशेखर ने कहीं कह दिया कि नेहरू की उद्योगीकरण की नीति सही थी और उससे देश को बहुत फ़ायदा हुआ है।

चरणसिंह ने सुना तो नौकर से कहा, "अरे, लाना गांधीजी की लाठी!"

लाठी लेकर चौधरी चन्द्रशेखर को मारने निकल पड़े। बेचारे बचने के लिए थाने गए तो थानेदार ने कह दिया, "पुलिस चौधरी साहब की है। वे आपको मार रहे हैं, तो हम नहीं बचा सकते।"

आप हरिजन वग़ैरह की चिन्ता मत कीजिए। हर साल कोटा तय रहता है कि इस साल गांधी जयन्ती तक इतने हरिजन मरेंगे। इस साल 'कोटा' थोड़ा बढ़ा दिया गया था, क्योंकि जनता पार्टी के नेताओं ने राजघाट पर शपथ ली थी।

उनकी सरकार बन गई। उन्हें शपथ की लाज रखनी थी। इसीलिए हरिजनों को मारने का 'कोटा' थोड़ा बढ़ा दिया गया। ख़ुशी है कि कोटे से कुछ ज़्यादा ही हरिजन मारे गए।

आप बेफ़िक्र रहें, आपका यश किसी-न-किसी रूप में सुरक्षित रहेगा।

आपका

एक भक्त

हीनता का अतिराष्ट्रवाद

आज मुझे सरकारी तौर पर, अधिकृत रूप से यह बताया गया कि सूरदास महान कवि थे; और सन्त भी थे। एक मंत्री ने सूर-पंचशती समारोह में यह शासकीय घोषणा की। अब मैं बेफ़िक्र हो गया। अत: बिना डर के सूरदास का नाम ले सकता हूँ।

जब से इतिहास की कुछ किताबें प्रतिबन्धित हुई हैं, तब से मुझे लग रहा था कि दूसरी आज़ादी की सरकार, मान्यता-प्राप्त कवियों की सूची ज़ारी करेगी। इन सरकारी कवियों के सिवाय किसी दूसरे कवि को मानने, पढ़ने-पढ़ाने पर प्रतिबन्ध लग जाएगा।

हीनता की भावना से जो कायर अतिराष्ट्रवाद इस देश में पैदा हुआ है, उसे हकीम वीरूमल तथा चाँदनी चौक दिल्ली के हकीमों की ज़रूरत पड़ती है। इन राष्ट्रवादियों के लिए कवियों में चन्दबरदाई और भूषण जैसे

कवि ही ज़रूरी हैं। 'आल्हा' दुनिया का सबसे महान महाकाव्य माना जाएगा—'भैंसी ब्याई गढ़ महोबे में, पड़वा गिरो कनौजे जाय।'

और कालिदास? पढ़ना-पढ़ाना बन्द, वासना को उभारता है, जिससे राष्ट्रीय शक्ति क्षीण होती है। निराला और मुक्तिबोध! राष्ट्रद्रोही और कम्युनिस्ट मालूम होते हैं, और हमारी विराट बुद्धि की पकड़ में भी नहीं आते।

सूरदास को शासकीय मान्यता मिल गई। बूढ़ा अन्धा कृतार्थ हो गया। मंत्री जी ने यह भी घोषणा की कि सूरदास सन्त थे। मैं तो उन्हें विलासी मानता था। वे लिखते हैं—

आज हरि नयन, उनींदे आए।
बिन गुन माल, पयोधर मुद्रा,
कंकन पीठ गड़ाए।

कृष्ण कहीं रात गुज़ारकर आए हैं। आलिंगन के कारण वक्ष पर बिन धागे की माला के और उरोजों के निशान हैं, और पीठ पर कंगन गड़ने की छाप है। बताइए, विलासी नहीं तो और क्या?

पर मंत्री ने घोषणा की कि वे सन्त थे। मैं मान गया। मानना पड़ा। मंत्री ने सूरदास को सर्टिफिकेट दिया—मैं सूरदास को कई वर्षों से जानता हूँ। वे महान कवि और सन्त हैं। जहाँ तक मेरी जानकारी है, इनका चाल-चलन अच्छा है। कृष्ण के दरबार में, मैं इनकी नियुक्ति की सिफ़ारिश करता हूँ।

अच्छा समारोह था। साहित्य के रसिक और जिज्ञासु तो कम ही थे। कुछ आचार्य थे, जिन्हें तबादले के बारे में बातचीत करनी थी।

कुछ को अच्छी जगह तबादला कराना है। कुछ वे थे जो आदतन 'हें-हें' वाले हैं। वे कांग्रेसी मंत्री के पाँवों को भी चिपटते थे, और जनता के मंत्री के पाँवों को भी लिपटते हैं। सरकारी अफ़सर और पुलिसवाले थे। पुलिसवाले परेशान थे। कहते होंगे—ये सूरदास, तुलसीदास वग़ैरह बहुत तंग करने लगे हैं। ड्यूटी लग जाती है। इन्हें तो दफ़ा एक सौ सात में डाल देना चाहिए।

विद्वानों के भाषण भी बड़े ज्ञानवर्धक हुए।

मंच पर मंत्री थे। विद्वानों को इस बात का ध्यान रखना ज़रूरी था। एक विद्वान को सूरदास के सन्दर्भ में भी आपातकाल याद आ गया। वे बोले, "शासक वर्ग जब अपने स्वार्थों की पूर्ति के लिए आपातकाल की वायवीय स्थितियों को वास्तविक अथवा क़ानूनी स्वरूप प्रदान कर लोक को उत्पीड़ित करता है, तो क्रान्ति का शंखनाद गूँज उठता है।"

आचार्य का मतलब होगा कि सूरदास के समय मुगल शासकों ने 'इमरजेंसी' लगाई थी और सूरदास ने मथुरा में सम्पूर्ण क्रान्ति के संगठक के नाते उसके ख़िलाफ़ संघर्ष किया।

इमरजेंसी के दौरान भी, और अब भी, मंत्री को देखते ही विद्वान 'इमरजेंसी' की बात करने लगते हैं। तब उसके समर्थन में बोलते थे, अब विरोध में बोलते हैं।

पर मैं बाबू जगजीवनराम की तारीफ़ करूँगा। इमरजेंसी में हुए एक साहित्य-सम्मेलन में आयोजकों ने जगजीवनराम को बुला लिया। मुझे बुरा लगा। क्यों इस मंत्री को लाद लिया? अब सुनो इनका आपातकाल और बीस-सूत्री भाषण।

पर जगजीवनराम लगभग सवा घंटा केवल साहित्य और भाषाशास्त्र पर बोले, गहरे आचार्य की तरह।

उनके मुँह से आपातकाल और बीस-सूत्री कार्यक्रम एक बार भी नहीं निकला। मज़ा यह है कि हम लेखकों में अनेक आपातकाल और बीस-सूत्री कार्यक्रम का उल्लेख करने से नहीं चूके।

आचार्यों की बात गूढ़ होती है। एक आचार्य ने कहा, "उन्होंने (सूरदास ने) अपने युग की विलासिता, आलिंगन, चुम्बन, परिरम्भन, नखाघात आदि को कृष्णार्पित कर उसे पवित्र बना दिया और सम्पूर्ण हिन्दू जाति को सदैव के लिए पाप और हीनता की ग्रन्थि से मुक्त कर दिया।"

क्या अर्थ हुआ? यह कि चुम्बन-आलिंगन पाप है, पर कृष्ण को अर्पित करके यह करो तो वह पवित्र हो जाता है। ईसाई और मुसलमान कृष्ण को अर्पित करके चुम्बन-आलिंगन नहीं करते, इसलिए वह पाप हो जाता है।

हिन्दू यदि कृष्ण को अर्पित करके बलात्कार करे, तो क्या वह पवित्र

है? और पुलिस उसे छोड़ देगी? फिर हीनता ग्रन्थि तो उसे होती है जो आलिंगन-चुम्बन नहीं कर सकता। उसे नहीं होती, जो करता है।

बात शुरू की थी मंत्री से, और आ गया विद्वान पर—हालाँकि उस समारोह में विद्वानों का नम्बर दसवाँ होगा। मुख्य अतिथि और सूर-साहित्य के माने हुए एक विद्वान का भाषण अख़बार में पाँच लाइनों में छपा, और मंत्री का भाषण डेढ़ कॉलम में। विद्वान वहाँ आख़िर क्यों जाते हैं, जहाँ कोई मंत्री हो! शेर की बराबरी से बन्दर सरकस में क्यों बैठता है?

मैं यह नहीं कहता कि मंत्री अयोग्य होते हैं। क़तई नहीं। यह भी मानता हूँ कि पद के कारण उन्हें कई जगह जाना पड़ता है, या वे खींचे जाते हैं, पर कई बार बड़ी अजब स्थिति पैदा होती है।

एक बार निराला जयन्ती में एक मंत्री ने कहा, "अब निराला का शेष काम हम पूरा करेंगे।" मैं तो घबरा गया। बाप रे! अगर ये निराला का शेष काम पूरा करने लगे तो क्या होगा? 'लाहौल विला कूवत!'"

एक मंत्री तुलसी जयन्ती पर बोल रहे थे। वे राम की महिमा बताने लगे—राम एक महान बाटनिस्ट (वनस्पतिशास्त्री) थे। अहल्या एक फॉसिल (जीवाश्म) थी। आजकल के बाटनिस्ट तो फॉसिल का केवल अध्ययन करते हैं, पर राम ने उस फॉसिल को स्त्री बना दिया।

तीस सालों से मंत्री लोग यही कह रहे हैं—उद्घाटन, विमोचन। पुल का उद्घाटन मंत्री न करे तो वह गिर जाए। नहर का उद्घाटन मंत्री न करे तो वह सूख जाए। विज्ञान गोष्ठी का उद्घाटन मंत्री न करे तो सारे वैज्ञानिक मूर्ख हो जाएँ। धोबी-सम्मेलन का उद्घाटन मंत्री न करे तो धोबी कपड़ा धोना भूल जाए। हालाँकि रामकथाओं में इसका उल्लेख नहीं मिलता, पर मुझे विश्वास है कि राम ने लंका जाने को जो पुल बनवाया था, उसका उद्घाटन ज़रूर करवाया होगा।

मंत्री यह काम करें, पर थोड़ा अदल-बदलकर किया करें।

पुल का उद्घाटन लोक-कर्म मंत्री ही क्यों करें? पुल तो उन्हीं का बनवाया है। उन्हीं की प्रॉपर्टी है।

यह तो ऐसा ही हुआ कि कोई सेठ विधवाश्रम बनवाकर ख़ुद उसका उद्घाटन करने लगे और कहे, "मैंने जनता के लाभ के लिए यह विधवाश्रम

बनवा दिया है। मैं चाहता हूँ अधिक-से-अधिक स्त्रियाँ विधवा हों और इसका लाभ उठाएँ।"

कांग्रेसी मंत्रियों ने हर अवसर पर मुख्य अतिथि होने, उद्घाटन करने, आशीर्वाद देने का शुभ कार्य तीस साल किया। आख़िर वे हूट होने लगे। जनता मंत्री नये हैं। अभी चल जाएँगे। उनमें नये का उत्साह है। बाइज़्ज़त बुलाए जाने का पहली बार उन्हें सौभाग्य प्राप्त हुआ है। अभी तक तो चौराहे पर चिल्लाते थे कि यह सरकार भ्रष्ट है। अब मंच पर माला पहनकर बैठते हैं।

इनके हूट होने में देर लगेगी। देर हो, पर अन्धेर नहीं होगी। ये ज़रूर हूट होंगे। प्रक्रिया चालू हो गई है। मुजफ्फरपुर में जब लालकृष्ण आडवाणी टेलीविज़न केन्द्र का उद्घाटन कर रहे थे, तब नारे लगे थे—टी.वी. नहीं, रोटी चाहिए!

आडवाणी को कह देना चाहिए था—सरकार आपकी माँग मंजूर करती है। टेलीविज़न पर रोटी भी दिखाई जाएगी।

हरिजन को पीटने का यज्ञ

दो समाचार अख़बारों में पिछले दिनों छपे। दोनों घटनाएँ इंदौर के आसपास की हैं। दोनों घटनाएँ महान हैं। दोनों हमारे गौरव को बढ़ाती हैं। इंदौर के पास एक करोड़ की लागत से एक यज्ञ हुआ। धन्य है! उसी के आसपास एक हरिजन दूल्हा घोड़े पर सवार होकर निकला तो सवर्णों ने उसे और बारातियों को पीटा। यह भी धन्य है! एक ही क्षेत्र में दो पवित्र कर्म हो गए। हरिजन को पीटना ख़ुद एक यज्ञ है। घुड़सवार दूल्हे को पीटना तो अश्वमेध यज्ञ है। हरिजनों की बस्ती में आग लगाना राजसूय यज्ञ है।

मैं इन दोनों यज्ञों से ख़ुश हूँ। यों कुछ दुष्ट लोग यज्ञ का विरोध भी कर रहे थे। युवा जनता ने तो घोषणा की थी कि वे यज्ञ रोकने के लिए

सत्याग्रह करेंगे, पर फिर उन्हें समाजवाद से फ़ुरसत नहीं मिली होगी। या शायद संघ से उनका समझौता हो गया हो कि तुम यज्ञ में सहायक बनो और हम दूर कहीं नारे लगाएँगे। मंत्रोच्चार में नारों से कोई बाधा नहीं पहुँचेगी। समाजवाद की प्रगतिशीलता और यज्ञ वग़ैरह की जड़ता का सहअस्तित्व हो सकता है। लोगों को एतराज़ था कि एक करोड़ का अन्न, शक्कर, घी आदि आग में झोंक दिये जाएँगे।

देश में जब करोड़ों आदमियों को अन्न खाने को नहीं मिलता, तब ये धार्मिक पाखंडी उसे आग में झोंकेंगे। मेरे ख़याल से यह यज्ञ करानेवाले समय-समय पर परीक्षा करते रहते हैं कि देश का अविवेक और पौरुषहीनता अभी बरकरार है कि नहीं। लोग देखते रहे कि हमारा अन्न, घी, शक्कर आग के हवाले किया जा रहा है और वे जय बोलते हैं। यानी लोग अभी अविवेकी और कायर हैं। इन लोगों से डरने की अभी कोई ज़रूरत नहीं है। इन्हें लम्बे समय तक शोषित रखा जा सकता है। यज्ञ में वास्तव में अन्न, घी, शक्कर नहीं जलते, विवेक स्वाहा! बुद्धि स्वाहा! तर्क स्वाहा! विज्ञान स्वाहा!

जो यज्ञ करते हैं वे जानते हैं कि यज्ञ से कोई देवता प्रसन्न नहीं होता। जिन मंत्रों का उच्चारण किया जाता है, वे अगर संस्कृत से हिन्दी में कर दिये जाएँ तो प्राइमरी स्कूल की किताब के लायक़ हैं। पुजारी जानता है, भगवान चाहे कहीं और हों मगर मन्दिर में तो क़तई नहीं हैं। मुसलमान जानता है कि ख़ुदा कहीं होगा तो मस्जिद के बाहर होगा, यहाँ तो नहीं है। मगर अपना धन्धा इसी में सुरक्षित है कि लोगों को विश्वास दिलाएँ कि यज्ञ से उनका कल्याण होगा। मन्दिर और मस्जिद में की गई पुकार भगवान एकदम सुनता है। सीधी 'हॉट लाइन' है।

मैंने जब पढ़ा कि यज्ञ और हरिजन दूल्हे की पिटाई एक साथ हुई तो मुझे लगा कि अगर भगवान होता और वह न्यायी होता, तो यह यज्ञ-कुंड में यज्ञ करनेवालों को ही डाल देता। यज्ञ करनेवाले ही स्वाहा हो जाते, यह सबसे ऊँचा नरमेध यज्ञ होता। मगर भगवान भी इस सरकार की तरह विफल गति कायर है, जो नरमेध यज्ञ जमशेदपुर, अलीगढ़ या हरिजन बस्तियों में कराता है। क्या यज्ञ में और हरिजन दूल्हे के पिटने में कोई सम्बन्ध है?

क्या यज्ञ के प्रताप से ही हरिजन दूल्हा पिटा? दोनों में सम्बन्ध है। यज्ञ करने और करानेवाले ऊँची जाति के लोग होते हैं। वैदिक युग में ब्राह्मण ने यज्ञ की तकनीक पर एकाधिकार कर लिया था। तकनीक का मामला है। तब क्षत्रियों ने तत्त्व-चिन्तन से ब्राह्मणों को पीटा। मगर ब्राह्मण उस्ताद हैं। उसने फिर कर्म-कांड फैलाया और सारे समाज को जकड़ लिया।

बच्चा जब माँ के पेट में आता है तभी से पोथी-पत्री और पूजा शुरू हो जाते हैं। आदमी पैदा हुआ तो ब्राह्मण तैयार बैठा है। फिर चालू होता है लम्बा सिलसिला—छठी, नामकरण, मुंडन, कनछेदन, जनेऊ, विवाह—सब में है ब्राह्मण! आदमी मर जाए तो तेरहवें दिन ब्राह्मण भोजन करके दक्षिणा ले जाएँगे। आगे जब तक उसका वंश चलेगा, हर साल पितृपक्ष में ब्राह्मण भोजन करेगा उसी के नाम से और दक्षिणा ले लेगा। हरिजन दूल्हा यज्ञ के कारण ही पिटा। यज्ञ तथा इस तरह की दूसरी चीज़ें इसीलिए कराई जाती हैं कि समाज उन्हीं पुरानी परम्पराओं में जकड़ा रहे। उसी भेदभाव को माने, जाति-भेद माने, ऊँच-नीच माने, अन्धविश्वास में जकड़ा रहे। यज्ञ करने और करानेवालों का यही उद्‌देश्य है कि पिछड़ी हुई रुग्ण मानसिकता बनी रहे, जिससे वर्ण और वर्ग-भेद बने रहें। वही मानसिकता बनी रहे कि हरिजन दूल्हा घोड़े पर बैठे तो ऊँची जाति के लोग भड़ककर कहें—देखो इस 'चमरे' की हिम्मत, हमारे सामने घोड़े पर बैठता है।

कुछ चतुर लोग बड़े काँइयाँपन से इस सबको सही बताने की कोशिश करते हैं। एक सज्जन मुझसे कह रहे थे—यज्ञ से विश्व-कल्याण होगा। मैंने कहा—महाराज, विश्व-कल्याण होगा अमेरिका और रूस में नि:शस्त्रीकरण सन्धि से। विश्व-कल्याण होगा चीन की आक्रामकता रोकने से। विश्व-कल्याण होगा शोषण के ख़त्म होने से। क्या इस यज्ञ का असर जिमी कार्टर और डेंग सियाओ पिंग पर पड़ेगा?

वे कहने लगे—यज्ञ-धूम से वातावरण शुद्ध होता है। मैंने कहा—आपको पता नहीं है कि कारख़ानों की चिमनियों से निकलनेवाले धुएँ ने यज्ञ-भूमि को दबा दिया है। इंदौर की मिलों के धुएँ के सामने आपके इस यज्ञ के धुएँ की क्या बिसात है। मथुरा में जो तेल-शोधक कारख़ाना खुल

रहा है, उसके वायु-प्रदूषण की रोक के लिए आसपास कितने हज़ार यज्ञ-वेदियाँ बनेंगी? उत्तर प्रदेश का सारा घी तो ये यज्ञ-वेदियाँ भस्म कर देंगी।

इन दिनों यज्ञों की बाढ़ आई है, नये-नये भगवान और देवियाँ अवतार ले रहे हैं। चमत्कार का दावा करनेवाले लोग प्रकट हो रहे हैं। यह अनायास नहीं है। इसके पीछे योजना है। इस योजना का उद्‌देश्य है जनता को पिछड़ा हुआ रखना, उसकी समझ को वैज्ञानिक न होने देना, उसे अन्धविश्वासी और दक़ियानूस रखना, उसे भाग्यवादी और संघर्षहीन बनाना। कुछ उद्‌देश्य है कि लोग परिवर्तनकामी न हों, वे सड़ी-गली व्यवस्था से विद्रोह न करें। शोषक-वर्ग सामान्य जन का बेखटके शोषण करता रहे। यह एक देशव्यापी षड्यंत्र है, जिसमें राजनीतिज्ञ, सरमायेदार, बुद्धिजीवी आदि शामिल हैं।

हर कहीं तो देवी-देवता प्रकट हो जाते हैं। गोरखपुर के आसपास के किसी गाँव में पार्वती प्रकट हो गई थीं। सोलह-सत्रह साल की एक लड़की, जिसके बालों का जूड़ा फ़िल्मी पार्वती की तरह बना दिया गया था, हल्ला कर दिया गया कि यह तो साक्षात् पार्वती है। सोती नहीं है। रात-दिन शंकर का नाम लेती रहती है। खाना नहीं खाती। पानी नहीं पीती। मगर स्वस्थ है। चमत्कार है। श्रद्धालु उमड़ने लगे। पूजा होने लगी। भेंट चढ़ने लगी। ख़ासा पैसा इकट्ठा होने लगा।

अब विज्ञान की आँखें। मेडिकल कॉलेज के तीन डॉक्टर पहुँचे और कहा कि हम उस लड़की की जाँच करना चाहते हैं। श्रद्धालुओं ने आँखें निकालकर कहा, "तुम देवी की जाँच करोगे? साक्षात् पार्वती की जाँच करनेवाले तुम कौन?" डॉक्टरों ने कहा, "हमने सुना है कि देवी कुछ खाती-पीती नहीं है, पर टट्टी-पेशाब तो करती होगी। हम उसकी टट्टी-पेशाब की जाँच करना चाहते हैं। अब देवी का धन्धा करनेवालों ने समझ लिया कि पोल खुलेगी। उन्होंने हाँका लगाया भक्तों को कि अरे देखो, ये पापी डॉक्टर देवी की टट्टी-पेशाब की जाँच करना चाहते हैं, मारो सालों को! आख़िर विज्ञान वहाँ से दुम दबाकर भागा।

यह एक योजनाबद्ध षड्यंत्र है, जिसे यथास्थितिवादी और पुरातनपंथी इस देश में चला रहे हैं। पर मुझे यह समझ में नहीं आता कि मेरे बाद

की पीढ़ी के लोग और कॉलेज के पढ़े तरुण इस चक्कर में क्यों पड़ रहे हैं? ये तरुण जिन्हें मुझसे अधिक वैज्ञानिक और प्रगतिशील होना चाहिए, जिन्हें परिवर्तन के संघर्ष का नेतृत्व करना चाहिए, जिन्हें विद्रोही की भूमिका निभाना चाहिए वे क्यों अपने बाप के बाप की पीढ़ी के हो रहे हैं। अपनी भ्रामकता और निराशा में कोई रास्ता न दिखने के कारण ही तो ये इस भाग्यवादिता के चक्कर में नहीं पड़ रहे हैं।

इंस्पेक्टर मातादीन चाँद पर

वैज्ञानिक कहते हैं, चाँद पर जीवन नहीं है।

पर सीनियर पुलिस इंस्पेक्टर मातादीन (डिपार्टमेंट में एम.डी. साब) कहते हैं, "वैज्ञानिक झूठ बोलते हैं, वहाँ हमारे जैसे ही मनुष्यों की आबादी है।"

विज्ञान ने हमेशा इंस्पेक्टर मातादीन से मात खाई है। फिंगर प्रिंट विशेषज्ञ कहता रहता है—छुरे पर पाए गए निशान मुलजिम की अँगुलियों के नहीं हैं। पर मातादीन उसे सज़ा दिला ही देते हैं।

मातादीन कहते हैं, "ये वैज्ञानिक केस का पूरा इनवेस्टिगेशन नहीं करते। उन्होंने चाँद का उजला हिस्सा देखा और कह दिया, वहाँ जीवन नहीं है। मैं चाँद का अँधेरा हिस्सा देखकर आया हूँ। वहाँ मनुष्य-जाति है।"

यह बात सही है, क्योंकि अँधेरे-पक्ष के मातादीन माहिर माने जाते हैं।

पूछा जाएगा इंस्पेक्टर मातादीन चाँद पर क्यों गए थे? टूरिस्ट की हैसियत से या किसी फरार अपराधी को पकड़ने? नहीं, वे भारत की तरफ़ से सांस्कृतिक आदान-प्रदान के अन्तर्गत गए थे। चाँद सरकार ने भारत सरकार को लिखा था, "यों हमारी सभ्यता बहुत आगे बढ़ी है। पर हमारी पुलिस में पर्याप्त सक्षमता नहीं है। वह अपराधी का पता लगाने

और उसे सज़ा दिलाने में अक्सर सफल नहीं होती। सुना है, आपके यहाँ रामराज है। मेहरबानी करके किसी पुलिस अफ़सर को भेजें जो हमारी पुलिस को शिक्षित कर दे।"

गृहमंत्री ने सचिव से कहा, "किसी आई.जी. को भेज दो।"

सचिव ने कहा, "नहीं सर, आई.जी. नहीं भेजा जा सकता। प्रोटोकॉल का सवाल है। चाँद हमारा एक क्षुद्र उपग्रह है। आई.जी. के रैंक के आदमी को नहीं भेजेंगे। किसी सीनियर इंस्पेक्टर को भेज देता हूँ।"

तय किया गया कि हज़ारों मामलों के इनवेस्टिगेटिंग ऑफ़ीसर सीनियर इंस्पेक्टर मातादीन को भेज दिया जाए।

चाँद की सरकार को लिख दिया गया कि आप मातादीन को लेने के लिए पृथ्वी-यान भेज दीजिए।

पुलिस-मंत्री ने मातादीन को बुलाकर कहा, "तुम भारतीय पुलिस की उज्ज्वल परम्परा के दूत की हैसियत से जा रहे हो। ऐसा काम करना कि सारे अन्तरिक्ष में डिपार्टमेंट की ऐसी जय-जयकार हो कि पी.एम. (प्रधानमंत्री) को भी सुनाई पड़ जाए।"

मातादीन की यात्रा का दिन आ गया। एक यान अन्तरिक्ष अड्डे पर उतरा। मातादीन सबसे विदा लेकर यान की तरफ़ बढ़े। वे धीरे-धीरे कहते जा रहे थे, "प्रविसि नगर कीजै सब काजा, हृदय राखि कौसलपुर राजा।"

यान के पास पहुँचकर मातादीन ने मुंशी अब्दुल गफूर को पुकारा, "मुंशी!"

गफूर ने एड़ी मिलाकर सेल्यूट फटकारा। बोला, "जी, पेक्टसा!"

"एफ.आई.आर. रख दी है?"

"जी, पेक्टसा!"

"और रोज़नामचे का नमूना?"

"जी, पेक्टसा!"

वे यान में बैठने लगे। हवलदार बलभद्दर को बुलाकर कहा, "हमारे घर में जचकी के बखत अपने खटला (पत्नी) को मदद के लिए भेज देना।"

बलभद्दर ने कहा, "जी, पेक्टसा!"

गफूर ने कहा, "आप बेफ़िक्र रहें, पेक्टसा! मैं अपने मकान (पत्नी) को भी भेज दूँगा ख़िदमत के लिए।"

मातादीन ने यान के चालक से पूछा, "ड्राइविंग लाइसेंस है?"

"जी है, साहब!"

"और गाड़ी में बत्ती ठीक है?"

"जी, ठीक है।"

मातादीन ने कहा, "सब ठीक-ठाक होना चाहिए, वरना हरामजादे का बीच अन्तरिक्ष में चालान कर दूँगा।"

चन्द्रमा से आए चालक ने कहा, "हमारे यहाँ आदमी से इस तरह नहीं बोलते।"

मातादीन ने कहा, "जानता हूँ, बे! तुम्हारी पुलिस कमज़ोर है। अभी मैं उसे ठीक करता हूँ।"

मातादीन यान में क़दम रख ही रहे थे कि हवलदार रामसजीवन भागता हुआ आया। बोला, "पेक्टसा, एस.सी. साहब के घर में से कहे हैं कि चाँद से एड़ी चमकाने का पत्थर लेते आना।"

मातादीन ख़ुश हुए। बोले, "कह देना बाई सा'ब से, ज़रूर लेता आऊँगा।"

वे यान में बैठे और यान उड़ चला। पृथ्वी के वायुमंडल से यान बाहर निकला ही था कि मातादीन ने कहा, "अबे, हॉर्न क्यों नहीं बजाता?"

चालक ने जवाब दिया, "आसपास लाखों मील में कुछ नहीं है।"

मातादीन ने डाँटा, "मगर रूल इज़ रूल। हॉर्न बजाता चल।"

चालक अन्तरिक्ष में हॉर्न बजाता हुआ यान को चाँद पर उतार लाया। अन्तरिक्ष अड्डे पर पुलिस अधिकारी मातादीन के स्वागत के लिए खड़े थे। मातादीन रोब से उतरे और उन अफ़सरों के कन्धों पर नज़र डाली। वहाँ किसी के स्टार नहीं थे। फीते भी किसी के नहीं लगे थे। लिहाज़ा मातादीन ने एड़ी मिलाना और हाथ उठाना ज़रूरी नहीं समझा। फिर उन्होंने सोचा, मैं यहाँ इंस्पेक्टर की हैसियत से नहीं, सलाहकार की हैसियत से आया हूँ।

मातादीन को वे लोग लाइन में ले गए और एक अच्छे बँगले में उन्हें टिका दिया।

एक दिन आराम करने के बाद मातादीन ने काम शुरू कर दिया। पहले उन्होंने पुलिस लाइन का मुलाहज़ा किया।

शाम को उन्होंने आई.जी. से कहा, "आपके यहाँ पुलिस लाइन में हनुमानजी का मन्दिर नहीं है। हमारे रामराज में हर पुलिस लाइन में हनुमानजी हैं।"

आई.जी. ने कहा, "हनुमान कौन थे? हम नहीं जानते।"

मातादीन ने कहा, "हनुमान का दर्शन हर कर्तव्यपरायण पुलिसवाले के लिए ज़रूरी है। हनुमान सुग्रीव के यहाँ स्पेशल ब्रांच में थे। उन्होंने सीता माता का पता लगाया था। एब्डक्शन का मामला था, दफ़ा 362। हनुमानजी ने रावण को सज़ा वहीं दे दी। उसकी प्रॉपर्टी में आग लगा दी। पुलिस को यह अधिकार होना चाहिए कि अपराधी को पकड़ा और वहीं सज़ा दे दी। अदालत में जाने का झंझट नहीं, मगर यह सिस्टम अभी हमारे रामराज में भी चालू नहीं हुआ। हनुमानजी के काम से भगवान रामचन्द्र बहुत ख़ुश हुए। वे उन्हें अयोध्या ले आए और टौन ड्यूटी में तैनात कर दिया। वही हनुमान हमारे आराध्य देव हैं। मैं उनकी फ़ोटो लेता आया हूँ। उससे मूर्तियाँ बनवाइए और हर पुलिस लाइन में स्थापित करवाइए।"

थोड़े ही दिनों में चाँद की हर पुलिस लाइन में हनुमानजी स्थापित हो गए।

मातादीन जी उन कारणों का अध्ययन कर रहे थे जिनसे पुलिस लापरवाह और अलाल हो गई है। वह अपराधों पर ध्यान नहीं देती। कोई कारण नहीं मिल रहा था। एकाएक उनकी बुद्धि में एक चमक आई। उन्होंने मुंशी से कहा, "ज़रा तनख़्वाह का रजिस्टर बताओ।"

तनख़्वाह का रजिस्टर देखा, तो सब समझ गए। कारण पकड़ में आ गया।

शाम को उन्होंने पुलिस-मंत्री से कहा, "मैं समझ गया कि आपकी पुलिस मुस्तैद क्यों नहीं है। आप इतनी बड़ी तनख़्वाहें देते हैं, इसीलिए सिपाही को पाँच सौ, हवलदार को सात सौ, थानेदार को हज़ार—यह क्या मज़ाक़ है! आख़िर पुलिस अपराधी को क्यों पकड़े? हमारे यहाँ

सिपाही को सौ और इंस्पेक्टर को दो सौ देते हैं तो वे चौबीस घंटे जुर्म की तलाश करते हैं। आप तनख़्वाहें फ़ौरन घटाइए।"

पुलिस-मंत्री ने कहा, "मगर यह तो अन्याय होगा। अच्छा वेतन नहीं मिलेगा तो वे काम ही क्यों करेंगे?"

मातादीन ने कहा, "इसमें कोई अन्याय नहीं है। आप देखेंगे कि पहली घटी हुई तनख़्वाह मिलते ही आपकी पुलिस की मनोवृत्ति में क्रान्तिकारी परिवर्तन हो जाएगा।"

पुलिस-मंत्री ने तनख़्वाहें घटा दीं और दो-तीन महीनों में सचमुच बहुत फ़र्क़ आ गया। पुलिस एकदम मुस्तैद हो गई। सोते से एकदम जाग गई। चारों तरफ़ नज़र रखने लगी। अपराधियों की दुनिया में घबराहट छा गई। पुलिस-मंत्री ने तमाम थानों के रिकॉर्ड बुलवाकर देखे। पहले से कई गुने अधिक केस रजिस्टर हुए थे। उन्होंने मातादीन से कहा, "मैं आपकी सूझ की तारीफ़ करता हूँ। आपने क्रान्ति कर दी। पर यह हुआ किस तरह?"

मातादीन ने समझाया, "बात बहुत मामूली है। कम तनख़्वाह दोगे, तो मुलाज़िम की गुज़र नहीं होगी। सौ रुपयों में सिपाही बच्चों को नहीं पाल सकता। दो सौ में इंस्पेक्टर ठाट-बाट मेनटेन कर सकता है? उसे ऊपरी आमदनी करनी ही पड़ेगी। और ऊपरी आमदनी तभी होगी जब वह अपराधी को पकड़ेगा। गरज कि वह अपराधों पर नज़र रखेगा। सचेत, कर्तव्यपरायण और मुस्तैद हो जाएगा। हमारे रामराज के स्वच्छ और सक्षम प्रशासन का यही रहस्य है।"

चन्द्रलोक में इस चमत्कार की ख़बर फैल गई। लोग मातादीन को देखने आने लगे कि वह आदमी कैसा है जो तनख़्वाह कम करके सक्षमता ला देता है। पुलिस के लोग भी ख़ुश थे। वे कहते, "गुरु, आप इधर न पधारते तो हम सभी कोरी तनख़्वाह से ही गुज़र करते रहते।" सरकार भी ख़ुश थी कि मुनाफ़े का बजट बननेवाला था।

आधी समस्या हल हो गई। पुलिस अपराधी पकड़ने लगी थी। अब मामले की जाँच-विधि में सुधार करना रह गया था। अपराधी को पकड़ने के बाद उसे सज़ा कैसे दिलाई जाए। मातादीन इन्तज़ार कर रहे थे कि कोई बड़ा केस हो जाए तो नमूने के तौर पर उसका इनवेस्टिगेशन कर बताएँ।

एक दिन आपसी मारपीट में एक आदमी मारा गया। मातादीन कोतवाली में आकर बैठ गए और बोले, "नमूने के लिए इस केस का 'इनवेस्टिगेशन' मैं करता हूँ। आप लोग सीखिए। यह क़त्ल का केस है! क़त्ल के केस में 'एविडेंस' बहुत पक्की होनी चाहिए।"

कोतवाल ने कहा, 'पहले क़ातिल का पता लगाया जाएगा, तभी तो 'एविडेंस' इकट्ठा की जाएगी।"

मातादीन ने कहा, "नहीं, उलटे मत चलो। पहले एविडेंस देखो। क्या कहीं ख़ून मिला? किसी के कपड़ों पर या और कहीं?"

एक इंस्पेक्टर ने कहा, "हाँ, मारनेवाले तो भाग गए थे। मृतक सड़क पर बेहोश पड़ा था। एक भला आदमी वहाँ रहता है। उसने उठाकर अस्पताल भेजा। उस भले आदमी के कपड़ों पर ख़ून के दाग़ लग गए हैं।"

मातादीन ने कहा, "उसे फ़ौरन गिरफ़्तार करो।"

कोतवाल ने कहा, "मगर उसने तो मरते हुए आदमी की मदद की थी।"

मातादीन ने कहा, "वह सब ठीक है। पर तुम ख़ून के दाग़ ढूँढ़ने और कहाँ जाओगे? जो एविडेंस मिल रहा है, उसे तो क़ब्ज़े में करो।"

वह भला आदमी पकड़कर बुलवा लिया गया। उसने कहा, "मैंने तो मरते आदमी को अस्पताल भिजवाया था। मेरा क्या कसूर है?"

चाँद की पुलिस उसकी बात से एकदम प्रभावित हुई। मातादीन प्रभावित नहीं हुए। सारा पुलिस-महकमा उत्सुक था कि अब मातादीन क्या तर्क निकालते हैं।

मातादीन ने उससे कहा, "पर तुम झगड़े की जगह गए क्यों?"

उसने जवाब दिया, "मैं झगड़े की जगह नहीं गया। मेरा वहाँ मकान है। झगड़ा मेरे मकान के सामने हुआ।"

अब फिर मातादीन की प्रतिभा की परीक्षा थी। सारा महकमा उत्सुक देख रहा था।

मातादीन ने कहा, "मकान है, तो ठीक है। पर मैं पूछता हूँ झगड़े की जगह जाना ही क्यों?"

इस तर्क का कोई जवाब नहीं था। वह बार-बार कहता, "मैं झगड़े की जगह नहीं गया। मेरा वहीं मकान है।"

मातादीन उसे जवाब देते, "सो ठीक है, पर झगड़े की जगह जाना ही क्यों?" इस तर्क-प्रणाली से पुलिस के लोग बहुत प्रभावित हुए।

अब मातादीन जी ने इनवेस्टिगेशन का सिद्धान्त समझाया—

"देखो, आदमी मारा गया है, तो यह पक्का है कि किसी ने उसे ज़रूर मारा। कोई क़ातिल है। किसी को सज़ा होनी है। सवाल है—किसको सज़ा होनी है? पुलिस के लिए यह सवाल इतना महत्त्व नहीं रखता जितना यह सवाल कि जुर्म किस पर साबित हो सकता है या किस पर साबित होना चाहिए। क़त्ल हुआ है, तो किसी मनुष्य को सज़ा होगी ही। मारनेवाले को होती है, या बेकसूर को यह अपने सोचने की बात नहीं है। मनुष्य मनुष्य सब बराबर हैं। सबमें उसी परमात्मा का अंश है। हम भेदभाव नहीं करते। यह पुलिस का मानवतावाद है।

"दूसरा सवाल है, किस पर जुर्म साबित होना चाहिए। इसका निर्णय इन बातों से होगा—(1) क्या वह आदमी पुलिस के रास्ते में आता है? (2) क्या उसे सज़ा दिलाने से ऊपर के लोग ख़ुश होंगे?"

मातादीन को बताया गया कि वह आदमी भला है, पर पुलिस अन्याय करे तो विरोध करता है। जहाँ तक ऊपर के लोगों का सवाल है—वह वर्तमान सरकार की विरोधी राजनीतिवाला है।

मातादीन ने टेबिल ठोंककर कहा, "फ़र्स्ट क्लास केस! एविडेंस। और ऊपर का सपोर्ट।"

एक इंस्पेक्टर ने कहा, "पर हमारे गले यह बात नहीं उतरती कि एक निरपराध भले आदमी को सज़ा दिलाई जाए।"

मातादीन ने समझाया, "देखो, मैं समझा चुका हूँ कि सबमें उसी ईश्वर का अंश है। सज़ा इसे हो या क़ातिल को, फाँसी पर तो ईश्वर ही चढ़ेगा न! फिर तुम्हें कपड़ों पर ख़ून मिल रहा है। इसे छोड़कर तुम कहाँ ख़ून ढूँढ़ते फिरोगे? तुम तो भरो एफ.आई.आर.।"

मातादीन जी ने एफ.आई.आर. भरवा दी। 'बख़त ज़रूरत के लिए' जगह ख़ाली छुड़वा दी।

दूसरे दिन पुलिस कोतवाल ने कहा, "गुरुदेव, हमारी तो बड़ी आफ़त है। तमाम भले आदमी आते हैं और कहते हैं, उस बेचारे बेकसूर को क्यों

फँसा रहे हो? ऐसा तो चन्द्रलोक में कभी नहीं हुआ। बताइए, हम क्या जवाब दें। हम तो बहुत शर्मिन्दा हैं।"

मातादीन ने कोतवाल से कहा, "घबराओ मत। शुरू-शुरू में इस काम में आदमी को शर्म आती है। आगे तुम्हें बेकसूर को छोड़ने में शर्म आएगी। हर चीज़ का जवाब है। अब आपके पास जो आए, उससे कह दो—हम जानते हैं कि वह निर्दोष है। पर हम क्या करें? यह सब ऊपर से हो रहा है।"

कोतवाल ने कहा, "तब वे एस.पी. के पास जाएँगे।"

मातादीन ने कहा, "एस.पी. भी कह दें कि ऊपर से हो रहा है।"

"तब वे आई.जी. के पास शिकायत करेंगे।"

"आई.जी. भी कहें कि सब ऊपर से हो रहा है।"

"तब वे लोग पुलिस-मंत्री के पास पहुँचेंगे।"

"पुलिस-मंत्री भी कहेंगे—'भैया, मैं क्या करूँ? यह ऊपर से हो रहा है?' "

"तो वे प्रधानमंत्री के पास जाएँगे।"

"प्रधानमंत्री भी कहें कि मैं जानता हूँ, वह निर्दोष है। पर यह ऊपर से हो रहा है।"

कोतवाल ने कहा, "तब वे..."

मातादीन ने कहा, "तब वे क्या? तब वे किसके पास जाएँगे? भगवान के पास न? मगर भगवान से पूछकर कौन लौट सका है?"

कोतवाल चुप रह गया। वह इस महान प्रतिभा से चमत्कृत था।

मातादीन ने कहा, "एक मुहावरा—ऊपर से हो रहा है, हमारे देश में पच्चीस सालों से सरकारों को बचा रहा है। तुम इसे सीख लो।"

केस की तैयारी होने लगी। मातादीन ने कहा, "अब चार-छह चश्मदीद गवाह लाओ।"

कोतवाल ने कहा, "चश्मदीद गवाह कोई कैसे मिलेंगे? जब किसी ने उसे मारते देखा ही नहीं, चश्मदीद गवाह कोई कैसे होगा?"

मातादीन ने सिर ठोंक लिया, "किन बेवक़ूफ़ों के बीच फँसा दिया गवर्नमेंट ने। इन्हें तो ए.बी.सी.डी. भी नहीं आती।"

झल्लाकर कहा, "चश्मदीद गवाह किसे कहते हैं, जानते हो? चश्मदीद वह नहीं है, जो देखे—बल्कि वह है जो कहे कि मैंने देखा।"

कोतवाल ने कहा, "ऐसा कोई क्यों कहेगा?"

मातादीन ने कहा, "कहेगा। समझ में नहीं आता कैसे डिपार्टमेंट चलाते हो! अरे, चश्मदीद गवाहों की लिस्ट पुलिस के पास पहले से रहती है। जहाँ ज़रूरत हुई उन्हें चश्मदीद बना दिया। हमारे यहाँ ऐसे आदमी हैं जो साल में तीन-चार सौ वारदातों के चश्मदीद गवाह होते हैं। हमारी अदालतें भी मान लेती हैं कि इस आदमी में कोई दैवी शक्ति है, जिससे वह जान लेता है कि अमुक जगह वारदात होनेवाली है और वहाँ पहले से पहुँच जाता है। मैं तुम्हें चश्मदीद गवाह बनाकर देता हूँ। आठ-दस उठाईगीरों को बुलाओ जो चोरी, मारपीट, गुंडागर्दी करते हों। जुआ खिलाते हों या शराब उतारते हों।"

दूसरे दिन शहर के आठ-दस नर-रत्न कोतवाली में हाज़िर थे। उन्हें देखकर मातादीन गद्गद हो गए। बहुत दिन हो गए थे, ऐसे लोगों को देखे, बड़ा सूना-सूना लग रहा था।

मातादीन का प्रेम उमड़ पड़ा। उसने कहा, "तुम लोगों ने उस आदमी को लाठी मारते देखा था न?"

वे बोले, "नहीं देखा साब! हम वहाँ थे ही नहीं।"

मातादीन जानते थे, यह पहला मौक़ा है। फिर उन्होंने कहा, "वहाँ नहीं थे, यह मैंने माना। पर लाठी मारते देखा तो था।"

उन लोगों को लगा कि यह पागल आदमी है। तभी ऐसी ऊटपटाँग बात करता है। वे हँसने लगे।

मातादीन ने कहा, "हँसो मत, जवाब दो।"

वे बोले, "जब थे ही नहीं, तो कैसे देखा?"

मातादीन ने गुर्राकर देखा। कहा, "कैसे देखा, तो बताता हूँ। तुम लोग जो काम करते हो, सब इधर दर्ज हैं। हर एक को कम-से-कम दस साल जेल में डाला जा सकता है। तुम ये काम आगे भी करना चाहते हो या जेल जाना चाहते हो?"

वे घबराकर बोले, "साब, हम जेल नहीं जाना चाहते।"

मातादीन ने कहा, "ठीक। तो तुमने उस आदमी को लाठी मारते देखा। देखा न!"

वे बोले, "देखा सा'ब। वह आदमी घर से निकला और जो लाठी मारना शुरू किया, तो वह बेचारा बेहोश होकर सड़क पर गिर पड़ा।"

मातादीन ने कहा, "ठीक है, आगे भी ऐसी वारदातें देखोगे?"

वे बोले, "सा'ब, जो आप कहेंगे, सो देखेंगे।"

कोतवाल इस चमत्कार से थोड़ी देर तो बेहोश हो गया। होश आया तो मातादीन के चरणों पर गिर पड़ा।

मातादीन ने कहा, "हटो। काम करने दो।"

कोतवाल पाँवों से लिपट गया। कहने लगा, "मैं जीवन-भर इन श्रीचरणों में पड़ा रहना चाहता हूँ।"

मातादीन ने आगे की सारी कार्य-प्रणाली तय कर दी। एफ.आई.आर. बदलना, बीच में पन्ने डालना, रोज़नामचा बदलना, गवाहों को तोड़ना—सब सिखा दिया।

उस आदमी को बीस साल की सज़ा हो गई।

चाँद की पुलिस शिक्षित हो चुकी थी। धड़ाधड़ केस बनने लगे और सज़ा होने लगी। चाँद की सरकार बहुत ख़ुश थी। पुलिस की ऐसी मुस्तैदी भारत सरकार के सहयोग का नतीजा थी। चाँद की संसद ने एक धन्यवाद का प्रस्ताव पास किया।

एक दिन मातादीन जी का सार्वजनिक अभिनन्दन किया गया। वे फूलों से लदे खुली जीप पर बैठे थे। आसपास जय-जयकार करते हज़ारों लोग। वे हाथ जोड़कर अपने गृहमंत्री की स्टाइल में जवाब दे रहे थे।

ज़िन्दगी में पहली बार ऐसा कर रहे थे, इसलिए थोड़ा अटपटा लग रहा था। छब्बीस साल पहले पुलिस में भरती होते वक़्त किसने सोचा था कि एक दिन दूसरे लोक में उनका ऐसा अभिनन्दन होगा। वे पछताए—अच्छा होता कि इस मौक़े के लिए कुरता, टोपी और धोती ले आते।

भारत के पुलिस-मंत्री टेलीविज़न पर बैठे यह दृश्य देख रहे थे और सोच रहे थे, मेरी सद्भावना यात्रा के लिए वातावरण बन गया।

एक दिन चाँद की संसद का विशेष अधिवेशन बुलाया गया। बहुत तूफ़ान खड़ा हुआ। गुप्त अधिवेशन था, इसलिए रिपोर्ट प्रकाशित नहीं हुई, पर संसद की दीवारों में टकराकर कुछ शब्द बाहर आए।

सदस्य ग़ुस्से से चिल्ला रहे थे—

"कोई बीमार बाप का इलाज नहीं करता।"

"डूबते बच्चों को कोई नहीं बचाता।"

"जलते मकान की आग कोई नहीं बुझाता।"

"आदमी जानवर से बदतर हो गया। सरकार फ़ौरन इस्तीफ़ा दे।"

दूसरे दिन चाँद के प्रधानमंत्री ने मातादीन जी को बुलाया। मातादीन ने देखा—वे एकदम बूढ़े हो गए थे। लगा, ये कई रातें सोए नहीं हैं।

रुआँसे होकर प्रधानमंत्री ने कहा, "मातादीन जी, हम आपके और भारत सरकार के बहुत आभारी हैं। अब आप कल देश वापस लौट जाइए।"

मातादीन ने कहा, "मैं तो 'टर्म' ख़त्म करके ही जाऊँगा।"

प्रधानमंत्री ने कहा, "आप बाक़ी 'टर्म' का वेतन ले जाइए—डबल ले जाइए, ट्रिपल ले जाइए।"

मातादीन ने कहा, "हमारा सिद्धान्त है। हमें पैसा नहीं, काम प्यारा है।"

आख़िर चाँद के प्रधानमंत्री ने भारत के प्रधानमंत्री को एक गुप्त पत्र लिखा।

चौथे दिन मातादीन जी को वापस लौटने के लिए अपने आई.जी. का ऑर्डर मिल गया।

उन्होंने एस.पी. साहब के घर के लिए एड़ी चमकाने का पत्थर यान में रखा और चाँद से विदा हो गए।

उन्हें जाते देख पुलिसवाले रो पड़े।

बहुत अरसे तक यह रहस्य बना रहा कि आख़िर चाँद में ऐसा क्या हो गया कि मातादीन जी को इस तरह एकदम लौटना पड़ा। चाँद के प्रधानमंत्री ने भारत के प्रधानमंत्री को क्या लिखा था?

एक दिन वह पत्र खुल ही गया। उसमें लिखा था—

इंस्पेक्टर मातादीन की सेवाएँ हमें प्रदान करने के लिए अनेक धन्यवाद। पर अब आप उन्हें फ़ौरन बुला लें। हम भारत को मित्र देश

समझते थे, पर आपने हमारे साथ शत्रुवत व्यवहार किया है। हम भोले लोगों से विश्वासघात किया है।

आपके मातादीन जी ने हमारी पुलिस को जैसा कर दिया है, उसके नतीजे ये हुए हैं—

कोई आदमी किसी मरते हुए आदमी के पास नहीं जाता, इस डर से कि वह क़त्ल के मामले में फँसा दिया जाएगा। बेटा बीमार बाप की सेवा नहीं करता। वह डरता है, बाप मर गया तो उस पर कहीं हत्या का आरोप नहीं लगा दिया जाए। घर जलते रहते हैं और कोई बुझाने नहीं जाता—डरता है कि कहीं उस पर आग लगाने का जुर्म क़ायम न कर दिया जाए। बच्चे नदी में डूबते रहते हैं और कोई उन्हें नहीं बचाता। इस डर से कि उस पर बच्चे को डुबाने का आरोप न लग जाए। सारे मानवीय सम्बन्ध समाप्त हो रहे हैं। मातादीन जी ने हमारी आधी संस्कृति नष्ट कर दी है। अगर वे यहाँ रहे तो पूरी संस्कृति नष्ट कर देंगे। उन्हें फ़ौरन रामराज में बुला लिया जाए।

एक लड़की, पाँच दीवाने

गोर्की की कहानी है, '26 आदमी और एक लड़की'। इस लड़की की कहानी लिखते मुझे वह कहानी याद आ गई। रोटी के एक पिंजड़ानुमा कारख़ाने में 26 मज़दूर सूअर से भी बदतर हालत में रहते और काम करते हैं। मालिक की जवान लड़की जब निकलती है, वे सब सीख़चों से उसे देखते हैं। जीवन के रेगिस्तान में थोड़ी हरियाली आती है। वे उसे देवी जैसी पूजते हैं। अलग-अलग और इकट्ठे उससे प्रेम करते हैं। एक दिन जब वह अपने उच्चवर्गीय प्रेमी के साथ बाहर निकलती है, वे आदतन उसे झाँकते हैं। लड़की कहती है—सूअर कहीं के! और प्रेमी के साथ चली जाती है।

पर जिस लड़की की कहानी मैं लिख रहा हूँ, वह बड़े आदमी की लड़की नहीं, ग़रीब मध्यवर्गीय परिवार की बड़ी लड़की है, पिता सरकारी नौकर है। पत्नी बच्चे पैदा करने में गान्धारी की स्पर्धा करती है। गान्धारी ने अन्धे पति से 100 बेटे पैदा कर दिये थे, इस औरत ने जवानी में ही आँखोंवाले पति से 4 पैदा कर लिये हैं। पाँचवें का शिलान्यास हो गया है। मरियल है। पूरा खाने को नहीं मिलता। शरीर में ख़ून नहीं। हड्डी-ही-हड्डी है।

बड़ी लड़की विशेष दुर्बल नहीं है। वही खाना बनाती है। माँ तो लगातार प्रसूती ही रहती है। लगता है, लड़की खाना बनाते-बनाते एकाध रोटी ज़्यादा निगल लेती होगी। रोटी बड़े-बड़े क्रान्तिकारियों को कमज़ोर बनाती है। चे ग्वारा ने डायरी में लिखा है कि एक बहादुर गुरिल्ला साथी एक दिन चोरी से डबलरोटी के दो टुकड़े खा गया। दूसरे दिन उसे दंड में नाश्ता नहीं दिया गया।

लड़की छरहरी है। सुन्दरी है। और ग़रीब की लड़की है।

मोहल्ला ऐसा है कि लोग 12-13 साल की बच्ची को घूर-घूरकर जवान बना देते हैं। वह समझने लगती है कि कहाँ घूरा जा रहा है। वह उन अंगों पर ध्यान देने लगती है। ब्लाउज़ को ऊँचा करने लगती है। नीचे कपड़ा रख लेती है। कटाक्ष का अभ्यास करने लगती है। पल्लू कब खसकाना और कैसे खसकाना—यह अभ्यास करने लगती है। घूरने से शरीर बढ़ता है।

आँखें बड़ी ताक़तवर होती हैं।

रहीम ने कहा है—

रहिमन मन महाराज के, दृग सों नहीं दिवान।
जाहि देख रीझे नयन, मन तेहि हाथ बिकान॥

मन के दीवान जी होते हैं, नयन। नयनों के उपयोग के ज्ञानी उनका असर जानते हैं। अगर आँखों का असर भीतर पड़ रहा है, तो स्त्री लॉकेट हाथ में लेकर उसे हिलाने लगती है। लॉकेट न हो तो साड़ी के पल्ले को अँगुली पर लपेटने लगती है। थोड़ी कठिनाई उसके साथ होती है, जो

स्वेटर बुन रही है। पर ध्यान से देखो तो वह भी दो-चार खाने ग़लत बुन देती है और उन्हें उधेड़कर फिर बुनने लगती है। बाक़ी चलतू साफ़ ही कह देती हैं—आज तो आपसे ही आइसक्रीम खाएँगे। चलिए।

लड़की को बाक़ी घूरनेवाले अब हताश होकर कहीं और घूर रहे हैं। अब कुल पाँच दीवाने बचे हैं, जो सामने बैठते या चक्कर लगाते हैं। चक्कर लगाता प्रेमी बैठे प्रेमी से सवाया पड़ता है, क्योंकि वह मेहनत करता है। फिर परम्परा से कूचे की ख़ाक छानता चला आ रहा है। लड़की अठारह साल की हो रही है। उभार पर है। छज्जे पर आकर देखने लगती है, तो उपस्थित दीवाना समझता है कि मेरे ही लिए खड़ी है और मुझी को देख रही है। पाँचों दीवाने एक साथ सिर्फ़ शाम को होते हैं, क्योंकि वे दिन में काम पर जाते हैं। दिन में जो हाज़िर होता है, वह छज्जा देखता रहता है, आँखें मिलाता है, हाव-भाव करता है।

सामने एक अधेड़ जनरल मर्चेंट की दुकान है। नीचे क्रॉकरी की। क्रॉकरीवाला जवान है, मगर उसकी मुसीबत यह है कि छज्जा सिर के ऊपर पड़ता है। जनरल मर्चेंट के बग़ल में किताबों की दुकान है, जिसका मालिक 40 साल का ख़ूबसूरत आदमी है। ठीक सामने के दो कमरे के मकान में एक जवान आदमी रहता है, जो बीमा कम्पनी में काम करता है और पाँच-छह सौ से ऊपर ही कमा लेता है। यह तीन-चार घंटे ही बाहर रहता है। बाक़ी समय घर में काटता है। क्वाँरा है। घर के सामने एक हलवाई की दुकान है। 50 पर पहुँचता होगा, पर वह भी दीवाना है।

दीवाना नम्बर-एक

इसे कुल तीन-चार घंटे का काम है। माल यहाँ से वहाँ सप्लाई करके बरी हो जाता है और जनरल मर्चेंट की दुकान पर आकर बैठ जाता है। आर्थिक कठिनाई में रहता है। इसने दाढ़ी बढ़ा ली है। दाढ़ी अलग-अलग तरह की होती है—प्रेमी की दाढ़ी अलग, मुल्ला की अलग और मुफ़लिस की अलग। इसने प्रेमी की दाढ़ी बढ़ा ली है। 'ट्रिम' करवाता है। दाढ़ी दीन भी होती है और रोबदार भी। यह दाढ़ीवाले के व्यक्तित्व और आँखों

के भाव से मालूम हो जाता है। कुछ दाढ़ियाँ क्षमा-याचना करती मालूम होती हैं। इस प्रेमी का विश्वास है कि दाढ़ी बढ़ाकर आँखों में भिखारीपन लेकर औरत का सामना करो तो वह आकर्षित हो जाती है। यह दाढ़ी और दीनता लिये कभी दुकान पर बैठकर छज्जा देखता रहता है या फिर सामने की सड़क पर टहलता है।

यह सही है कि कुछ औरतों को दाढ़ी पसन्द होती है। मैंने सुना है, कुछ औरतें पति की दाढ़ी को इतना पसन्द करती हैं कि सुबह दाढ़ी में टूथपेस्ट लगाकर उसी से ब्रश कर लेती हैं।

यह प्रेमी सिर्फ़ देखता है। वह छज्जे पर ऑक्सीजन लेने आती है, तो दाढ़ीवाला समझता है कि वह उसी को देखने आई है और दीन हो जाता है। वह करुणा में से प्रेम निकालना चाहता है। करुणा में से प्रेम निकलता भी है। गाँव की चलतू औरत कहती है—इत्ते बड़े-बड़े आदमी के लड़के और मेरे गोड़ (पाँव) पड़ें। मेरा तो जी पसीज जाए है। नहीं करते नहीं बनै।

दाढ़ीवाले को कभी-कभी लड़की का सामीप्य प्राप्त होता है। नीचे के नल से लड़की का भाई बाल्टियाँ भरकर ऊपर ले जाता है। कभी वह नहीं होता, लड़की पानी भरने आती है। तब दाढ़ीवाला प्रेमी पानी की बाल्टियाँ उठाकर दरवाज़े तक रख आता है। वह कहती है—बड़ी तकलीफ़ की तुमने भैया! दाढ़ीवाला 'भैया' सम्बोधन से बहुत डरता है। कहीं यह राखी न बाँधने लगे! दाढ़ीवाले प्रेमी को सात-आठ घंटे जनरल मर्चेंट की दुकान पर बैठने के लिए बहाना चाहिए। वह कहता है—बड़े भैया, मैं तो फ़ुरसत में रहता हूँ। कुछ काम हो, तो बता दिया करिए। दुकानदार उसे पार्सल छुड़ाने और माल सप्लाई करने भेज देता है। सेठ ने बाहर का काम करनेवाले नौकर को निकाल दिया है।

दीवाना नम्बर-दो

यह तीस साल के लगभग है। गोरा और साधारणत: देखने में अच्छा है। इसे दूसरों से कुछ ज़्यादा सुभीते भी हैं और कुछ असुविधाएँ भी। सुभीता

यह है कि वह रुपये उधार दे देता है, पर उधार लेने लड़की का बाप आता है। वह चाहता है, लड़की आए। कहता है—तुम क्यों तकलीफ़ करते हो? बच्चों को भेज दिया करो। पर बाप ख़ुद ही उधार लेने आता है, या लड़की की माँ आ जाती है। असुविधा इस दीवाने को यह है कि लड़की ऊपर रहती है। वह उसे देख नहीं सकता। पीछे की तरफ़ जाता है, तो वहाँ ऊपर लकड़ी की जाली लगी है। लड़की उसे दिखती नहीं है। मजबूरी में वह पुस्तक-प्रेमी हो गया है। वह सामने की किताब की दुकान पर बैठता है एकाध घंटे और मुआवजे के रूप में गुलशन नन्दा की कोई किताब ख़रीद लाता है।

इधर एक तरीक़ा उसने और निकाला। सब्ज़ी का ठेलेवाला थोड़ी दूर पर, जहाँ रोज़ काफ़ी सब्ज़ी ख़रीदनेवाले परिवार रहते हैं, खड़ा होता है। क्रॉकरीवाले ने सोचा कि ठेलेवाला यहाँ भी खड़ा हो, तो वह सब्ज़ी ख़रीदने नीचे आया करेगी। उसने ठेलेवाले से कहा, "इधर भी खड़े रहा करो।" उसने उम्मीद की कि भाव-ताव को लेकर बात होगी। कभी उसके पास पैसे न होंगे, तो मैं उधार में दिला दूँगा और बाद में चुकारा कर दूँगा।

ठेलेवाले ने कहा, "यहाँ, भाई साब, ख़रीदनेवाले ही नहीं हैं।"

दीवाने ने कहा, "हैं क्यों नहीं? एक-दो रोज़ देखो।"

ठेलेवाला दरवाज़े के पास खड़ा होकर आवाज़ लगाने लगा। लड़की ऊपर से आई। उसने पूछा, "आलू क्या भाव दिये?"

इतने में दीवाना क्रॉकरी के ग्राहक को छोड़कर ठेले के पास आ गया। प्रेम में बड़ा त्याग करना पड़ता है। ग्राहक खोना पड़ता है।

ठेलेवाले से कहा, "ठीक भाव से देना। और लड़की से आँखें मिलाने लगा।"

लड़की ने कहा, "पाव किलो आलू दे दो।" सब्ज़ीवाला निराश हुआ। क्रॉकरी-वाला नैतिक संकट में आ गया।

उसने कहा, "एक, एक किलो दे दो। बाक़ी पैसे कल ले जाना।"

सब्ज़ीवाले ने भरोसा कर लिया। उसने एक किलो तौल दिये। पर सब्ज़ीवाले को रोज़ वहाँ रोकने के लिए इतनी ख़रीद काफ़ी नहीं थी। क्रॉकरीवाले ने लड़की के बाक़ी पैसे दिये और घर के लिए दो-तीन किलो

सब्ज़ी और ख़रीद ली। उसे भरोसा हो गया कि सब्ज़ीवाला अब रोज़ यहाँ खड़ा होगा और मेल-जोल बढ़ेगा।

पर प्रेम का रास्ता काँटों का रास्ता है। पता नहीं, इस सनातन मार्ग पर कब कंक्रीट की सड़कें बनेंगी। अभी भी प्रेम में काँटों-भरी पगडंडी पर से चलना पड़ता है। योजना आयोग को अगली योजना में प्रेम की कंक्रीट की सड़कों का प्रावधान करना चाहिए।

बात यह हुई कि जब क्रॉकरीवाला जवान दोपहर की सब्ज़ी लेकर घर पहुँचा और उसके पिता ने सब्ज़ी देखी, तो डाँटा—तुझसे किसने कहा था कि सब्ज़ी ला? यह कचरा उठा लाया।

बात यह है कि पिता रिटायर्ड बेकार आदमी हैं। वह सुबह झोला लेकर सब्ज़ी बाज़ार चल देते हैं। दस दुकानें देखते हैं और बढ़िया सब्ज़ी ख़रीदते हैं।

नतीजा प्रेमी के लिए बुरा हुआ। दूसरे दिन से उसने सब्ज़ी ख़रीदना बन्द कर दिया और ठेलेवाले ने वहाँ रुकना बन्द कर दिया। अब ऊपर के परिवार को सब्ज़ी चाहिए, तो छोटी लड़की दूर खड़े ठेले से पाव किलो ख़रीद लाती है। अब इस दीवाने को कुल इतना सहारा है कि सामने की किताब की दुकान पर बैठे, देखे और नज़र बचाकर हल्का-सा इशारा कर दे।

दीवाने अपने बरताव से लड़की को चतुर बनाए दे रहे हैं। भोली लड़की सुविधा की होती है। उसे पटाना आसान होता है। पर ये दीवाने उसे काँइयाँ बना रहे हैं। यह इन्हीं के हित के विरुद्ध जा रहा है। अब वह लड़की आसान नहीं रही।

दीवाना नम्बर-तीन

यह सामनेवाला हलवाई है। निहायत गन्दी चड्ढी और मैल से काली बनियान पहनकर भट्ठी के सामने सवेरे बैठ जाता है। दाढ़ी खिचड़ी है और कई दिन बनाता नहीं है। दाँत पीले हैं, नाक को नाक नहीं, आलू-बंडा कहा जा सकता है। जलेबी के बाद वह आलू-बंडे और...और भजिये बनाता है।

यह विकट दीवाना है। छज्जे की तरफ़ देखते हुए कड़ाही में चमचा चलाता है। जलेबी जल भी जाती है। कभी कच्चे-कच्चे आलू-बंडे निकाल लेता है। तेल ख़ाली जलता रहता है और वह छज्जे पर लड़की को देखता रहता है। फिर उसे जलेबी दिखाकर अपने पीले दाँतों में हँसता है। समझता है, ग़रीब की लड़की है, आकर जलेबी ले जाएगी। पर वह नहीं आती। एक दिन छोटी लड़की को उसने जलेबी दे दी थी। कहने लगा—सब लोग बाँटकर खाना। उसका मतलब था, वह महबूबा भी खा ले। पर महबूबा ने छोटी को डाँट दिया—फिर उससे जलेबी लेगी, तो पिट जाएगी। इधर यह दीवाना पीले दाँत निकाले और नथुने फैलाए छज्जे की तरफ़ देख रहा था कि वह अब आई, अब आई, पर वह नहीं आई। तब दीवाना दुकान के इस कोने, उस कोने खड़ा होकर देखने लगा कि भीतर ही दिख जाए। लड़की सब कुछ भीतर से देख रही थी। आख़िर वह बाहर छज्जे पर आकर खड़ी हो गई और हलवाई की तरफ़ देख लिया। वह कृतार्थ हो गया। उस वक़्त वह आकर कहती कि मैं तुम्हारा तला हुआ हाथ खाऊँगी, तो वह पंजा तलकर उसे खिला देता।

लोग उससे पूछते, "तुम्हारी उम्र कितनी है? पचास के पार तो होगी?" वह कहता है, "तीस से ऊपर नहीं है। पाँच साल से भट्ठी के सामने बैठ रहा हूँ, इसलिए उमर ज़्यादा लगती है। पाँच साल पहले देखते। अच्छे-अच्छे घरों की मरती थीं। दो-तीन तो जलकर मर गई थीं मेरे प्रेम में।"

जब वह छज्जे पर आती है, हलवाई पीले दाँत निकालकर, थुथने फैलाकर साँड़ की तरह दूर से सूँघता है कि तैयार हुई कि नहीं।

दीवाना नम्बर-चार

यह खिलाड़ी है। कई जगह खेलता है। पैसेवाले का लड़का है। चेन सावधानी से कुर्ते के बाहर रखता है। यह अक्सर शाम को आता है। इसका विश्वास है, ट्यूबलाइट में आदमी ज़्यादा ख़ूबसूरत लगता है। इसका आना किसी को पसन्द नहीं—इसके अच्छे कपड़ों और चेन के कारण। पर तब लड़की चूल्हा फूँकती रहती है। आसपास के ट्यूबलाइट बेकार चले जाते

हैं। एक-दो बार वह लड़की छज्जे पर आकर पसीना पोंछने लगती है। यह दीवाना समझता है कि चेन उसे दिख गई। यह सोने की चेन से बाँधकर उसे खींचना चाहता है। यह प्रेमी बड़े ज़ोर-ज़ोर से शेखियाँ बघारता है, ठहाका लगाता है...वह सुन ले कि कोई मस्ताना उसके लिए बेताब है। पर लड़की तब भीतर चूल्हा फूँकती होती है। दीवाना वहाँ लोगों को चाय पिलाता है... वह देख ले कि मैं इतना उदार हूँ। पर वह चूल्हा फूँकती है। ज़ोर से कहता है, "अरे, हज़ारों रुपये फूँक दिये हैं, यहाँ तो पैसे को मिट्टी समझते हैं। ज़रूरतमन्द हो और माँगे, तो हज़ार-दो हज़ार दे देते हैं। और भूल जाते हैं।"

पर लड़की इसकी यह दैवी उदारता सुन नहीं पाती, क्योंकि रोटी बनाती होती है।

इस दीवाने ने समय ग़लत चुना। इसे शाम के पहले, सवेरे या दोपहर को आना चाहिए।

पर इसकी भी मजबूरी है। इसके चेहरे पर चेचक के हल्के दाग़ हैं, इसलिए इसे ट्यूबलाइट में ही आना पड़ता है।

यह भी किताब की दुकान पर थोड़ी देर बैठता है। वहाँ से रसोई बनाने का कोना दिख जाता है। फिर यह याद लिये हुए घर चला जाता है।

दीवाना नम्बर-पाँच

इसे सबके बाद इसलिए ले रहा हूँ कि यह सौ फीसदी दीवाना है। एकमात्र गम्भीर और समर्पित दीवाना। गोरा आदमी है। अकेले ज़िन्दगी काट रहा है। हर स्त्री पर मोहित हो जाता है। पर जब से उस लड़की पर इसकी नज़र पड़ी है, यह बिलकुल उसी का हो गया है। रात-दिन उसी की याद में लिप्त रहता है। काम में मन नहीं लगता। लोगों से बात करता है। तो या तो उसी की बात करता है, या गुमसुम उसके बारे में सोचता रहता है। ठीक सामने रहने के कारण भीतर से भी उसे बैठकर या लेटे हुए देखता रहता है।

यों 'सेक्स' यहाँ-वहाँ जमाता रहा है। इसे हर छह महीने में मकान बदलना पड़ता है।

एक दोपहर को घबराया मेरे पास आया, कहने लगा, "मोहल्ले में पिटने की नौबत आ गई है।"

मैंने पूछा, तो उसने बताया, "मकान मालकिन ग़रीब है। उसने एक कमरा मुझे किराये पर दे रखा है। वह ख़ुद एक से फँसी है। लड़की को मैंने पटा लिया था। एक लड़का भी है, जो मैट्रिक की परीक्षा में बैठनेवाला है। आज दोपहर को लड़की आ गई, माँ ऊपर सो रही थी। हम दोनों बिस्तरे में थे कि माँ आ गई। देखा तो चिल्लाई—अरे, इसे क्या चकलाघर समझ रखा है? भले आदमियों के मोहल्ले में ये कारनामे? मेरी लड़की को बिगाड़ रहे हो। मैं अभी मोहल्लेवालों को पुकारती हूँ और तुम्हारी बोटी-बोटी करवाती हूँ!"

मैंने पूछा, "फिर तुमने क्या किया?"

उसने कहा, "मैंने उसके पाँव पकड़ लिये और कहा, मुझे माफ़ कर दो।"

मैंने पूछा, "लड़की से उसने क्या किया?"

कहने लगा, "कुछ ख़ास नहीं। एक हल्का-सा चाँटा मारा और कहा—चल, हरामजादी, ऊपर! लफंगों के चक्कर में फँसती है। मैं इस बदमाश को अभी पिटवाती हूँ। मैंने फ़ौरन साइकिल उठाई और आपके पास भागा चला आ रहा हूँ। क्या करूँ ? मेरा वहाँ सामान पड़ा है। एक पेटी में काफ़ी रुपया भी है। मैं लौटने में डरता हूँ। क्या सचमुच वह मुझे पिटवा देगी?"

मैंने कहा, "हाँ।"

उसने कहा, "पर मोहल्लेवालों को क्या मतलब? वे जानते हैं, वह औरत एक से फँसी है। क्या वे लोग मेरी बात नहीं मानेंगे?"

मैंने कहा, "बिलकुल नहीं मानेंगे। उसी की बात मानेंगे, हंगामा करेंगे। तुम्हें पीटेंगे। ऐसे हंगामे मोहल्ले की नीरसता भंग करते हैं। महीने में एकाध लड़की भगाई न जाए, या कोई बलात्कार न हो, तो मोहल्ले के निवासी बहुत बोर होते हैं।"

वह काफ़ी घबराया हुआ था।

मैंने पूछा, "आज या कल लड़की की माँ से तुम्हारी कुछ बात हुई थी?"

उसने कहा, "हाँ, रात को और सवेरे मेरे पास बैठी रही। पैसे की तकलीफ़ बताती रही। कह रही थी—परसों मुन्ना की पचास रुपये परीक्षा-फीस भरनी है। बड़ी परेशानी है। कुछ समझ में नहीं आता। सुबह भी वही चिन्ता बताती रही कि मुन्ना की फीस भरनी है।"

मैं मामला समझ गया। मैंने कहा, "फ़ौरन घर जाओ, पेटी से पचास रुपये निकालो, ऊपर उसके पास जाकर उसे रुपये दो और कहो—लो, मुन्ना की फीस भर दो। जैसा तुम्हारा लड़का, वैसा मेरा भाई। पैसा तो आता-जाता रहता है। लड़के का साल बरबाद नहीं होना चाहिए। इसके सिवाय कोई और रास्ता पिटने से बचने का नहीं है।"

यों ही उन्हें पसीना आ रहा था। पचास की बात सुनकर उन्होंने पीने को पानी माँगा।

कहने लगा, "पर उसने पीटनेवाले इकट्ठे कर रखे हों, तो?"

मैंने कहा, "मैं निश्चित कहता हूँ, उसने अभी तक किसी से कुछ भी नहीं कहा होगा। वह तुम्हारी राह देख रही होगी।"

वह बोले, "पचास तो बहुत होते हैं। मेरा काम तो आधा भी नहीं हुआ था।"

मैंने कहा, "पचास दे दोगे, तो पिटने से तो बचोगे ही, रात को वह तुम्हारा पूरा काम करवा देगी। इस तरह डेवढ़ा काम हो जाएगा।"

वह बड़ी घबराहट में गए।

दूसरे दिन मिले, तो मैंने पूछा, "पिटे तो नहीं?"

उन्होंने कहा, "नहीं।"

मैंने पूछा, "उसने रुपये ले लिये?"

वह बोले, "हाँ, कहने लगी कि अरे भैया, तुम तो घर के ही हो। मुसीबत में तुम काम नहीं आओगे तो कौन आएगा!"

मैंने पूछा, "और रात को उसने पूरा काम तुम्हारा करवा दिया न?"

वह बोले, "हाँ, करवा दिया, आपने ठीक कहा था कि डेवढ़ा हो जाएगा।"

मैंने कहा, " अब उस मकान को फ़ौरन छोड़ो और बहुत ही तकलीफ़ 'उस' मामले में हो, सुभीते का मामला न जमे, तो गांधीजी की शिक्षा के अनुसार चलो।"

उन्होंने पूछा, "गांधीजी ने इस 'सेक्स' के मामले में क्या सिखाया है, सिवाय ब्रह्मचर्य के?"

मैंने कहा, "नहीं, उन्होंने अछूतोद्धार भी सिखाया है। एक-दो रुपयों में अछूतोद्धार कर लिया करो।"

वह गांधीभक्त हो गए।

अछूतोद्धार पर अधिक ध्यान देने लगे।

ब्राह्मण पाँच-छह सौ रुपये कमानेवाला, देखने में अच्छा—फिर भी शादी न हो, यह एक सवाल बहुत लोगों के मन में उठता है। परदेशी है यहाँ। एक समस्या तो यही है कि लड़कीवालों के सामने कौन सिद्ध करे कि यह ब्राह्मण ही है? उसकी वंशावली कौन बताए? परिवार के कोई बुज़ुर्ग दिलचस्पी लेते दिखते नहीं हैं।

ऐसा नहीं है कि लड़कीवाले आते नहीं हैं। वह ख़ुद भी तलाश करके लड़की वालों के यहाँ जाता है।

पर सुना है, एक विशेषता है उसमें। वह लड़की की अपेक्षा उसकी माँ पर ज़्यादा ध्यान देने लगता है। इससे एक तो लड़की बिचकती है, दूसरे माँ उसे कुछ 'यों ही' समझने लगती है। कुछ लोगों ने समझाया कि माँ को ज़रूर ख़ुश करो, पर उसे माँ समझकर ख़ुश करो। वह जवाब देता है—हैं मैं क्या करूँ। जिस परिवार में जाता हूँ, वहाँ माँ और लड़की दोनों मेरे ऊपर मरने लगती हैं।

यह समस्या बड़ी टेढ़ी है। माँ पर ध्यान देता है, तो लड़की बिचकती है और माँ लफंगा समझने लगती है, जहाँ माँ अनुकूल होने लगे, वहाँ वह लड़की को काटती है, "तेरा यहाँ क्या काम है? जाकर पढ़ती क्यों नहीं?" माँ और बेटी दोनों पर एक साथ डोरे डालना ख़तरनाक होता है। कुछ पुरुष सोचते हैं कि लड़की नहीं तो माँ ही हाथ लग जाए। लड़की से तो शादी भी करनी पड़ सकती है। पर इधर यह प्रेमी लोगों से कहता ज़रूर है कि माँ मेरे पीछे पड़ी है। उस आदमी की बड़ी आफ़त है, जिसे दुनिया की हर स्त्री अच्छी लगती है और जो यह समझता है कि दुनिया की हर स्त्री मुझ पर जान देती है। ऐसे में एक भी स्त्री हाथ नहीं पड़ती।

यह प्रेमी नम्बर पाँच लड़की के पीछे दीवाना है। वह उससे शादी करना चाहता है। बिलकुल डूबा है। लड़की भी अनुकूल लगती है। वह इसी की तरफ़ ज़्यादा ध्यान देती है।

दीवानों ने ख़ुद एक सीधी लड़की को जो सहज ही फँसती, काँइयाँ बना दिया है और अपना ही नुक़सान कर लिया है।

प्रेमी रोज़ एक-दो प्रेम-कविताएँ लिखता है। प्रेमानुभूति प्रसार माँगती है। वह लोगों को सुनाता भी है। कविताएँ अच्छी होती हैं। सीधी भी होती है—मेरे पास आओ—तो बैठो तो, मैं तुम्हारा हाथ सहलाऊँ और चूम लूँ—वग़ैरह।

देखा-देखी तो बहुत हो चुकी। निकटता कैसे हो? प्रेमी बड़ा आविष्कारक होता है। लड़की का बाप शराब-प्रेमी है। इतवार की एक शाम उसने उसे बुलाया—मिसिर जी, आइए न। यहीं बैठें। मिसिर जी आकर बैठ गए।

प्रेमी ने ठर्रे का अद्धा खोल लिया और चालू हो गया। मिसिर जी जब आधी से ज़्यादा पी गए तो प्रेमी ने कहा, "आपको लड़की की शादी भी तो करना है।" मिसिर जी ने झींकते हुए कहा, "मुझे क्या चिन्ता? तुम जैसा दामाद किस...वाले को मिलेगा? तुम तो मेरे दामाद ही हो गए। दुनिया कुछ भी कहे। सबकी माँ की..."

उसने प्रेमी को गले लगा लिया।

प्रेमी को रात-भर नींद नहीं आई।

सुबह मिसिर जी घर से निकले तो प्रेमी ने पुकारा, "मिसिर जी, ज़रा सुनिए तो।"

मिसिर जी ने चलते-चलते कहा, "ड्यूटी का टाइम हो रहा है, फिर मिलूँगा।"

उनका नशा उतर गया था।

एक नैतिकतावादी

यह सीधा, ख़ूबसूरत पुस्तक-विक्रेता है। तीन बच्चे हैं। अच्छी पत्नी है। इसके लिए दुनिया में दूसरी और कोई औरत नहीं है।

मैं कभी-कभी उनके पास बैठता हूँ। वे पीड़ित हैं। कहते हैं, "यह क्या चला है मोहल्ले में? बड़ी ख़राब बात है। तमाम हल्ला फैला हुआ है। यह बन्द होना चाहिए।"

फिर कहने लगे, "हमारी भी बदनामी हो रही है। वे तीन दीवाने हमारी दुकान पर आकर उससे आँखें लड़ाते हैं और इशारे करते हैं। इससे हमारे धन्धे पर असर पड़ेगा। मैंने उनमें से दो से तो साफ़ कह दिया कि यहाँ न बैठा करो।

मैंने थोड़े हल्के 'मूड' में कहा, "तुम तो हो बुद्धू! मैंने देखा है कि वह लड़की तुम्हारी तरफ़ बहुत देखती है। वह तुमसे बहुत आकर्षित है। तुम एकाध बार उसकी तरफ़ देख तो लिया करो।"

उन्होंने कहा, "फालतू बात मत करो। हम इन झंझटों में नहीं पड़ते। हमारी 'वाइफ़' है।"

मैंने कहा, "यार, एकमात्र 'वाइफ़' से काम नहीं चलता। तुम बहुत अरसिक हो। ऐसी-ऐसी ख़ूबसूरत लड़कियाँ किताबें ख़रीदने आती हैं और तुम उनसे पाँच-दस पैसे कमीशन के लिए झिकझिक करते हो। कल यह जो पी-एच.डी. वाली आई थी, कैसे प्रेम से बातें कर रही थी। कहती थी—हम तो फ़र्स्ट इयर से आपके पास आ रही हैं। कहीं और जाती ही नहीं हैं और तुम उससे कहते थे, पाँच पैसे से ऊपर कमीशन हम नहीं देंगे। बेचारी कितनी निराश हुई! तुम्हें तो उसे किताबें यों ही दे देना था कि लो, ले जाओ, पढ़ो।"

उनका जवाब था, "जी हाँ, ख़ूबसूरत औरतों को किताबें यों ही देता जाऊँ, तो तीन बच्चे मैंने पैदा कर रखे हैं, उनका पालन क्या वह पी-एच.डी. वाली करेगी?"

फिर वे नैतिकता, सदाचार, एक-पत्नीव्रत और पतिव्रत धर्म की बातें करने लगे।

मैंने कहा, "धर्मग्रन्थ इस मामले में बहुत छूट देते हैं। देखो, पत्नीव्रत से पतिव्रत धर्म बड़ा होता है। पर तुलसीदास ने कहा है, उत्तम नारी के बारे में—

उत्तम कर अस बस मन माहीं,
सपनेहु आन पुरुष जग नाहीं।

अर्थात उत्तम स्त्री वह है जिसके लिए सपने में भी कोई पुरुष पराया नहीं है—सब अपने ही हैं।

इस पर उनका रिमार्क था, "तुम्हारा दिमाग़ विकृत है! तुम उलटे और ग़लत अर्थ निकालते हो। अच्छा हुआ, जो तुमने पढ़ाने का धन्धा छोड़ दिया। हम इस सबको पसन्द नहीं करते। मैं उस तीसरे प्रेमी का भी आना बन्द करा दूँगा।"

और वे मुहल्ले की अनैतिकता पर और ग़मगीन हो गए।

फिर प्रेमी नम्बर-पाँच

इस प्रेमी की बात मैंने बीच में छोड़ दी थी। यह आदर्श प्रेमी है। जो होनेवाले ससुर को पहले से ही दारू पिलाए, वह आदर्श प्रेमी होता है। पर सुबह नशा उतरने के बाद वह यह ज़रूर सोचता होगा कि सम्भावित आदर्श दामाद शराब पीता है।

रात को लगभग डेढ़ पौआ पीकर जो गले लगाकर दामाद बना लेता है, वह सुबह यह कहकर बरका जाता है कि ड्यूटी पर जाना है। टाइम हो रहा है। दिन में उससे पक्की बात ही नहीं होती। घर में जाने का सिलसिला ही शुरू नहीं हो रहा।

लड़की की माँ चतुर है। वह सब समझ रही है।

एक दिन लड़की के घर में आटा नहीं था। चूल्हा ठंडा पड़ा था। माँ ने छोटी लड़की को प्रेमी के पास भेजा। बोली, "सामनेवाले बाबूजी से कहना कि हमें थोड़ा आटा दे दें। हमारे घर आने पर लौटा देंगे।" लड़की गई।

प्रेमी प्रेम में सिर से पाँव तक डूबा हुआ है।

कहता है, "मैं उसके लिए प्राण भी दे सकता हूँ, प्रेमिका भूखी बैठी है!"

प्रेमी ने झट से लगभग दो किलो आटा लड़की को दे दिया।

मगर उसके जाने के बाद डायरी निकालकर उसके नाम दो किलो आटा और उसकी क़ीमत लिख ली।

मुझे ऐसे आदर्श प्रेमी बड़े अच्छे लगते हैं जो प्राण देने को तैयार हैं, मगर भूखी प्रेमिका को जो आटा देते हैं, उसकी क़ीमत, उसके खाते में

लिख लेते हैं। प्राण की कोई क़ीमत है? बाज़ार में कौन ख़रीदता है प्राण? आटा फिर भी एक किलो डेढ़ रुपये का होता है। हिसाब प्रेम में ज़रूर होता है। कहीं प्रेम में फल नहीं आए या शादी न हुई तो कम-से-कम हिसाब तो रिकॉर्ड में रहेगा।

लड़की कभी दाल भी ले जाती है और प्रेमी उसकी क़ीमत प्रेमिका के खाते में डाल देता है।

मिसिर जी कहते हैं, "तिवारी जी, 'एरिअर्स' मिलनेवाले हैं। मिलते ही सब चुकता कर दूँगा।"

पर प्रेमी चाहता है, आटा, दाल और नकद के 'एरिअर्स' छोड़ो। प्रेम के जो 'एरिअर्स' हो गए हैं, वे तो जल्दी चुक जाएँ।

आख़िर एक दिन छोटी लड़की ने सुबह आकर कहा, "भैया, अम्मा ने कहा है कि भोजन दोपहर को हमारे यहाँ करना।"

प्रेमी थोड़ी देर तो सन्न बैठा रहा।

फिर विचलित हुआ। आख़िर घर में जाने का सिलसिला बँधा।

दोपहर के खाने को तीन घंटे थे। इतना समय कैसे काटे? क्या सिनेमा का मेटिनी शो देख आए? ख़ुशी से अर्द्धविक्षिप्त हो गया। मन को लगाए रखने के लिए सामान सँभालने लगा। उसमें भी मन नहीं लगा। सड़क पर निकल पड़ा। चौराहे तक गया। बग़ल की दुकान से पान खाया। लौटा तो फिर पान खाया। फिर दूसरे चौराहे तक गया। इस बार इधर के पानवाले से पान खाया। फिर दूसरे चौराहे की तरफ़ गया और फिर पान खाया। पानवालों ने कहा—आज तिवारी जी, पन्द्रह-पन्द्रह मिनट में पान खा रहे हैं। क्या बात है? वह दोनों चौराहों तक छह बार जा चुका था और चौबीस पान खा चुका था। पता नहीं पानों का हिसाब उसने प्रेमिका के खाते में लिखा या नहीं। फिर थककर बैठ गया और 'बच्चन' के गीत पढ़ने लगा—'आज न सोऊँगा, न सोने दूँगा तुमको हे मनभीने!' कई बार गाया।

फिर स्नान किया। झक-झक धोती और कुरता पहना। चेहरे पर स्नो लगाया और बिना आसपास देखे चोर की तरह सीढ़ियाँ चढ़ गया।

बड़े प्रेम से उन लोगों ने खाना खिलाया। खाने के बाद लड़की की माँ ने कहा, "भैया, काहे को हाथ से रोटी बनाते हो? यहीं खा लिया करो।"

सुनकर प्रेमी को थोड़ी देर तो होश नहीं रहा। फिर होश में आया तो बोला, "आप लोगों की इच्छा है, तो खा लिया करूँगा। पर आप लोगों के भी ख़र्चे लगे हैं। आपको साठ रुपये हर महीने लेने पड़ेंगे।"

माँ ने कहा, "आपस में पैसे की क्या बात है? आप तो शाम से ही खाना शुरू कर दो।"

छह-सात आदमी का खाना वैसे ही बनता है। दाल में थोड़ा पानी ज़्यादा डाल दो और सब्ज़ी में भी, तो सिर्फ़ चार-पाँच रोटियों की ही ज़रूरत तो है। साठ रुपये ग़रीब परिवार को बहुत मदद है।

शाम को प्रेमी खाने गया तो पहले साठ रुपये माँ के हाथ में रखे।

इधर बाक़ी दीवानों की दुनिया में तहलका मच गया—साले ने वहाँ रोटी खाना शुरू कर दिया। इसे पीटकर मोहल्ले से भगाना पड़ेगा।

प्रेमी दोनों टाइम आसपास बिना देखे सीढ़ियाँ चढ़ जाता है।

एक दिन हलवाई कहने लगा, "भैया, कोई दिन हमारी जलेबी भी चखा दो।"

पहले खाना माँ और छोटी लड़की परोसती थी, फिर बड़ी परोसने लगी। वह खाना कम और हाव-भाव ज़्यादा परोसती थी।

सब दीवानों ने मिलकर सीधी लड़की को चतुर बना दिया है।

पन्द्रह-बीस दिन बाद एक दोस्त ने कहा, "तिवारी जी, कुछ दुबले लग रहे हो। भोजन तो वहाँ अच्छा मिलता है न?"

प्रेमी ने कहा, "भोजन तो अच्छा मिलता है, पर ज़रा भूख ही कम हो गई है।"

मित्र ने कहा, "हाँ, भावातिरेक में खाया नहीं जाता।"

प्रेमी ने कहा, "हाँ, ऐसा ही है।"

मित्र ने कहा, "कुछ संकेत से आइडिया देती है।"

प्रेमी ने कहा, "हाँ, माँ की नज़र बचाकर पल्ला लापरवाही से खिसकाकर ऊपर की चीज़ क्षण-भर को दिखा देती है।"

और वह ध्यानमग्न हो गए।

मित्र सच्चा है। प्रेमी से सहानुभूति है। चाहता है, इसकी शादी उससे हो ही जाए।

पर माँ-बाप जाँच रहे हैं। भरोसा कर लेना चाहते हैं। इधर प्रेमी ने उस ऊपर-वाली चीज़ को क्षण-भर कभी दिखा देने के उपलक्ष्य में साठ रुपये के सत्तर रुपये कर दिये।

तीन महीने भोजन का सिलसिला चला, फिर एक दिन वह बन्द हो गया।

मित्र ने पूछा, तो बोला, "वहाँ अब खाना नहीं खाऊँगा। होटल में खाऊँगा।"

फिर उसने हिसाब की किताब निकाली और दाल-चावल, नकद का टोटल करके बोला, "ढाई सौ रुपये ख़र्च हो गए। अब तो चाहे जो हो, मैं उसे लेकर भाग जाऊँगा। चाहे नौकरी चली जाए, चाहे भूखा मर जाऊँ, मैं उसके बिना रह नहीं सकता।"

दोस्त ने पूछा, "क्या वह भागने को तैयार है और क़ानूनी हिसाब से बालिग हो गई है?"

प्रेमी ने कहा, "भागेगी क्यों नहीं? ज़रूर भागेगी। बालिग-फालिग की मैं परवाह नहीं करता। मैं उसके लिए जेल जा सकता हूँ, प्राण दे सकता हूँ।"

फिर उसने हिसाब की कॉपी देखी और कहा, "ढाई सौ रुपये चले गए।"

दोस्त ने पूछा, "पर सम्बन्ध ख़राब कैसे हो गए?"

प्रेमी ने कहा, "अरे, वे आदमी और औरत ऐसे ही हैं।"

दोस्त ने अन्दाज़ लगाया कि इसकी तुनकमिज़ाजी के कारण शायद सम्बन्ध बिगड़े हों, या यह उतावली में कुछ आगे बढ़ने लगा हो।

प्रेमी अब उस घर की तरफ़ देखता नहीं है।

बाक़ी दीवाने रिमार्क करते हैं उसे सुनाकर, "कट गई पत्ती! कट गई!"

एक दिन प्रेमी अपने दोस्त से कहने लगा, "लड़की के माँ-बाप अब मुझसे डरने लगे हैं। जानते हैं कि लड़की मुझ पर मोहित है। कहीं मैं कुछ कर न बैठूँ। उसे लेकर भाग न जाऊँ।"

दोस्त ने कहा, "लड़की पहले चाहे जो कहे, अक्सर भागने के वक़्त पीछे हट जाती है। कहती है—हृदय से तो मैं तुम्हारी हूँ और हमेशा रहूँगी। लड़कियों को ये मुहावरे रटे रहते हैं।"

प्रेमी ने कहा, "वह ऐसी नहीं है। साहसी है। इसी वक़्त उसे घर से निकाल सकते हैं।"

फिर कहने लगा, "वे लोग चाहते हैं कि मैं यह मकान छोड़ दूँ। छोड़ूँगा, तो पैसे लेकर छोड़ूँगा। यों ही नहीं छोड़ दूँगा। कहूँगा—पचास रुपये दो, तो मकान छोड़ देता हूँ।"

आदर्श प्रेमी के यही लक्षण होते हैं।

वह उदास रहता है। चिढ़ता है। हर आदमी को अपना शत्रु समझता है।

दोस्त ने सलाह दी, "पुराने ख़यालात के आदमी हैं। घर से किसी बुज़ुर्ग को बुला लो। वे बाक़ायदा सम्बन्ध की बात कर लेंगे।"

प्रेमी ने कहा, "बुज़ुर्गों की ऐसी की तैसी! जब सालों ने इस उम्र तक परवाह नहीं की, तो अब मैं उन्हें नहीं बुलाऊँगा। जो करना होगा, मैं करूँगा। मैं क्रान्तिकारी आदमी हूँ।"

लड़की

ग़रीब आदमी की है। घर का सब काम करती है—रोटी बनाना, घर साफ़ करना, कपड़े धोना। सीधी-भोली लड़की। थोड़ी देर पढ़ने चली जाती थी अभी-अभी उसने किसी तरह मैट्रिक पास किया है। उसे लगता था, यही उसकी ज़िन्दगी है।

पर दीवानों ने अपनी हरकतों से उसे भान करा दिया कि उसके पास रोटी बनाने, कपड़े धोने और घर साफ़ करने के सिवाय कुछ और भी है, जो घर के नहीं, बाहरवालों के काम का है। यों उम्र पाकर हर लड़की को यह बोध हो ही जाता है, पर इसे थोड़ा पहले ही दीवानों ने करा दिया। इसीलिए वह छज्जे पर बार-बार आकर घर के दमघोंटू वातावरण से मुक्ति पाती रही और लगातार समझती रही कि वह क्या है, जो घर के नहीं, बाहर के काम का है।

सत्रह साल तक पहुँचते-पहुँचते वह समझ गई कि ग़रीबी के कारण उसकी शादी होना कठिन है। उसका दम यहीं घुट जाएगा। या किसी ऐसे के गले मढ़ दी जाएगी, जहाँ वह यहाँ से भी ज़्यादा घुटे।

वह सोचने लगी कि प्रेमी नम्बर पाँच से शादी हो जाए, तो ठीक हो, बाक़ी दीवानों को वह जानने लगी थी। शादी करने का इच्छुक वही

सिर्फ़ दीवाना नम्बर पाँच था। अठारह पार कर रही थी। चाहती थी कि सस्ती मैली साड़ी, हल्के ब्लाउज़ और खोपरे के तेल सँवारे बाल किसी को गम्भीरता से अच्छे लगें। प्रेमी नम्बर पाँच उसकी इस सादी सुन्दरता पर मुग्ध होता, तो उसे अच्छा लगता कि ग़रीबी और भुखमरी के बाद भी मुझमें कुछ है, जो इसे अच्छा लगता है।

मगर लड़की को दीवानों ने ख़ुद ही चतुर बना दिया था। तीन महीने से घर में वह भोजन करने आता, तो माँ-बाप तो उसे जाँचते ही थे, लड़की भी जाँच रही थी।

सबको यह विश्वास हो गया था कि इसे दहेज वग़ैरह की चाह नहीं है। शादी सस्ते में निपट जाएगी।

पर सबको तीन महीने के अनुभव से यह समझ में आ गया था कि यह आदमी तुनकमिज़ाज, अस्थिर और कुछ भी कर सकता है। यह बारात में से भी लौट जा सकता है।

वे उसके प्रति ठंडे होने लगे, पर लड़की उष्णता का अहसास उसे देती रही। यह उष्णता जो वापस लौटे, उसकी भी ज़रूरत थी।

लड़की को फ़ुरसत ही नहीं मिलती कि वह कहीं जाए।

चार-पाँच मकान आगे एक परिवार रहता है। गृह-मालकिन अच्छी है। उसे वह 'मौसी' कहती है। लड़की कभी-कभी मौसी के घर जाती है। एक-दो घंटे बैठती है। उसे वहाँ अच्छा लगता है। मौसी भी उसे चाहती है। सोचती है, कैसी सुन्दर लड़की, सुशील और भली। पर ग़रीबो तेरा बुरा हो। इसकी शादी नहीं हो रही है। जिस घर में भी पहुँच जाएगी, उजाला कर देगी।

नैतिकतावादी पुस्तक-विक्रेता कहता है, "हम तो जानते थे कि एक दिन ऐसा होगा।"

हम जानते थे

मोहल्ले के लोग कहते हैं, "जो छज्जे पर खड़ी मर्दों को देखती है, वह ऐसा ही तो करेगी!"

कुछ कहते हैं, "ठीक ही हुआ।"

दीवाने कहते हैं, "साली छिनाल निकल गई!"

औरतें कहती हैं, "किसे पता था कि यह लड़की ऐसा करेगी।"

क्या हुआ? पेट बढ़ गया? गर्भ गिरा दिया गया?

नहीं।

एक दिन लड़की ने माँ से कहा, "माँ, मेरा मैट्रिक का सर्टिफिकेट पेटी में से निकाल दे। लड़कियों के स्कूल में नौकरी मिल जाएगी।"

माँ ख़ुश हुई। सौ-सवा सौ और घर में आएँगे।

फिर वह एकाएक हलवाई के पास गई और बोली, "चाचाजी, आज तो जलेबी खाएँगे।"

'चाचाजी' सुनकर हलवाई खिन्न तो हुआ, पर पीले दाँत निकालकर कहा, "जितनी चाहो, खाओ, तुम्हारी ही तो दुकान है।"

उसने एक पुड़े में जलेबी बाँध दी। लड़की घर ले आई।

माँ ने कहा, "ये क्यों ले आई?"

लड़की ने कहा, "माँ, आज मुझे नौकरी मिलेगी न, उसी ख़ुशी में।"

फिर दाढ़ीवाले प्रेमी को दो बाल्टियाँ देकर कहा, "भैया, ज़रा ये भरकर ऊपर रख देना। मेरी तबीयत ठीक नहीं है।"

फिर क्रॉकरीवाले से कहा, "मैं ज़रा एक काम से जा रही हूँ। भैया, ज़रा एक किलो आलू ऊपर भिजवा देना। अभी लौटकर पैसे दे दूँगी।"

फिर प्रेमी नम्बर पाँच के पास गई और बोली, "मुझे पचास रुपये फ़ौरन दे दो। बड़ी मुसीबत आ गई है।"

प्रेमी गद्गद हो गया। पहली बार घर आई थी। उसने पचास रुपये फ़ौरन दिये और उसका हाथ पकड़कर भीतर खींचते हुए बोला, "एक बार तो पास आ जाओ।"

लड़की ने कहा, "नहीं, ये रुपये मैं माँ को देकर जल्दी आती हूँ। कहीं जाना मत। यहीं रहना।"

वह घर गई, प्रेमी नम्बर पाँच के दिये हुए साड़ी-ब्लाउज़ पहने। माँ से कहा, "मौसी के घर जा रही हूँ। मौसिया जी के मारफ़त ही नौकरी लगनेवाली है।"

मौसी का परिवार बड़ा प्रतिष्ठित और प्रभावशाली। उन लोगों ने एक लड़का तय कर रखा था। माँ विधवा थी। लड़का बैंक में काम करता था। लड़की उसे पसन्द थी। दिन तय कर रखा था। मैट्रिक का सर्टिफिकेट वह उम्र के सबूत के लिए ले गई थी।

वैदिक रीति से विवाह घंटे-भर में हो गया।

चार घंटे बाद लड़की लौटी, तो बढ़िया साड़ी और गहने पहने थी। पीछे दो रिक्शों में सामान था। लड़की के साथ लड़का बैठा था। सास-ससुर के पाँव छूने आया था।

वे दोनों ऊपर गए। पिता ड्यूटी पर था। उसने लड़की की माँ के पाँव पर सिर रखा।

अचरज यह कि माँ को अचरज नहीं हुआ। लड़का लौट गया। विदाई बाद में होने की थी।

लड़की छज्जे पर आई, इतना लम्बा-चौड़ा और गहरा सिन्दूर माँग में भरा था कि मील-भर से दिखता था।

घर के सामने भीड़-सी लग गई।

राहगीर पूछते, "क्या बात है? कोई मौत हो गई क्या?"

दूसरे राहगीर ने कहा, "हाँ, लगता है, कोई मौत हो गई है।"

तभी मोहल्ले के एक मसखरे ने कहा, "एक नहीं, चार-पाँच मौतें हो गई हैं।"

क्रोधित निराश

सुबह का वक़्त था। रेवले प्लेटफ़ॉर्म की घड़ी के मुख पर महकमे की कार्य-कुशलता का प्रमाण-पत्र, सफ़ेद काग़ज़ चिपका है। बन्द है। एक आदमी अभी कहता निकल गया था, "साली, एक हफ़्ते से बिगड़ी है।"

इस एटम युग में 250 करोड़ के बजटवाले महकमे की घड़ी को सुधारने की सुविधा एक सप्ताह तक नहीं जुट पाती। महान देश है। उत्तर में संसार का सबसे ऊँचा पर्वत हिमालय गर्दन ताने जो खड़ा है! और हाथ में? एक बार कभी घड़ी बाँधी थी। पर वह एक दिन विधवा की चूड़ी की तरह झड़ गई। तब से 'हाथ ख़ाली' ही है।

लेकिन तार-घर की मैली खिड़कियों से सूरज झाँकने लगा है। उसकी एक छनी किरण आलसी घड़ी के मुख पर थप्पड़ जमा रही है।

रात को तीन-चार घंटे पानी बरसा था। कहीं-कहीं गड्ढों में अभी भी पानी भरा है, जैसे हठी लड़की बहुत रोकर भी माँ-बाप का ध्यान न खींच सके, तो आँसुओं की अन्तिम एक-दो बूँद पलकों में इस आशा से सप्रयास अटकाए रहता है कि शायद अब नज़र पड़े।

भीड़ कम है। पर वे चार-छह तरुण बराबर घूम रहे हैं, जो अपनी एकमात्र पोशाक को रोज़ धोकर, हर गाड़ी पर नियमित रूप से गतिवान सौन्दर्य को निहारने आ पहुँचते हैं।

चहलक़दमी करके 'लेट' आनेवाली गाड़ी के नाज उठा रहा हूँ। सामने परिचित चाल, फिर परिचित वस्त्र, और अब तो वह परिचित मुख! वह मेरे नज़दीक आ गया है। वही खादी के कुरता-पायजामा, वैसे ही रूखे बाल, उनसे भी रूखा चेहरा, नंगे पाँव, आँखों में निराशा का नशा, मुख पर परेशानी की रेखाएँ।

मैंने पूछा, "क्यों इतने सवेरे कैसे आए? क्या कहीं जा रहे हो? किसी को पहुँचाने आए हो?" ख़ूब देर से उठने की जिसने बरसों से ख्याति फैला ली है, वह इस समय, इस हालत में सामने खड़ा है। अचरज की बात तो है ही। उसने एक बार मेरी ओर देखा, फिर छत और आकाश की सीमान्त रेखा पर नज़र गड़ाकर मेरे प्रश्नों को अभिनय की वाणी में दुहराने लगा, जैसे आकाश-भाषित सुन रहा हो या अपने ही मुख से सुने बिना उसे मेरे प्रश्नों पर भरोसा नहीं होगा। कहने लगा, "हूँ! इतने सवेरे कैसे आए? क्या कहीं जा रहे हो? किसी को पहुँचाने आए हो? इतने सारे प्रश्न पूछने का अधिकार-पत्र मैंने कभी आपको नहीं दिया!" उसकी गर्दन फूल गई—ठीक तोते जैसी, जब वह बिल्ली को देखता है। नाक

भी उसकी फूल गई और चिबुक लगभग वक्ष से लग गई जिससे उसकी गर्दन बिलकुल गालों की ऊँचाई पर पहुँच गई। उसकी आँखों में रोष और दर्प के भाव बहुत स्पष्ट।

तीन-चार सालों से जानता हूँ इसे। कुछ लोग हम दोनों को मित्र समझते हैं, कुछ कहते हैं, हम शत्रु हैं। वह स्वयं आज मित्र है, तो कल शत्रु। महीनों मेरे साथ मेरे मकान में रहा है, और फिर महीनों मुझे गाली देता फिरा है। कोई मेरी प्रशंसा करता है, तो वह निन्दा करने लगता है! और कोई मेरी निन्दा करता, तो वह मेरा पक्ष लेकर मारपीट तक करने को उतारू हो जाता है।

मैंने कहा, "फिर भी जब हम लोग मिल गए हैं, तो कुछ बात करनी ही पड़ेगी।"

वह उसी भाव से बोला, "हाँ, बात तो करनी ही पड़ेगी, क्योंकि हम कुत्ते या बिल्ली नहीं हैं, मनुष्य हैं और यही मजबूरी है। तो सुनिए I am going to the end of the world (मैं दुनिया के छोर तक जा रहा हूँ)" उसकी आँखों में बड़ी वेदना और निराशा आ गई। मैं वातावरण को हल्का करने के लिए कहा, "लेकिन गाड़ी तो नागपुर तक ही ले जाएगी।" वह खिन्न हँसी हँसकर बोला, "गाड़ी के ऊपर बैठूँगा तो नागपुर ले जावेगी और अगर गाड़ी के नीचे बैठा तो दुनिया के अन्त तक नहीं ले जावेगी?"

उसने फिर एक गहरी साँस छोड़कर वातावरण को निराशा से भर दिया है। दृष्टि उसकी अब फिर छत और आकाश की सीमान्त रेखा पर अटक गई। दृष्टि का शून्य जैसे महाशून्य में मिलाने से उसे चैन मिल रही है। आज वह बहुत निराश है। दुनिया से जाने की बात आज तक उसने नहीं कही थी।

मैंने कहा, "चाय पियोगे?" वह बोला, "हाँ ज़रूर पीऊँगा। आपकी कृपा है। कृपा तो आप लोग करते ही रहते हैं। कृपा करना तो आप लोगों का शौक़ है, Luxury है। भला हम ग़रीब लोग आप लोगों के शौक़ में बाधक बनने की हिम्मत कैसे कर सकते हैं?"

'आप लोग' और 'हम लोग' ये दो वर्ग उसने स्पष्ट कर लिये हैं। मेरी नौकरी लगी है। मुझे हर महीने कुछ रुपये मिल जाते हैं, इसलिए मैं 'आप

लोग' में शामिल हूँ। उसके पास नौकरी नहीं है, उसे हर महीने नियमित रूप से रुपये नहीं मिलते, इसलिए वह 'हम लोग' में शामिल है। इस प्रकार के वर्ग-भेद पर आधारित वर्ग-चेतना उसमें हर क्षण जागृत रहती है।

मैं अब उसे चाय की दुकान पर ले आया हूँ। कप सामने आ गए हैं। वह चाय को ग़ौर से देखकर दुकानदार से बोला, "भाई, चाय में कम-से-कम दूध की सुगन्ध तो दी होती! इतना निर्मल जल! इतना शुद्ध सत्य न बाँटा करो दुनिया को!" फिर मेरी ओर देखकर बोला, "क्या आपकी कृपा की डोर में फँसकर एकाध बिस्किट मेरे पास तक नहीं आ सकता?" मैंने दो बिस्कुट बुला दिये हैं।

गाड़ी अब सिगनल पर आ गई है। वह अन्तिम घूँट ले रहा है। मैंने कहा, "जल्दी करो। बहिन को गाड़ी पर बिठाना है।" वह बोला, "बहिन इस गाड़ी से जा रही हैं? चलो।" अब मेरा कोई काम नहीं रह गया। उसने सामान और बच्चे सब गाड़ी में चढ़ा दिये। मैंने बहिन के चरण छुए। उसने भी चरण-स्पर्श किया और उसकी आँखों से आँसू झरने लगे। मुसीबतों को तो उसने पालतू पशु की तरह पाल रखा था। पर स्नेह और सहानुभूति के सामने उसका हृदय द्रवित हो गया।

मैंने उसका हाथ पकड़कर कहा, "चलो चलें।" वह बोला, "कहाँ चलूँ? मेरे लिए कहीं जगह है?"

मैंने कहा, "मेरे साथ चलो।" उसके उत्तर की प्रतीक्षा किये बिना मैं उसे सड़क पर खींच लाया हूँ। मैंने उससे कहा, "आख़िर, तुम आत्महत्या क्यों करना चाहते हो?" वह तपाक से बोला, "इसलिए कि और कुछ करने को नहीं है।" फिर दोनों हाथों से अभिनय करते हुए बोला, "ख़ूब अँधेरी रात है। तुम एक गहरी खाई की कगार पर खड़े हो। तुम्हारे पीछे एक भयंकर शेर खड़ा है। तुम्हारे जेब में सिर्फ़ एक ज़हर की पुड़िया है। तुम क्या करोगे?" मैंने हँसकर कहा, "मैं पहले शेर को ज़हर खिला दूँगा। जब वह मर जाएगा, तब मैं घर लौट आऊँगा।" वह भी खिलखिलाकर हँस दिया। फिर एकदम गम्भीर हो गया। कहने लगा, "तुम बदमाश हो। झूठ बोलते हो। अरे तुम ज़हर खा लोगे। सबसे कम कष्टकर तुम्हारे लिए यही होगा। मैं भी सबसे कम कष्टकर मार्ग अपना रहा हूँ। बहुत

लुभावना है। पर जब जीना मरने से अधिक कष्टकर हो जाए, तो मरने को ही सच्चा जीवन मान लेना चाहिए।"

अब हम दोनों, सड़क पर मौन चल रहे हैं। वह एम.ए. पास है। अंग्रेज़ी, हिन्दी और राजनीति का विद्वान है। पहले होटलों में बैठकर घंटों मार्क्सवाद की व्याख्या करता था। स्वभाव से ख़ूब मस्त और अल्हड़। ख़ूब स्वस्थ, ख़ूब सुडौल। अपनी लम्बी नुकीली नाक पर उँगली फेरकर पूछता था, 'Have you seen a Roman nose?' सब लोग मज़ा लेते थे।

लेकिन उसे नौकरी अच्छी नहीं मिली। अपनी विद्या-बुद्धि के योग्य उसे काम नहीं मिला। मालिक लोग आदमी के व्यक्तित्व को काग़ज़ की पुड़िया की तरह जेब में रख लेना चाहते हैं। इसका व्यक्तित्व ज़रा कड़ा काग़ज़ था। पुड़िया बनती नहीं थी और कौआ अगर नयायाधिकार लेकर बैठ जाए तो हर उज्ज्वल हंस को कोढ़ी कहकर तिरस्कृत करेगा। मालिकों ने इसके साथ ऐसा ही किया। जगह-जगह से तिरस्कृत हुआ। उसे अपनी योग्यता का मूल्य नहीं मिला। निपट मूर्खों को उसने ऊँचे आसमान पर प्रतिष्ठित देखा।

परिणाम—वह ऐसा हो गया। अब वह विचित्र हो गया है। पर कितने लोग जानते हैं कि अपने-आपको खोकर उसने यह वैचित्र्य अर्जित किया है। अब उसे हर आदमी से शिकायत है। उसे लगता है कि हर आदमी उसका दुश्मन है। उसकी आस्था टूट रही है। कोई हँसता है, तो वह सोचता है, यह मेरा उपहास कर रहा है। गम्भीर रहता है, तो यह कि मुझे देखकर मुँह फुला लेता है। कोई नमस्कार करता है, तो सोचता है व्यंग्य करता है। बिना नमस्कार किये निकल जाता है, तो यह कि घमंड करता है। कोई उसे नाश्ता कराता है तो सोचता है कि यह अपनी सम्पन्नता का ढोल पीटता है। नाश्ता नहीं कराता है, तो यह कि घोर स्वार्थी है। प्रेम प्रकट करने पर चिढ़ता है, सहानुभूति पर खीझ उठता है।

अब उसकी बात पर लोग हँसते हैं। वह मनोरंजन का साधन भी बन जाता है। पहले दार्शनिक मस्ती के साथ जब घूमता था और अपनी तीखी उक्तियों से लोगों के पाखंड उघाड़ता था, तब ऐसा लगता था जैसे ऐथेन्स की सड़कों पर सुकरात घूम रहा है। अब उसे लोग टालते हैं।

बहुत देर से हम लोग मौन चल रहे हैं। मैंने मौन भंग किया, "तुमने म्युनिसिपैलिटी की नौकरी क्यों छोड़ दी?" वह जैसे नींद से जागा। अपने समस्त शरीर को आन्दोलित करके बोला, "बात यह थी कि उस संस्था में दो दल हैं। सुभीते के लिए, एक को 'कुत्ता पार्टी' कहो और दूसरे को 'गधा पार्टी।' मुझे कुत्ता पार्टी ने नियुक्त कराया था, इसलिए वे कहने लगे कि तुम हमारे आदमी हो, हमारा माल शहर में बिना चुंगी के आने दो। मैंने नहीं आने दिया। बस, वे सब लगे भौंकने। इधर गधा पार्टी ने कहा कि यह तो विरोधी दल का आदमी है। बस, वे लगे दुलत्ती झाड़ने। एक तरफ़ से कुत्तों का भौंकना और दूसरी तरफ़ गधों की दुलत्ती—आदमी भाग निकला।"

अब यह अन्यमनस्क हो गया है। मैंने पूछा, "फिर तुम मारे-मारे क्यों फिरते हो? तुम्हारे भाई हैं, माता-पिता हैं, बहिनें हैं। क्या वे तुम्हें प्रेम और सम्मान से नहीं रख सकते?" उसने कहा, "तुम ग़लत सोचते हो। मेरी क्रय-शक्ति इस समय शून्य पर है। प्रेम ख़रीद नहीं सकता। लेकिन आसमान और ज़मीन सरीखे कोई उदार नहीं हैं। न ऊपर से आसमान की छाया हटती है और न नीचे से ज़मीन खिसकती है।"

वह अब बहुत उदास हो गया है। सामने से निकलनेवाले मोटर, रिक्शा, ताँगा आदि को देखता है और कुछ अस्पष्ट कह जाता है। सामने से सैकड़ों आदमी फ़ौजी सामान के कारख़ाने में काम करने जा रहे हैं। मेरा साथी आहें भरकर बोला, "जानते हो यह सब कहाँ जा रहे हैं? ये फ़ौजी कारख़ानों में काम करने जा रहे हैं। वहाँ आदमी को मारने के लिए गोला-बारूद बनता है। वे दिन-भर आदमी को मारने का सामान बनाते हैं। आज आदमी को मारकर आदमी को पेट भरना पड़ता है। कैसी निकृष्ट जीविता है। सब मौत का व्यवसाय है।"

उसने अपने जेब से एक टूटी बीड़ी निकाली और एक राहगीर से माचिस माँगकर उसे जला ली। धुआँ छोड़ता हुआ वह अब मस्ती से चल रहा है। मेरे परिचित अब राह में मिलने लगे हैं। उनसे नमस्कार का आदान-प्रदान करता हुआ मैं चल रहा हूँ। ज्यों ही किसी से मेरी नमस्कार होती है, वह बड़े ग़ौर से उसे देखता है, उसके मुख पर घृणा का भाव खेल जाता है और वह बड़े दबे, पर गहरे स्वर में 'हूँ' कहकर अपनी

खीझ ज़ाहिर करता है। उसे हँसता-खेलता आदमी देखकर बड़ा कष्ट होता है। सहज ख़ुशी को सह नहीं सकता। फिर भी, कभी-कभी वह छोटे बच्चों के साथ आँख-मिचौनी भी खेल लेता है।

एक परिचित सज्जन रुक गए हैं। सहज ही मेरे साथी से पूछ बैठे; "कहिए आपके क्या हाल हैं?" साथी के भीतर जैसे मुद्दत से सूखी बारूद भरी थी। इस चिनगारी से फूट पड़ी। बड़ी देर से वह 'हूँ-हूँ' शब्द निकालकर गुर्रा रहा है, किसी पर तो उसको क्रोध उतारना ही है। ये सज्जन ही बेचारे फँस गए। वह ग़ुस्से से बोला, "आपको क्या मतलब? इतना दर्प क्यों पालते हैं आप? मेरा हाल पूछते समय क्या आपके मन में यह अहंकार नहीं रहता कि हम तो बहुत अच्छे हैं, पर तुम्हारे क्या हाल हैं? आपके हाल अच्छे हैं, तो आप जाइए।" बेचारे हतप्रभ हो चल दिये। तब मैंने कहा, "इतने सरल-से प्रश्न से तुम चिढ़ते क्यों हो?" वह उसी मुद्रा से बोला, "चिढ़ने की बात है। यह सब पाखंड है। अहंकार का प्रदर्शन है, जिसे मेरे सुख-दुख से कोई मतलब नहीं। यह क्यों मेरी ज़िन्दगी में दिलचस्पी लेने की अनधिकार चेष्टा करता है?"

मगर उसका ग़ुस्सा अभी निकला नहीं है। हर परिचित से मिलने पर वह 'हूँ' कहकर गुर्रा लेता है। एक सज्जन सड़क के उस ओर से चिल्लाए "नमस्कार!" प्रत्युत्तर में मेरे हाथ भी उठे और मेरे साथी के भी। बस, अब उसका क्रोध मुझ पर फूट पड़ा है। कहता है, "उसने तो मुझे नमस्कार की थी, आपको नहीं। आपने बीच में ही झेल ली। बड़े सफल व्यक्ति हैं आप? हम ग़रीबों का नमस्कार तक हड़प लेते हैं। वाह!"

मैं मौन हूँ उसे जवाब देने से क्या लाभ? वह बार-बार मेरी ओर देखता है, प्रत्युत्तर चाहता है, पर मैं मौन हूँ। अब वह बड़ा परेशान हो गया है। उसे न जाने क्या हो गया? मेरी ओर बड़े अपराधी नेत्रों से देख गया है। भावावेश में उसने मेरे गले में हाथ डाल दिये हैं। उसका गला भर आया है। आँखें छलछला आई हैं। कहने लगा, "देखो मैं तुमसे सत्य बात कहता हूँ। आज मेरी आत्मा का सत्य जागृत हो गया है। जब पेट भरा होता है तब भोजन के नीचे सत्य दब जाता है। मैंने तीन दिन से कुछ खाया नहीं है। मैं आज शुद्ध-बुद्ध हूँ। मैं सत्य कहूँ? मैं तुमसे ईर्ष्या करता

हूँ। कारण यही, कि तुम्हारे इतने मित्र हैं, परिचित हैं, तुम्हारी प्रसिद्धि है। मैं वास्तव में तुमसे ईर्ष्या करता हूँ।"

मैं बड़े असमंजस में पड़ गया हूँ। क्षण-क्षण में जिसके भीतर वेदना, प्रेम, प्रतिहिंसा, ईर्ष्या, करुणा और क्रोध के भाव बिजली की तरह कौंध जाते हैं, उसकी किस बात को मानूँ? जब उसका मनुष्यत्व टूटने लगता है, तब वह रोकर इसी प्रकार उसमें टेका लगाता है। मैंने कहा, "ईर्ष्या तो मुझे तुमसे करनी चाहिए। तुम्हारे समान विद्या-बुद्धि मेरे पास कहाँ है? ख़ैर, चलो किसी होटल में खाना खा लें?"

हम एक होटल के सामने आ गए हैं। वह बोला, "पहले भोजन नहीं। पाखाना जाऊँगा। दुर्जनं प्रथमं वन्दे।" मैंने कहा, "यहाँ तुम्हें कहाँ पाखाना मिलेगा?" वह बोला, "यह मनुष्यों का मुहल्ला है। मिलेगा।" मेरा हाथ पकड़कर वह सामने के छापाखाने में घुस गया। अभी काम शुरू नहीं हुआ था, पर मालिक बैठा है। मेरा परिचित है। मेरा साथी उनसे बोला, "फैक्टरी ऐक्ट (उद्योग क़ानून) के अनुसार आपके कारख़ाने में नल-टट्टी होना चाहिए। आप इस नियम का पालन करते हैं या नहीं?" वे बेचारे बड़े चकित हुए। बोले, "जी हाँ, टट्टी है। पर आपको मतलब?" वह बोला, "दिखाइए, कहाँ है? मुझे जाना है।"

शौच से निवृत्त होकर वह होटल के दरवाज़े पर आ गया है। सामने चार-पाँच भिखारी खड़े हैं। इन्हें देखकर वह फिर भड़क गया। उनकी ओर संकेत करके मुझसे बोला, "आप लोग इन्हें जीने तो देते नहीं हो, मरने भी नहीं देते। अगर ये मर गए, तो आप लोग जिन पर गर्व करते हैं, वे करुणा, दया और संवेदना के भाव कहाँ खेलेंगे? आपके शौक़ के लिए ये ज़रूरी हैं। इन्हें आप इतना देते हैं, कि ये मर न पावें। मैं भी इनमें से एक हूँ। इन्हें भी मेरे साथ ले चलो।" फिर उन्हें सम्बोधन करके चिल्लाया, "चलो रे, तुम लोग सब। होटल में बैठकर खाओ। आज मेरे साथ दानवीर कर्ण है!" वह बार-बार उन्हें बुलाता है और वे हँसते हैं। समझ रहे हैं कि यह कोई सिरफिरा है। हारकर वह बोला, "नहीं आते? तो जाओ मरो, अभागो! सड़ा माल खाने के आदी, तुम्हें भरोसा ही नहीं होता कि कोई तुम्हें होटल में बिठाकर खिला भी सकता है।"

उसने भरपेट खा लिया है। मुख पर तृप्ति है। मैंने पूछा, "अब मरने कब जाओगे?" वह बोला, "अब तो मरने की बात को फिर से सोचना पड़ेगा। कम-से-कम चौबीस घंटे नहीं मरूँगा। मेरे पेट में इतना अन्न है, जिससे आदमी चौबीस घंटे मज़े में जी सके। अन्न जीने के लिए है; मरने के लिए नहीं। मैं एक आदमी का भोजन पेट में रखकर नहीं मरूँगा।"

अचानक उसने हाथ उठाकर कहा, "अच्छा अब जाता हूँ। बहुत वक़्त ख़राब किया आपने मेरा।"

वह चला गया।

ठंडा शरीफ़ आदमी

मेरा और उसका रास्ता एक है—वह जिधर से आता है, मैं उधर जाता हूँ। कई सालों से आमना-सामना हो रहा है। पहले वह चलते-चलते पूछता था, "सब ठीक है?" मैं अगर सवाल के साथ ही जवाब न फेंक देता, तो वह आगे निकल जाता और जवाब उसकी साइकिल के पिछले पहिये से टकराकर रह जाता। मैं सावधानी बरतने लगा। उसे देखते ही जवाब देता, "सब ठीक है।" यह उसके सवाल से टकरा जाता।

फिर उसने सोचा कि पूरे सवाल में बहुत वक़्त लग जाता है। उसने सिर्फ़ एक शब्द ले लिया। वह पूछता, "ठीक?" मैं जल्दी जवाब देता, "ठीक"। तब तक वह आगे बढ़ गया होता।

फिर उसने सोचा कि 'ठीक' में जो दीर्घ मात्रा है, वह ज़्यादा वक़्त लेती है। उसने उसे ह्रस्व कर लिया। वह पूछता, 'ठिक?' मैं कहता, 'ठिक।' मैं कभी उसे देख नहीं पाता, मगर कान में आवाज़ पड़ती, 'ठिक?' मैं फ़ौरन बिना देखे जल्दी के ख़याल से 'ठिक' कह देता।

आगे उसने 'ठिक' को भी व्यर्थ समझा। हमारे सवाल-जवाब इतने निश्चित हो गए थे कि इशारे से काम चल सकता था। अब वह मुझे देखकर किंचित मुस्कराता है, एक हाथ खोलकर झटके से कन्धे तक ले जाता है और पंजे को ज़रा-सा हिलाता है। इस इशारे में 'नमस्ते' भी है और 'सब ठीक है' भी।

इसका यह मतलब नहीं है कि वह बहुत फ़ुर्ती में होता है। नहीं, वह धीरे-धीरे चलता है। मगर उसे फ़ुरसत नहीं होती। समय की कमी है, ऐसा भी नहीं है। वह घर से किसी जगह जाने के लिए निकला है। उसे लगता है, वह जगह मेरे आगे-आगे चल रही है। मुझे उसे पकड़ना है, मगर आहट भी नहीं करना है। वह भाग जाएगी। उस पर नज़र रखना है, इसलिए रास्ते में कहीं अटकना नहीं है। धुन बाँध वह चला जाता है। होंठों के पास कान लगाओ, तो 'सर-सर' सुनाई पड़ेगा। कुछ भक्त 'राम-राम' बुदबुदाते चलते हैं, क्योंकि उसके 'सर' राम होते हैं। एकाग्रता से वह उन बातों को बुदबुदाता चलता है जो उसे किसी से कहनी हैं। आसपास क्या हो रहा है, इससे उसे कोई सरोकार नहीं है। मेरा उसके लिए तत्काल कोई उपयोग नहीं है, तो वह मेरे लिए रुकेगा नहीं। सड़क पर दुर्घटना हो गई और कोई आदमी कुचला पड़ा है, तो वह बिना ध्यान दिये किनारे से निकल जाएगा। उसे अहसास है कि कुचला हुआ आदमी मैं नहीं हूँ। जुलूस निकल रहा है, तो उसे यह जानने की इच्छा ही नहीं होती कि किनका जुलूस है और क्यों निकला है? वह ख़ुद जुलूस में नहीं है, तो उसे क्या मतलब! चौराहे पर नाच हो रहा है, तो वह ध्यान नहीं देगा। न वह नाचनेवाला है, न दर्शक। दो आदमियों में मारपीट हो रही है तो भी उसे मतलब नहीं। दोनों में से कोई भी वह नहीं है।

दुनिया में जो कुछ भी है, उसे उसने दो हिस्सों में बाँट लिया है—अपने मतलब का और अपने मतलब का नहीं। जिससे उसे लाभ-हानि नहीं, उसका उसके लिए कोई अर्थ नहीं। एक दिन हम लोग वियतनाम पर बमबारी की चर्चा कर रहे थे। सब चिन्तित और उत्तेजित थे। वह किसी काम से आया था, इसलिए बैठा था। मगर वह कुछ सुन नहीं रहा था। बैठा हुआ कुछ हिसाब-सा लगा रहा था। वियतनाम की बात निकलते ही

उसने सोच लिया होगा कि मेरे ऊपर तो बम गिर नहीं रहे हैं, फिर फिजूल माथापच्ची क्यों की जाए। एक दिन बिहार के अकालग्रस्त लोगों के लिए हम पैसा इकट्ठा कर रहे थे। उससे कहा, तो उसने जवाब दिया, "क्या मज़ाक़ करते हो! अकाल तो बिहार में पड़ा है और पैसा यहाँ इकट्ठा कर रहे हो!" उसे मालूम था कि वह ख़ुद बिहार में नहीं है और भूखा नहीं मर रहा है। फिर उसे मतलब कि कहाँ कोई भूखा मर रहा है! हम बात कर रहे हैं कि सीमा पर पाकिस्तानी फ़ौजें घुसपैठ कर रही हैं और किसी भी क्षण युद्ध छिड़ सकता है। वह चुप बैठा है। कुछ और सोच रहा है। एकाएक उसे लगता है कि वह बड़ी देर से चुप बैठा है। कुछ बोलना कर्तव्य है। वह बोलता है, "कल हमारे इधर सर्कुलर आया है कि जिनका बीमा नहीं हुआ है, वे जल्दी करा लें।" उसने भारत और पाकिस्तान की फ़ौजों के बीच अपना सर्कुलर घुसेड़कर फ़ौरन युद्ध-बन्दी करवा दी।

यों यह बोलता बहुत कम है। घंटे-भर पास बैठा रहेगा, पर उसकी उपस्थिति का आभास तभी होगा, जब वह उठकर जाने लगेगा। बहुत लोग बिना आहट की ज़िन्दगी गुज़ार देते हैं। आसपास होंगे, पर उनकी आहट नहीं होगी। यह आदमी चलता है, तो पाँवों की आहट नहीं होती। साइकिल पर सवारी करता है, तो ऐसे जैसे मछली तैर रही है। बात बहुत धीमे करता है। कोई बात हँसने लायक़ होती है, तो वह इतने होंठ खोल देता है कि दो-तीन दाँत दिख जाएँ।

ऐसे सब प्रसंग टालता है, जिनसे आहट हो। क्रोध से आहट होती है, तो वह क्रोध नहीं करता। एक दिन मैंने कहा, "श्रीधर तुम्हारी बहुत बुराई करता है।" उसने कहा, "करने दो। हम तो एडजस्ट करके चलते हैं।" उसके बॉस के व्यवहार से सब असन्तुष्ट थे। मगर वह कहता, "सब ठीक है। हम तो एडजस्ट करके चलते हैं।" कोई सामने उसका अपमान कर दे, तो वह पीठ फेरकर एडजस्ट कर लेता है। कभी कोई उसे ख़बर दे कि अमुक आदमी तुम्हारी बीवी को भगा ले गया, तो वह धीरे से कह देगा, "ले जाने दो। हम तो एडजस्ट करके चलते हैं।"

आहट नहीं होती, पर सफलता उसे मिलती जाती है। एक के बाद एक प्राप्ति उसे होती जाती है। उसकी बात सोचता हूँ, तो मुझे बिल्ली की याद

आती है। कमरे में बिल्ली घंटों बिना आहट के दबी बैठी रहती है। उसकी उपस्थिति का अहसास तभी होता है, जब वह झपट्टा मारकर चूहे को पकड़ लेती है। चावल का परमिट लेने के लिए हज़ारों दरख़्वास्तें दफ़्तर में जमा हैं। लोग हफ़्तों चक्कर लगाते हैं। न जाने कैसे इसकी दरख़्वास्त सरककर ऊपर आ जाती है और इसे परमिट मिल जाता है। एक समिति की सदस्यता के लिए नामज़दगी होती है। बड़े नामों की चर्चा हो रही है और बड़ी हलचल है। इस आदमी की कोई आहट नहीं है। मगर एक दिन सुनते हैं कि यह नामज़द हो गया। पुरस्कार-पर-पुरस्कार मिलते हैं। अच्छे-से-अच्छे ग्रन्थों की चर्चा हो रही है। पुरस्कारों की घोषणा होती है, तो उसमें इसका नाम होता है।

बिना आहट के वह चूहे पकड़ता है और इसके बाद फिर इस तरह सिकुड़कर बैठ जाता है कि किसी को अहसास नहीं होता कि वह भी इस दुनिया में कहीं है। जब कोई नई सफलता उसे मिलती है, तब वह हाथ का इशारा करके भाग नहीं जाता। वह रुक जाता है। मैं समझ जाता हूँ कि या तो इसे मुझसे कोई काम कराना है या किसी नई सफलता की सूचना देना है। अगर उसके चेहरे पर ज़रा ज़्यादा मुस्कान है, तो उसने ज़रूर कोई चूहा पकड़ लिया है। उसकी मुस्कान बहुत ठंड होती है। पूरा व्यक्तित्व ही बर्फ़ से बना है। मुझे लगता है, चारों तरफ़ से मुझे बर्फ़ घेर रही है। मैं भागना चाहता हूँ, पर वह मुझे पकड़ लेता है।

"क्या हालचाल हैं?" वह पूछता है।

यह सवाल जवाब नहीं माँगता। उसे किसी के हाल से मतलब नहीं। मैं अगर उससे कह भी दूँ कि मुझे हाल में दिल का दौरा पड़ा था, तो वह कहेगा, "अच्छा!" या कह दूँ कि मुझे नोबल पुरस्कार मिल गया है, तो भी कहेगा, "अच्छा?" मेरी इन दोनों स्थितियों को वह सिर्फ़ 'अच्छा' कहकर टाल देगा। वह जानता है, न उसे दिल का दौरा पड़ा, न नोबल पुरस्कार मिला। वह तो अपनी किसी नई उपलब्धि के बारे में बताने को रुका है। वह घर से तय करके चला होगा कि आज इन-इन आदमियों को बताना है। किसी की ज़िन्दगी में दिलचस्पी लेकर वह पथभ्रष्ट नहीं होता। उतने आदमियों की बात कर वह घर लौट जाएगा।

"क्या हालचाल हैं?"—कहकर वह कुछ ज़्यादा मुस्कराएगा। फिर कहेगा, "उस कमेटी में अपनी नामज़दगी हो गई। बहुत लोग कोशिश में थे।"

मैं कहूँगा, "बड़ी ख़ुशी हुई सुनकर। सम्मान की बात है।"

वह कहेगा, "अपन तो इस तरह सोचते हैं कि कमेटी में दस बड़े-बड़े लोगों से मेल-जोल होगा। इससे कुछ फ़ायदा हो जाएगा।"

फ़ायदा बताकर वह कहेगा, "अच्छा चलूँ? और सब ठीक है न!"

अपने को भावनात्मक रूप से किसी भी व्यक्ति से बिना जोड़े सब निभाता जाता है। जो उसके लिए उतना ही निर्जीव है जितना पत्थर, उससे रोज़ घर जाकर मिलेगा, अगर वह उसे कोई फ़ायदा पहुँचा सकता है। ठंडी औपचारिकता में जब वह भावना की गर्मी भरने का नाट्य करता है, तब बहुत घृणास्पद हो जाता है। तब उसे सहा नहीं जा सकता।

मेरे एक मित्र से उसे कोई काम कराना था। वे एक दिन अचानक बीमार पड़ गए। इसे मालूम हुआ तो इसने सोचा होगा कि जिस आदमी को ख़ुश रखना है, उसकी बीमारी में रोज़ उससे मिलने जाना चाहिए। वह रोज़ शाम को मिलने जाने लगा। मैं भी शाम को वहाँ होता और मैं रोज़ उस आदमी का बरताव देखता। ऐसा लगता कि उसने बीमार के प्रति कर्तव्य को सूत्रों पर उतार लिया है—चिन्ता प्रकट करना, अपनी दुखद प्रतिक्रिया बताना, वर्तमान हालत पूछना और कुछ सलाह देना।

इन चारों स्थितियों में से वह रोज़ सफ़ाई से गुज़र जाता। कमरे में चिन्ता धारण करके घुसता और कुछ देर उसी तरह मुँह लटकाए बैठा रहता, जैसे बीमार मरने ही वाला है।

इसके बाद बँधे-बँधाए सवालों में हालचाल पूछता—

"अब बुख़ार कैसा है?"

"पेट का दर्द बन्द हुआ?"

"रात को नींद तो ठीक आई थी न?"

फिर चुप।

मेरी तरफ़ देखकर कहता, "मुझे तो सक्सेना साहब ने बताया कि अचानक आपकी तबीयत ख़राब हो गई। मैं घबरा उठा। मैंने कहा, कल

ही तो मैं मिला था। तब तो बहुत अच्छे थे। चार घंटों में उन्हें क्या हो गया? मैंने फ़ौरन साइकिल उठाई और बँगले पर आया। देखा, तो आप बेहोश पड़े थे। शरीर जैसे आग हो गया था। मैं तो देखकर ख़ुद बहुत नर्वस हो गया।"

फिर ज़रा देर चुप।

इसके बाद सलाह देगा, "आप सिगरेट पीना छोड़ दीजिए। यह बहुत नुक़सान करती है। छोड़ नहीं सकते, तो बहुत कम कर दीजिए।"

फिर चुप बैठा रहता। थोड़ी देर बाद घड़ी देखकर उठता। कहता, "अब आज्ञा दीजिए। मेरे योग्य कोई सेवा।"

रोज़ इतना बँधा-बँधाया रोल वह अदा कर जाता। उसे देखते ही मेरे बीमार मित्र परेशान हो जाते। वह मेरी तरफ़ बड़ी कातर दृष्टि से देखते। मैं ख़ुद परेशान होता। मगर हम कुछ नहीं कर सकते थे। वह बेहिचक अपना रोल शुरू करता। वही मुद्रा, वही प्रश्न, वही शब्द रोज़ दुहराता। कोई दरवाज़े के बाहर से सुनता, तो यही समझता कि इस कमरे में हर शाम को यही रिकॉर्ड बजाया जाता है।

अगर मेरी बीमारी में वह रोज़ मुझे देखने आए, तो मुझे डर है, मैं कभी अच्छा न होऊँ।

सोचता हूँ, किस साधना से आदमी ऐसा ठंडा हो जाता है? ज़िन्दगी में इतनी तरह की आगें हैं, कहीं कोई गर्मी इसे महसूस क्यों नहीं होती? ज़िन्दगी की जटिलता को सुलझाकर इसने किस तरह सीधा और सपाट कर लिया है?

वह मेरा कुछ नहीं बिगाड़ता। मेरे प्रति उसके मन में कोई दुर्भावना नहीं है—कोई भावना ही नहीं है। वह किसी का कोई नुक़सान नहीं करता। निहायत शरीफ़ आदमी है। पर उसे देखकर मैं परेशान हो जाता हूँ। लगता है, बर्फ़ की चट्टान मेरी तरफ़ लुढ़कती हुई आ रही है।